「精英日課」人氣作家，
教你和這個世界講講道理，早一步掌握未來先機

# 高手心態

萬維鋼——著

推薦文

# 哥倫布似地探索，曼德拉般地踐行

火星爺爺／企業講師、TED講者

翻開書頁，如果你問起「為什麼要讀這本書」，這個問題就像是「為什麼要去富士山」一樣。

我剛一個人拄著拐杖，從富士山歸來。那種震撼感，你若沒有親臨，是無法體會的。你會敬畏謙卑，從此對富士山的體驗再也不是二手，不是都市傳說，不是一個影像，或一張明信片。

我發現對知識的探索，與造訪偉大的景點一樣，都會帶給你震撼，拓寬你的視界，增加你的自信。知識，作為一種波瀾壯闊的景點，不是用腳抵達，是用腦抵達。

我記得在聽萬維鋼老師講「相對論」時，內心不斷發出：原來大尺度世界是這樣運作的（就像我抵達河口湖：原來站在富士山腳下是這種感受）！

你不一定能明白說出差別，但歸來的你，不會是先前的你。現在別人講起量子力學，我有判斷力，因為我知道量子力學的「當前科學理解」。

萬維鋼老師在「得到」App開立「精英日課」專欄，我追了五季，每一集都反覆聽好幾遍。人生許多問題：個人怎麼安身立命？這個社會是怎麼運作的？世界為什麼是我們看到的這個樣子？這些議題，萬老師都廣泛研究，給你「當前科學理解」。

幸福伴侶的要件，主要取決於對方高富帥、白富美嗎？不是的。

當個直升機父母，為孩子安排各種補習，對孩子未來幫助大嗎？不大的。

找名人代言推廣，東西就一定能瘋傳大賣嗎？有限的。

這些答案都通過科學研究檢驗，你對這些問題有當前科學理解，就不會被世俗的「心靈雞湯」、「長輩倚老賣老」、「網友說法」綁架。

你有清晰的看見，就會做出清晰的決策與行動。迷霧圍繞的世界，你依然能夠當一個清楚明白的人。

持續智性探索，你就不斷更新你大腦的App，用最新版本，推翻昨日之非。

你說，這樣不是很累嗎？嗯，哈佛前校長巴克（Derek Bok）會回答你：「你試試無知的代價。」

我向來對智性探索感興趣，喜歡造訪各種知識殿堂。萬老師是科學作家，但對我來說，他更像旅遊作家。探索各領域知識，搜集當前科學理解，用生動有趣的筆觸，報導給你聽。

我記得萬老師在講「量子力學」，講到物理學家們驚奇的發現，彼此的爭鋒相對，簡直比福爾摩斯還精彩，比華山論劍還動人。

壯闊的知識殿堂你不知道怎麼去，沒關係，萬老師是你的絕佳嚮導。探索只是起點，歸來，讓我們在自己的人生裡踐行。

試著把人生，活得像那些知識景點一樣清晰，一樣波瀾壯闊。

推薦文

# 當今世界裡最重要的底層智識

愛瑞克／《內在原力》系列作者、TMBA共同創辦人

中國首位諾貝爾文學獎得主莫言曾經提出一個看法，大意是：「人最大的運氣不是撿到錢，而是某天你遇到了一個人，他打破了你原來的思維，提高了你的認知，既而提升你的境界，帶你走向更高的境界，這就是你人生中的貴人。」萬維鋼就是一位提高我認知的貴人，也是幫助不少讀者走向更高境界的貴人！

他的著作，凡是在臺灣有中文繁體版，我就一定拜讀，而且總能讓我從書中獲得新的認知、新的啟發。這次，他給「智識分子」這個詞新的定義：「智識」等於「智慧」加上「見識」，而且認為新時代的「智識分子」比「知識分子」高級，在學問食物鏈上的地位，大約相當於魯迅那個時代少數上過大學的人。

我認為，身為現代職場工作者，提升自己的智慧和見識非常重要，就像所有的應用軟體都需要一套好的作業系統當作基底，才能夠運作順利。否則再怎麼先進的知識或技能，在笨拙老舊的思維習慣之下，幫助有限。而提升智識的關鍵，就在於提升思維。

姚詩豪、張國洋合著的《大人學破局思考》中，對於如何提高思維的層次有個很巧妙的比喻：「傳聞說，螞蟻看到的世界是2D的，前後左右被遮擋，就困死了。職場上，我們也

常陷入螞蟻視角，但出路，其實有賴望向另一個維度。愈在食物鏈下層，愈要仰望星空。」

萬維鋼就是幫助你仰望星空的人！我第一次被他「圈粉」，是拜讀他的大作《高手思維》，其中有關天體物理學和宇宙學的部分，讓我嘆為觀止！並不是因為那部分是最後一章且篇幅不長，而是他敘事言簡意賅，卻又句句打中我內心，啟發了我對於宇宙學的興趣。後來我的拙作《內在原力》結合了成功學、哲學、文學和宇宙學，以跨領域的立體思維來完成該書架構，多少是受到他的啟發。他是一位博學、兼具深度與廣度的人。翻開您手上的這本書，隨意選擇任何一章來讀個幾段，應該就會體驗到我所形容的博學是怎樣的境界。

我常說：「閱讀是靈魂的混血過程。」當我們深入去讀一本書，等於是透過作者的視角及思維去看這個世界。我們的想法可能被一本書影響，我們的行為也可能因此改變，我們能主動成為不同的一個人。若要我從中國大陸只挑選十位作家來進行智識的混血，萬維鋼肯定是其中之一。

此書看似架構簡單，就分成四個部分：「社會的規律」、「教育的祕密」、「歷史的定律」、「未來的謎題」，然而探討的層面之廣，實則涵蓋了我們生活在當今的國際世界裡，最重要的一些底層智識，值得您我深思！

自序

# 獻給二十一世紀二〇年代

繼二〇一四年《萬萬沒想到》出版之後，二〇一六年，我的第二本書《智識份子》又得以出版。你現在看到的這本書，其中有近一半的篇幅是《智識份子》的精華內容，你可以把本書看作該書的升級版；當然，我更願意你把本書當作一本新書來看，因為超過一半的內容是最新的、從未發表過的，並且自成體系。

我希望本書能展現二十一世紀二〇年代智識分子的認識水準。我們這裡講的不是具體的謀生技能，而是現代世界——特別是有關社會的——智慧和見識。比如說：

團隊裡的超級明星真的有用嗎？「吃苦」是出人頭地的必要條件嗎？

「道德」到底是怎麼回事？如果壞人更容易成功，我們為什麼還要做好人？

給孩子上補習班有用嗎？既然「素養教育」那麼重要，拚死拚活考大學值得嗎？

基因、環境和技術進步對社會的影響如何？歷史有必然規律嗎？

二十一世紀什麼最貴？賺錢的方式變了嗎？人怎樣獲得真正的自由？

對這些問題，每個人都有自己的看法。過去幾十年、上百年以來有無數人議論這些問題；現在無數的社群媒體文章整天討論這些話題……但我希望你以本書的答案為準。如果別人講的不一樣，很大的可能性是他講錯了。

為什麼呢？是因為本書在很大程度上代表了「當前科學理解」。現在已經是二十一世紀二〇年代，時代早就變了。傳統上的社會問題、人生問題、思想問題，現在都可以用科學方法研究，而且都正在被無數的科學家研究。本書最大的自信，就是所有結論——不管聽起來有多麼離奇——背後都有強硬的科學研究證據支持。

當然科學研究的結果不一定就是對的，科學始終在進步。但目前而言，科學對這些問題是這麼說的。這些是此時此刻，你所能得到的最好的答案。

—•—

幾年前我還是一個以研究受控核融合電漿為生的物理學家，出版第二本書後不久我就離開物理學界，成了一名全職的科普作家。我的任務不再是自己生產新知識，而是把別人最新發現的知識介紹給讀者。

科學家的職業病是，希望什麼好東西都是自己第一個發現的，然而我書中涉及的所有嚴肅理論大都基於別人的研究。但是我能追求這個：書中有些思想，是我第一個告訴當時的中國讀者的。我的書出版後被很多書籍、報刊和網路文章引用，有相當的影響力，許多本書還出了繁體中文版。

其實這不是我的功勞。那些知識已經有了，是很多科學家在一線研究出來的，我只是報告它們。前線有無數個好故事，要是不知道就太遺憾了，這就是為什麼你需要科普作家。

從二〇一六年開始，我在羅振宇的「得到」App 寫一個叫「精英日課」的專欄。本書絕大部分新內容出自這個專欄。我每天的任務就是了解最新的思想，把它們介紹給讀者。有時候好素材不好找，我甚至會感慨科學進步的速度太慢了……但與數年前相比，我其實是變得更謙卑了。我的一些想法發生了巨變。

比如說人工智慧（Artificial Intelligence，簡稱「AI」）。二〇一〇年至二〇二〇年是智慧手機的年代，AI並不是熱門話題。二〇一二年，我在《上海書評》發表了一篇介紹AI的文章〈工作輸給機器人以後……〉，那可能是中文世界第一次感受到AI對人的威脅。

現在我們有充分的理由說，二十一世紀二〇年代是AI的年代。但我的感受反而是人工智慧並沒有我們當初想像的那麼厲害，它並不會搶走人類的好工作。在本書裡我用了很大篇幅詳細介紹AI到底是怎麼回事，我相信你讀了之後會有同樣的感受。

再比如說，過去十年的我比較迷戀「量化」（quantitative）研究，崇尚一切都用資料說話，對傳統的「質性」（qualitative）研究有點輕視，現在我的看法變了。我強烈意識到了用資料和實驗方法研究社會問題的局限性。你會在本書中看到更多的定性分析。

科學作家總會「以今日之我打倒昨日之我」，但我覺得這是挺好的體驗，希望本書能帶給你同樣的體驗。

—•—

本書不是一本學術著作，不是一本教材，也不是一本完備的行動指南。我能保證的是，書中所有內容都是有趣的。「有趣」其實是個特別高級的標準，為了達到這一點，我付出了艱苦的努力。這本書的任務是給讀者帶來啟發。如果現代世界的智識是我們追求的月亮，這本書是指向月亮的手指。

雖是如此，我仍然希望你能從書中體會幾個思維視角。

全書分為四部。第一部「社會的規律」也許能讓你適應用學者式的思維考慮社會問題。有些聽起來是「常識」的道理，你仔細考察一番，會發現根本不是那麼回事。普通人思維最大的毛病是分不清「感覺」和「思考」，他以為他在思考，其實他只是在發表自己的感受，甚至是在宣洩情緒。對比之下，學者能用冷靜、客觀的態度考察社會問題。特別是他能容忍並且能擁抱「複雜」。

第二部「教育的祕密」致力於破解現代教育。可能你是個學生，可能你家有個孩子是學生，我希望你能理解，現代學校教育，不是一個「培養人才」的體制。怎麼應對這個體制，我列舉了一系列最新的研究結果，希望能帶給你一點「player 思維」。其中 player 是能「玩轉體制」的人，但我們的目的不是占便宜，而是成為英雄。

第三部「歷史的定律」專門研究大問題。我們不妨假裝自己是治國安邦的大人物，使用全域的、像鳥俯視大地一樣的視角，想想歷史如何演變、社會發展有什麼大勢。我們會先提出幾個定律和趨勢，談談怎麼運用歷史的趨勢，再反思歷史真的有不可違抗的趨勢嗎？

第四部「未來的謎題」關心的不是科幻小說裡那種遙遠的未來，而是迫在眉睫的、已經開始了的二十一世紀二〇年代。人工智慧究竟是什麼？現在做什麼最賺錢？可能你以前聽到的都是「科技永遠向前」之類的陳腔濫調，我要說的恰恰是，現在科技研發有陷入停滯的危險。預測未來是危險的，但不管對錯，這些內容都能讓你體驗到事物演變的視角。

我小心地給出所有的原始研究文獻。如果你想進一步了解，可以從那些文獻入手。

—•—

「智識分子」這個詞，大約是民國時代最早出現的，現在已經很少有人用了。原本的意思其實就是我們現在說的「知識分子」。魯迅先生在一封致蕭軍、蕭紅的信中說道：「您的朋友既入大學，必是智識分子。」

這句話相當酷。現在上過大學的人太多了，然而其中大多數人是配不上「智識」這兩個字的。事實上「知識分子」——泛指各種腦力工作者——也早就貶值了。按以前的標準，現在城市裡大多數人都是知識分子。

我想重新啟用「智識分子」這個詞。我認為「智識」是「智慧」加上「見識」。新時代的「智識分子」比「知識分子」高級，他們在學問食物鏈上的地位，大約相當於魯迅那個時代鳳毛麟角的那些上過大學的人。

我在「精英日課」專欄中經常說，當今的智識分子應該效法古人，做一個「士」。春秋戰國時代的士是貴族的最下一層、平民的最上一層。士是思想最活躍、行動最自由的人。士是能對自己、對身邊的事物、對國家大事負責任的人。智識是負責任的必要條件。

智識分子有想法、有觀點、有見解，能提出解決方案，能欣賞複雜事物，能區分理論和實際、想像和現實、情緒和思考，能面對不確定性而不變色。

您既讀本書，必是智識分子。

# 目錄



PART1

## 社會的規律

## PART2

# 教育的秘密

PART3

# 歷史的定律

PART4

# 未來的謎題

# PART1

# 社會的規律

# 第1章 做個複雜的現代人

這是一本關於現代世界的書。我想在這本書中講些一個現代人應該有，而且只有現代人才可能有的智慧和見識。想要理解這個現代世界，乃至做些決策，就得有這種「智識」。

從社會變革的大尺度來看，本書要說的思想都相當新，還沒來得及變成成語典故寫進我們的文化基因。它們散落在各個學科的最新進展之中，常常不為外行所知。但是這些思想其實並不需要什麼專業知識就能被理解和掌握，它們已經在科學家、哲學家、工程師、企業家、創業者、大學師生以及各行各業中對現代世界保持敏感興趣的人群中傳播。

這些人已不僅僅是傳統意義上的「知識分子」，而是「智識分子」。

我以前本是一個物理學者（physicist），以科學研究為生，成就沒達到敢以「物理學家」自稱的程度。按理說應該專注於物理研究，我卻讀了好多非專業的書，寫了好多與物理學沒關係的文章。我做這些不務正業的事並非因為物理學家自由時間多，實在是因為這個風起雲湧的現代世界，太有意思了。我甚至覺得如果你不去好好了解這個世界的最新思想，僅僅滿足於當個特定專業的知識分子的話，簡直就是白生在了現代一回。

而且你有可能面臨掉隊的危險。此時此刻的世界有三個重要趨勢，對我們提出了智識上的挑戰。

## 三個趨勢

第一個趨勢是世界愈來愈複雜。

經濟學家愛拿鉛筆說事。鉛筆看似簡單，但如果你仔細想想，其中的石墨鉛芯、木質外殼、筆頭的金屬和橡皮，從最初級的原料提取到加工組裝，中間不知道經過了多少人的手。沒有任何一個人掌握製造鉛筆的全套「手藝」，每個人所會的只不過是其中一步而已。

這是市場的力量。知識其實是去中心化的，分布在人群之中，是市場把人們組織起來分工合作。所以如果你只會一樣知識，沒問題，只要你對價格訊號做出合理反應，就能生活得不錯。反過來說，如果有人想擁有全部的知識，試圖總攬全域，甚至制訂計畫，那他只能幫倒忙。

但是現代世界比傳統鉛筆工人面臨的局面還要複雜。如果我是一個薪水不高，但是有點現代意識的鉛筆工人，我就想問問為什麼我不能拿高薪？這就需要了解一點經濟學知識；我還想建議工廠在鉛筆上印些字和花紋來促進銷量，這大概涉及心理學；我關心我的工作是否穩定，有人說鉛筆行業快不行了，我怎麼評估這種言論的可信度？我會不會被機器人取代？我應該怎麼和老闆搞「辦公室政治」？如果我想讓子女將來從事更高級的工作，我應該側重應試教育還是素養教育？

前述這些才是一個現代人的真實處境：每天面對很多的問題。怎麼回答這些問題？大多數人其實是模仿他人，因為自己思考沒用，看《三國演義》、《孫子兵法》、《厚黑學》也沒用——傳統簡單社會的經驗和思想愈來愈不適應現代社會。

第二個趨勢是人們的工作方式發生了明顯的變化。

前幾年有很多人擔心人工智慧會取代人的簡單工作，現在看來沒有那麼容易。問題不是簡單的工作都沒有了，而是簡單的工作都不賺錢。製造業流水線上的工作是簡單的，但是這樣的工作已經從已開發國家轉移到了發展中國家，並且正在從中國向外國轉移。現在賺錢的是服務業，特別是創意類的工作，而這樣的工作要求複雜思維。我們已經迎來一個「不換思想就換人」的時代。

第三個趨勢是儘管所有人的物質生活都在改善，整個社會階級分層卻正在擴大。

近年有關貧富差距的研究都在強調一個觀點：窮人與富人的最重要差別，並不在於金錢數量多少，甚至不在於得到機會的多少，而在於文化和觀念。貧困不僅是一個經濟狀態，還是一個思維模式。這個思維模式的差異不僅是「富爸爸，窮爸爸」之類投資理財的區別，而且還是一整套的東西。

比如說，對陌生人的信任程度，可能就反映了你的階層。有人曾深入調查美國波士頓地區義大利移民工人階級社區的社交習俗[1]，發現對這些人來說，家人、親戚和從小玩到大的熟人遠遠比任何外人都更值得信任。他們認為一切外面的東西都是神祕甚至是充滿敵意的。而英國的另一項研究發現，工人階級和窮人更樂意說一些只有身邊親友才能聽懂的話，根本不管外人能否理解，而中產階級人士則盡量向所有人解釋他在說什麼。

對比中國人熱衷的同鄉情誼、校友之間的方言黑話，我們大多數人在思想上是什麼階層？我們是不是很容易陷入被傳統熟人社會乃至從原始社會來的演化心理學所左右的思維模式當中？我們具備現代社會推崇的理性思維嗎？

這個世界的定律不是心靈雞湯，所以我得說，落後的思維模式很難被改變。我會在書中介紹幾個試圖改變貧困思維的研究，其中鮮有成功案例。

加拿大心理學教授史坦諾維奇（Keith E. Stanovich）有本書叫《超越智商》（*What Intelligence Tests Miss: The Psychology of Rational Thought*），用大量研究結果說明一個問題：智商與理性是兩回事，兩者幾乎不相關。理性能力——即充分認識當前局面，做好最佳決策的能力——得另外學習。

在優質教育資源稀缺、不同階層家庭文化差異巨大的情況下，誰更容易學到理性？再考慮到前述兩個趨勢，世界愈來愈複雜、愈來愈不容易理解，人工智慧又逼著我們換腦子。在這樣的局面下，貧富差距怎麼可能不愈來愈大呢？

這三個趨勢將對我們構成極大的挑戰。可以說只有少數人具備了現代社會的智識，大多數人的思想仍然停留在傳統社會，有的甚至停留在原始社會。

怎麼迎接這思想上的挑戰呢？第一步，是聽專家的嗎？

## 如何聽取專家的意見？

理工科思維可能是最重要的現代化思維，講究「tradeoff」（取捨）、量化和科學方法。但是別搞錯了：如果只滿足於自己的一個小領域，那麼縱使是個理工科方面的專家，未必就能用理工科思維去理解世界。

---

❶ 這個研究和同段所說的英國研究，引自林塞（Brink Lindsey）的著作：*Human Capitalism*。

其實理工科專家大概都有個煩惱。別人問你一個見識方面的問題，如果不用自己的專業知識回答，人們會說你在這個領域根本不是專家；如果用專業知識回答，你其實是個僅供參考的工具。

這話怎麼講呢？複雜世界中很少有哪個實際問題是只用一方面的知識就能解決的。據說美國某著名科學家，有一次受邀上節目談環保問題，出了個大洋相。搞環境相關研究的科學家肯定強調環保，但這位老兄比較極端，他居然說那些能源巨頭公司的執行長們「犯了危害人類罪」！[2]

像這樣的專家，別人沒法認真對待你。用能源的是我們，反而怪能源公司的執行長？而且還是危害人類罪？顯然這位科學家的知識面太窄，他只知道自己學科裡這麼一點點知識，以為就他研究的東西最重要。他根本沒有取捨的思維，也不知道社會中其他方面需求的重要性。正所謂不當家不知柴米貴。

我看這種情況相當普遍，在公共問題上有些科學家和工程師的見識並不高明，而且還習慣性地過分強調自己專業的重要性。鼓吹全球暖化的氣象學家大言不慚地要求不惜代價減少碳排放，彷彿經濟規模變小根本就不算是件事；搞航太的人認為每往航太事業投入一塊錢就能帶來七塊錢的回報；搞生物能源的人說核電特別危險；搞物理的人說正負電子對撞機是二十世紀八〇年代初的中國最急需的研究項目……只有楊振寧先生最公平，作為搞物理的，他說二十一世紀是生物的世紀。

所以對待理工科專家，最好的辦法是把他們的意見當成決策的參考。你可以在你的專業範圍內給我提供最好的論點資料，但具體上該怎麼決策，還得再聽聽別人的論點和資料。

君子不器。如果僅僅滿足於當某一特定小領域的技術型專家，恐怕往大了說不足以做公共決策，往小了說不足以明白人生。

那麼，聽文科專家的行嗎？

## 理念與算數

理工科專家至少知道自己知識的局限性，文科專家經常認為自己無所不知。他們行走江湖不是靠「理性」，而是靠「理念」。

包括經濟學、政治學、社會學在內諸多的人文學科仍然處在非常初級的階段，這顯現在學者們對很多重大問題還未達成共識，他們分成了好多派別，常冠以「某某主義」的名字，有時如同武俠世界中的門派一樣黨同伐異。凱因斯主義經濟學認為消費刺激成長，政府應該實行經濟刺激計畫；供給派經濟學則認為真正的英雄是企業家，所以最好的刺激辦法是減稅。自由派政治學者提倡政府應該在社會生活當中扮演重要的角色，保守派政治學者則要求小政府。

高稅收高福利的北歐國家瑞典，是大政府的典型代表。作為民主黨的美國總統，歐巴馬（Barack Obama）執政期間實行了很多大政府的政策。有人投書說歐巴馬要把美國變得更像瑞典，與此同時瑞典卻在減少稅收、去瑞典化。那歐巴馬豈不是逆潮流而動的傻瓜嗎？

---

❷ 引自蘭迪・歐爾森（Randy Olson）的著作：*Don't Be Such a Scientist: Talking Substance in an Age of Style*。

結果一個數學家❸說那叫線性腦袋！我們畫張圖，橫坐標是政策有多像大政府瑞典，縱坐標是經濟繁榮程度，圖上的曲線不太可能是直線。最大繁榮值不太可能正好在曲線的端點！最大值完全可能在中間某處，兩端都不好。歐巴馬和瑞典只不過是從兩個方向來尋找這個值。

認準一個方向毫不動搖，是理念，是派系鬥爭，是意識形態，是情懷。知道過猶不及，該左則左，該右則右，時時刻刻為尋找最優值進行調整，才是理性態度。

解決問題的關鍵往往並不在於有無一個高大上的理念，而在於「度」，在於數字。複雜世界中幾乎任何東西都有利有弊，用與不用不僅要看這個東西好不好，還要看你能承受多大代價。

獨立自主、支持國貨當然是個相當好的理念，但是洋務運動時期張之洞的湖北槍炮廠耗費鉅資搞出來的「漢陽造」品質極差，同樣的錢遠遠不如直接進口外國步槍。在國家急需強兵的時代，一味追求國產化可能未必是最好的選擇。新中國改革開放之初曾經幾乎放棄軍工研發，甚至讓軍隊養豬經商，後來進口高鐵技術，現在甚至進口核電技術。這些政策都曾經備受批評，但你不知道其省下來的錢對發展經濟起到了多大作用，運力和發電的急需還能不能等國產技術。

想要學會尋找合適的「度」，至少需要掌握兩個不同的理念。然而我們在現實生活中遇到的很多公共知識分子們，往往只知道不遺餘力地宣傳自己唯一的那個理念，有時候連事實都不顧了。

我記得一些特別典型的故事。比如崇尚自由市場的教授認為所有經濟問題都應該用市場解決，鼓吹自由民主的專欄作家把美國政治的缺點都變成煽情的素材，熱愛儒家文化的歷史愛好者看宋朝一切都是好的，以及自詡保守主義者的中國思想家對一戰後國際條約體系的推崇，可能現在的英國人和美國人都比不了。他們用半生之力鑄就一個屬於自己的「錘子」，就把一切東西都視為「釘子」。

像這樣試圖以「一招鮮吃遍天」的學者，美國心理學家菲利普・泰特洛克（Philip E. Tetlock）對他們有個專門的名詞：刺蝟。

## 狐狸與刺蝟

從二十世紀八〇年代開始，泰特洛克搞了一項歷時二十多年、影響深遠的研究：用科學方法評估專家們對政治事件的預測能力。我們常常抱怨專家做出錯誤的預測，有時候講得頭頭是道，也只不過是事後諸葛亮。泰特洛克則使用了複雜而嚴謹的評估方法，一個最明顯的效果就是能避免馬後炮。比如說，他在蘇聯尚未解體的時候讓專家們預測蘇聯未來的命運會比當時更好、更差，還是保持現狀，並要求專家對各種情況設定一個機率。

二十多年後，一切問題水落石出，再回頭看當初專家們的預測：專家的預測成績，總體來說，還不如投個硬幣隨機選擇。

---

❸ 這位數學家名叫艾倫伯格（Jordan Ellenberg），他所寫的《數學教你不犯錯》（*How Not to be Wrong: The Power of Mathematical Thinking*）一書中提到了此事。

所以在預測未來方面，很多專家的確是「磚家」。其實其他領域的專業也差不多是如此，如果想要知道未來哪個領域最值得投資，或什麼專業最好找工作，問專家可能真不如自己猜。

但泰特洛克這個研究最值得稱道的發現是，並非所有專家都這麼不堪，有的專家預測得相當準確！這個準確與否，與專家的從業時間、能否接觸到機密資料、是自由派或保守派、個性樂觀還是悲觀等，都沒關係。唯一有關係的是——專家的思維方式。

泰特洛克把專家按思維方式分成了兩類：刺蝟和狐狸[4]。刺蝟型專家非常深入地了解自己的小領域，他們都有一個「大主意」。狐狸型專家則對什麼知識都了解一點，有無數「小主意」。在總結此研究的《狐狸與刺蝟》（*Expert Political Judgment: How Good Is It? How Can We Know?*）一書中，泰特洛克對這兩類專家的思維方式是這麼描寫的：

> 刺蝟式的思維方式是進取的，只知一件大事，在簡約的名義下，尋求和擴大此事的解釋力，以「掩蓋」新的案例；狐狸式的思維方式更加折衷，知道很多小事，與瞬息萬變的世界保持同步，滿足於根據時代找出合適的解決之道。

狐狸預測的準確度，遠遠超過了刺蝟。

這個事實非常重要。一直到近代，知識分子常以擁有不容置疑的信仰為榮，總想把自己的學說推廣到根本不適用的領域，在學霸的路線上愈走愈遠，豎起「主義」的大旗吸引無數徒子徒孫，其實都是刺蝟。他以為自己的一個大主意能解釋所有問題，當現實不符合他的理論的時候，他忽略現實。當結果不符合預測的時候，他不但拒絕承認自己錯了，反而還找個理由說這恰恰說明自己當初是對的！

一棵樹可能很簡單，但樹木組成的森林非常複雜。刺蝟則以為只要他能理解樹，他就能解釋森林。刺蝟眼中的世界是簡單的，簡單到他用一個理論就能解釋一切。他眼光簡單，辦事方法也簡單，把自己蜷縮成一團，試圖用渾身的刺去面對外面複雜的世界。

然而真正有見識的，其實是狐狸。現代化的道理千頭萬緒，唯有此事最為關鍵：不要被自己心中的「大主意」劫持。

所以我們智識分子的最根本教訓，就是要做狐狸，不要做刺蝟。泰特洛克用統計問卷的方法發現了狐狸思維相對於刺蝟思維的種種特點，值得我們作為美德，甚至作為座右銘列舉出來：

- 狐狸樂於接收新的資訊。
- 狐狸對自己決策的信心遠小於刺蝟。
- 即使做決定後，狐狸仍想從不同的視角進行再思考。
- 狐狸總愛不斷修正自己的預測。
- 狐狸也許不像刺蝟一樣對某個特定領域無比內行，但知識面寬得多，了解很多事。

---

❹「刺蝟和狐狸」這個比喻最早出自哲學家以賽亞．伯林（Isaiah Berlin）。

- 狐狸對很多事情持懷疑態度。
- 考慮衝突的時候，狐狸能看到雙方可能正確的方面。
- 狐狸喜歡與觀點不同的人打交道。
- 狐狸在工作中並不追求明確的規則和秩序。
- 狐狸喜歡有多個答案的問題，他們在解決問題的時候常常能發現多個選擇。

總而言之，狐狸眼中的世界是複雜的。世界任何時候都需要很多刺蝟來提供觀點和建議，但是刺蝟在科學決策中的真正地位只不過是個吹鼓手和工具。狐狸，才是這個愈來愈複雜的世界真正寵愛的人。

怎樣才能成為狐狸呢？

## 十八般武藝

這意味著我們不能滿足於當某一方面的「專才」，而應該廣泛學習各種知識，掌握「通識」。想要解決社會、經濟和生活問題，不能追求掌握一個一勞永逸的「正確」理論，而應該追求掌握一系列不同流派的思維方法，十八般武藝，多多益善。

這其實正是西方所謂「自由技藝」（Liberal Arts）教育的意義所在。自由技藝起源於古希臘，柏拉圖（Plato）提出的「七藝」——有點像中國孔子那時候的「六藝」——被認為是一個自由的城市公民該掌握的若干個基本學科。這些學科有文法、修辭、邏輯、歷史、天文學等，都是不能直接作為一門手藝來賺錢，但可以提高一個人思想見識水準的「素養教育」。

中國有些教育家很愛談素養教育，還特別喜歡文學、音樂、美術這些領域，最主要的教育形式就是讓小孩放學以後去上個鋼琴班之類。為什麼要搞素養教育？他們可能會告訴你，拉小提琴是為了效法愛因斯坦（Albert Einstein），給研究工作提供靈感，但人們心裡想的往往是，素養教育可以把人變得像個「上等人」。

難道素養教育是化妝品嗎？

自由技藝的本意其實是有很強的實用性的。這個用處並不在於談戀愛或找工作方便，而是為了學習怎麼做決策。

古希臘「自由人」的反義詞，不是罪犯，而是奴隸。奴隸只需要聽話幹活就可以了，其實生活未必有多差——美國南北戰爭時期，南方媒體的一個重要論點就是奴隸生活穩定，不用擔心失業，且有終生的醫療保險，比北方某些工人強——但不能對事情做決策。只有自由人，因為要管理奴隸，要為自己的生活做主，要對公共事務發表意見，才需要做決策。

自由技藝，是統治者和「拒絕被人統治」者的學問。

嚴肅文學可以讓人學會體察他人感受，了解真實世界中不同類人的生活。邏輯可以讓人學會推理和辯論。文法修辭可以讓人學會怎麼用語言爭取別人的支援。歷史可以讓人學會借鑑前人的經驗。數學可以讓人學會取捨。天文學可以讓人對世界的自然規律產生敬畏。這些學問不是用於打扮自己、被別人審美的「教養」，這些都是大人物辦大事的實用技能。

所以自由技藝訓練的不是「貴族品位」，而是真貴族，是社會的中流砥柱，是精英。

自由技藝並不是告訴我們放諸四海而皆準的真理，而是提供一些寓言故事、名人典故和思維套路。你掌握的路數愈多，辦事的時候可供選擇的思路就愈多。至於遇到什麼事應該用哪個套路去解決，這沒有任何程式性的固定辦法，是一種藝術，只能自己選擇。

比如說，如果你把經濟學理論模型當成放諸四海而皆準的真理，你什麼事都不太可能做成。但如果你把經濟學理論當成僅供參考的寓言[5]，反而可能非常靈活地辦成一些事情。

如果拿武俠小說打比方，那就是我們不能學那些只會本門武功還個性單一的配角。我們得學那位師從多位名家且招式複雜多變，性格也被女主角認為是捉摸不定的男主角。面對一個問題，你可以把它當成經濟學問題，但你也可以把它當成政治問題，甚至物理問題。我們就如同使用武功一樣不斷嘗試各種招法，一招不成再來一招。理論不管用時不能怨老師教錯了，只能怪自己會的招太少。

簡單打不過複雜。只有複雜的人才能打敗複雜。

# 第 2 章 單純問題、兩難問題和「棘手」問題

現在流行一句話叫：「成年人的生活裡沒有『容易』二字。」[6]成年人得處理一些非常不容易的事情。而有些「不容易」，比一般的「不容易」，更不容易。我們來談談什麼是真正的不容易。對付這樣的事情，你需要的不僅是體力和智力，更是智慧和氣度。

作為對比，我想把人生在世面對的各種問題分成三類：單純的問題、兩難的問題，以及棘手的問題。

我們先看看未成年人的「容易」，為什麼容易。

## 單純問題

你工作之後，有時想想一天到晚面對的事情，可能會感慨：「還是當學生那時候簡單

---

❺ 事實上，經濟學家魯賓斯坦（Arthur Rubinstein）有本書就叫《經濟學寓言》（*Economic Fables*），特別強調經濟學理論的局限性，認為最好把這些理論當寓言用。

❻ 這是電影《氣象人》（*The Weather Man*）裡的一句臺詞（Nothing that has meaning is easy. Easy doesn't enter into grown-up life.）。

啊！」其實你想說的是「單純」。學生日常解決的問題並不簡單，需要掌握各種冷門的知識和拐彎抹角的解題技巧。很多人在參加大考那一刻是人生的智力巔峰，從此之後大腦就再也沒有過那麼高強度的思考。但是學生的問題很單純。

所謂單純的問題，就是有明確方向，有讓人放心的答案，解決後就可宣布勝利的問題。

比如你想考清華大學，這就是一個單純的問題。它有明確方向：你需要提高自己的考試水準。它有讓人放心的答案：考上就可以宣布勝利。

單純的問題就好像參加爬山比賽一樣，你只要朝一個方向努力就行，而你的成敗與否是清晰可見的。面對單純的問題，你絕對不會感到迷茫，你永遠都知道該做什麼。往那個方向前進就是對，往別的方向走就是錯。

這種感覺非常勵志。你只要「努力奮鬥」就行。我們看那些高三的學生們，每天早上一邊跑步一邊喊口號：「拚，直到贏！搏，直到成！」真是讓人熱血沸騰。

當然，在這條路上你會遇到阻力。可能是自己的性格弱點，可能是外界的干擾，甚至可能是敵人在攻擊你。但是不要緊！你要做的就是戰勝它們。你完全知道什麼是你的助力、什麼是你的阻力、誰是你的朋友、誰是你的敵人。

有時候一大群人會共同面對一個單純的問題。比如我們要修建一項農田水利工程。我們會分工，但所有人都是為了共同目標而走在一起，所謂「心往一處想，勁往一處使」。工程師解決技術，上級組織管理，剩下的人捲起袖子加油幹。這時團結就是力量，誰要是說怪話瓦解眾人鬥志，我們就要「幫助」他。要是有敵人敢阻止我們前進，我們就要打擊他。

如果生活中都是單純的問題，我們的思想也會是單純的，這種狀態多好呢……

以我之見，這個世界最大的危險之一，就是某些人認為一切問題都是單純的問題。

## 兩難問題

成為成年人後會發現，很多事並不是「向著一個方向猛用力」的事。

比如你手裡有一點積蓄，想要買個房子，你有兩個選擇。離工作單位近的這個房子比較貴，也比較小，住著不太舒服，但是省時間，且將來也許會升值；遠一點的房子比較大，將來有孩子會很方便，但上下班很累。你該買哪間房呢？又或者先租個房子，等等再說？

這才是成年人的世界。這種問題可以稱之為「兩難問題」。這個問題沒有唯一正確的方向，是兩難的選擇，你必須在兩個方向之中做出取捨。

其實生活中真正的問題，至少都是兩難問題。有明確方向的事根本就不叫事。如果現在有一處房子，地點又好，價格又便宜，住著又舒適，升值潛力還大，別人早就買走了——均衡的市場不允許出現這樣的房子。

同樣道理，如果有錢多事少，還特別能提升個人潛能的工作，你早就選了，事實是根本就不存在那樣的選項。你通常面對的都是安逸但錢少，或錢多但不穩定這樣的人生選項。

這種問題裡沒有敵人。你誰也怪不著，連自己都怪不著，所以會很迷茫。這才是讓你懷念學生時代的時刻。你會羨慕那些有敵人的人。

什麼叫「不當家不知柴米貴」呢？就是不得不做取捨的意思。單純就想買一件東西，其實都是不貴的，只要一心攢夠錢就行。真正的問題在於——買了這個東西，就不能買那個東西。這種必須取捨的感覺，會讓你覺得它們都很貴。

不過你終將做出選擇。你權衡各種利弊，選了一個認為最適合自己的。不會有一種取得勝利的感覺，因為你沒有戰勝任何敵人，你是不得已才如此。你過一段時間可能會想，如果當初選的是另一個，現在會怎樣呢？不過那都是一閃念而已，選了就選了，成年人得為自己的決定負責。問題解決了，以後要往前看，這一篇已經翻過去了。

兩難還不是最難的。最難的，是你要給別人做主的時候。

## 棘手問題

一九七三年，加州大學柏克萊分校的兩個公共政策專家——霍斯特・瑞特爾（Horst W.J. Rittel）和梅爾文・韋伯（Melvin M. Webber），他倆提出一個新概念[7]，叫「wicked problem」。「Wicked」這個詞的意思是形容那些邪惡的、怪異的東西，可稱之為「棘手問題」，有時候也被翻譯成「抗解問題」。

那些長期存在的公共問題，常常是棘手問題。兩難的問題還可說是有解，棘手的問題是無解的。

比如現在美國的貧富差距愈來愈大，雖然經濟在成長、高科技公司在盈利，但是低技能的普通老百姓分享不到這個成果。貧富差距增大導致了很大的社會和政治問題，這就是個棘手問題。全球暖化也是一個棘手問題。這些問題比你買房子的事可難多了。

什麼叫棘手問題呢？瑞特爾和韋伯提出，如果一個問題具備下面這十個特徵中的幾個，就是棘手問題：

一、這個問題沒有清晰的定義。它不像數學考題那樣給你寫明白了各種條件。

二、它沒有終極的答案。你永遠都別想徹底解決它，它會一直存在。

三、你的解決方法不分對與錯，只有好與壞。而什麼是好、什麼是壞，只能自己判斷。

四、你採取一個應對措施，不會立即看到結果。你也許根本不知道自己做的有沒有用，也許還出現了意想不到的結果。

五、沒有專門給你試錯練習的地方，你的每一個動作都會有影響，一來就是實戰。

六、連有什麼選項，都不清楚。

七、沒有先例可循，前人的經驗不會對你有太多幫助。

八、這個問題很可能只是一個更深的問題的症狀，它背後不只有一個問題，整個局面盤根錯節，也許根本就沒有根本性根源。

九、有很多利益相關方對這個問題有自己的看法，他們想要的解決方向各自不一樣。

十、如果你接手，那將來不論是什麼結果，你都得負責。

就想想美國貧富差距增大這個問題，如果你是美國總統，請問你怎麼辦？對高科技公司多收稅，然後補貼窮人嗎？富人會不樂意，可能會妨礙創新，再說直接發福利不是辦法，會

❼ Horst W. J. Rittel and Melvin M. Webber, Dilemmas in a General Theory of Planning, Policy Sciences Vol. 4, No. 2 (Jun., 1973), pp. 155-169.

養懶人。反對全球化，強行要求製造業回流嗎？那不符合技術演變的大趨勢，也違反了自由主義的精神。那乾脆不管行嗎？有人會鬧革命。

當初川普（Donald Trump）為什麼非得與中國打貿易戰？因為他希望這是一個單純的問題，他希望能找到一個「敵人」……所以中國就是這個「敵人」。

再比如全球暖化，就是典型的利益相關方的意見不一致。都說要節能減排，已開發國家現在不搞工業了可以減排，某些國家全靠工業賺錢呢，能減排嗎？這公平嗎？更何況，全球暖化對某些國家來說也許還是個好事，很多傳統沙漠地區的氣候都變溼潤了，也許就和全球暖化有關係。

所以當一個瑞典中學生指責世界各國政府對全球暖化的應對不力的時候，當圍觀群眾笑話大國領袖的時候，那些人其實都有點站著說話不腰疼。

不是我們不夠努力，也不是敵人太壞，而是這個問題本身太棘手。

怎麼解決棘手問題呢？首先你就不應該指望解決棘手問題，最多只能應對——你得做好和它長期相處的準備。這就如同當代醫學對癌症的治療：全部殺死癌細胞是不太可能的，但是醫學手段可以在相當的程度上控制病情不讓它擴大，你可以追求管理這個問題。

匹茲堡大學的約翰·卡米盧斯（John C. Camillus）教授，曾經提出過幾個應對棘手問題的建議[8]。

其中一個建議是：讓利益相關的各方充分互相理解。最好大家坐下來開誠布公地把觀點和要求給談透——不為達成共識，只為互相理解。這樣至少可以消除一些偏見，別都只顧自己，也聽聽別人想要的，也許就能採取一些最基本的行動。

如果你是一個公司負責人的話，卡米盧斯的一個建議是，舉棋不定的時候應該反思一下公司的認同感和意義。意義能幫助我們做出選擇：我們到底是一家什麼公司？我們的價值觀是什麼？我們擅長什麼？我們渴望什麼？有時這麼做不是因為算計，而是因為你有個性。

還有個建議是一定要行動。可以摸著石頭過河，每次的決策都是小行動，慢慢試探，看看效果再決定下一步，但是不能不動。動，才叫應對；不動，你就是鴕鳥。

你就這麼應對著，跟著它演化。那你說棘手問題怎樣才能被解決呢？解決不了。一個棘手問題後來之所以不再是問題了，通常並不是因為它被解決了，而是因為局面變了，它被別的——可能是更棘手的——問題給取代了。

—•—

中國有句話叫「皇帝做不得快意事」，其實說的就是真實的、複雜的決策往往都不是單純的問題。然而我發現有太多人——包括很多領袖——都是單純問題的思維模式。如果他對當前局面不滿意，就認為要不是夥伴不夠拚，或就是敵人太壞了。

其實真不是。大家都是成年人，都是不得已的取捨而已。有敵人的問題都是單純問題，大多數問題真不是敵人的事。

---

❽ John C. Camillus, Strategy as a Wicked Problem, Harvard Business Review, May 2008.

單純的人總希望能一勞永逸地解決一個問題。這種理想主義者一旦受挫，會心灰意冷，成了一個憤世嫉俗的人。他以為別人都自私，就他真想解決問題，可是他又解決不了。

殊不知那些頂著罵名，從來沒做過一件快意事，小心翼翼永遠不敢用力過猛，明知根本就沒有什麼勝利的彼岸等著他，還在那瞻前顧後維持著局面的人，才是真正值得尊敬的。

如果一個物理學家談物理，哪怕他只是用大家都能聽懂的語言做科普，外行一般也不太敢提出質疑。人們知道物理學是一個非常專業的尖端科學，沒經過多年訓練的人胡亂說話只能鬧笑話。可是當一個社會學家談論社會問題的時候，哪怕他旁徵博引了好多東西方先賢的經典理論，別人還是可以毫無壓力地批評他。不管專家怎麼說，每一個計程車司機都認為自己知道汽油漲價是怎麼回事，每一個網友都認為反腐敗的出路是明擺著的，每一個球迷都認為如果從來沒踢過足球的人能當足協主席，那麼我也能當。

這也許怪不得大眾。實踐表明，像政治學這樣的軟科學，其「專家」的實用程度很可能並不顯著高於「磚家」。

一九八四年，美國心理學家泰特洛克做了一個影響深遠的研究[9]。他調查了兩百八十四個專門以預測政治經濟趨勢為職業的政治學家、智囊和外交官，向他們提出各種預測問題，比如戈巴契夫（Gorbachov）有沒有可能被政變搞下臺。

[9] 請參第1章〈做個複雜的現代人〉。

泰特洛克要求專家們對其中大多數問題，比如某個國家未來的政治自由狀況，提供出現三種可能性（保持現狀、加強或者減弱）的大致機率。這個研究做了二十年，一直等到當年預測的事情全部水落石出。到二〇〇三年，泰特洛克總結了這些專家給的答案，發現他們的總成績還不如索性把每個問題的三種可能性都均等地設為三三％。也就是說，專家的預測水準還比不上直接拋硬幣。更有諷刺意味的是，這些專家對自己專業領域的預測得分，居然比對自己非專業的領域更差。

所以《紐約客》（*The New Yorker*）雜誌在評論泰特洛克描寫自己此項研究的《狐狸與刺蝟》這本書的時候對專家相當悲觀，最後得出的結論居然是「普通人不如自己思考」，儘管泰特洛克的研究顯示專家的得分其實還是比普通人略高一點。

但社會科學並非無路可走，它可能正處在一個大發展的前夜。哥倫比亞大學鄧肯・華茲（Duncan Watts）的著作《超越直覺》（*Everything is Obvious*）提出，社會科學的發展方向應該像硬科學一樣，依靠實驗和資料。傳統專家的預測之所以不行，是因為他們依賴的很多直觀「常識」，其實是一廂情願地想當然。事實上，哪怕一個最簡陋的統計模型，也能比專家預測得更好。

華茲的這個說法當然並不新鮮，已經有愈來愈多的人呼籲把數理方法作為社會科學研究的主要方法，而且這個方法的確正在成為主流，現在大概已經很少有人在論文裡拿一百年前的所謂經典說事了。此書的最大新意在於，因為華茲同時在雅虎研究院研究社交網路，他在書中描述了幾個他參與的有趣研究。

談起社交網路，多數讀者會立即想到麥爾坎・葛拉威爾（Malcolm Gladwell）的《引爆趨勢》（*The Tipping Point: How Little Things Can Make a Big Difference*）。這本書提出，一件東西要想在人群中流行開來，需要某些特別有影響力的關鍵人物在其中推波助瀾。這些關鍵人物是社交網路中的節點，是普羅大眾中的意見領袖。正因為有他們的存在，我們才可能實現把地球上的任意兩個人用不多於六個人的社交關係相互聯繫起來，也就是所謂的「六度分隔」。

根據這個理論，擴大知名度的最好辦法是找名人做廣告。名人在社群媒體上說一句話，應該比普通人的「口碑」重要得多。

「關鍵人物」理論完美符合人們的思維常識。我們總是強調偉人對歷史的推動，強調「一小撮」壞分子對社會秩序的破壞，強調明星對時尚潮流的引領。問題是，這個理論沒有獲得大規模統計實驗的支持。

在現實生活中統計影響力非常困難，因為我們很難測量一個人是被誰影響的。現在社群平臺的出現，給這種測量提供了可能。

Twitter[10]的一個特別有利於研究的特點是，如果使用者分享一個網址，這個網址會被縮短，自動形成一個唯一的連結。透過追蹤這些短網址，華茲與合作者就可以分析資訊如何在Twitter上擴散傳播。具體來說，如果有人發布了一條連結，而他的一個「粉絲」如果轉發這條連結，那麼這次轉發就可以被視為一次可觀測的影響。廣告商的願望，是希望資訊能夠這

[10] 編註，現名「X」。

樣被一層接一層地轉發傳播開來，形成所謂「Twitter 瀑布」。

然而分析二〇〇九年兩個月之內一百六十萬使用者的七千四百萬條資訊，研究人員發現九八%的資訊根本就沒有被推廣傳播。在千萬條資訊中只有幾十被轉發超過千次，而轉發次數達到萬次以上的只有一、兩則！我們平時看到的那些被反覆轉發的消息其實是特例中的特例。由此可見，想要透過發一、兩則熱門消息成名，就好像買彩券中頭獎一樣困難。

那麼名人的影響力到底怎麼樣呢？華茲等人使用了一個巧妙辦法。他們使用統計模型，根據第一個月的資料把那些粉絲眾多並且成功引發 Twitter 瀑布的「關鍵人物」挑出來，然後看他們在第二個月中的表現。結果相當出人意料：這些人在第二個月再次引發瀑布的可能性相當隨機。平均而言，「名人」的確比一般人更容易使一則消息被廣泛傳播，但這個能力的實際效果起伏極大，一點都不可靠。也許最好的行銷方式不是拿高價請少數名人，而是大量雇用有一般影響力的人。

如果一個東西突然流行開來，我們的常識思維總以為這個東西一定有特別出類拔萃之處，或其幕後一定有推手。但這個有關 Twitter 的研究表明，所謂幕後推手其實並沒有那麼厲害。那麼為什麼某些書能夠暢銷，某些電影能夠賣座，某些音樂能夠上榜呢？完全是因為它們出類拔萃嗎？華茲參與的另一項研究表明，成功很可能主要是因為……運氣。

這是一個相當有名的實驗。實驗者創辦了一個叫「Music Lab」的網站，在幾周之內招募到一萬四千名受試者來給四十八首歌曲評分，如果他們願意，也可以下載其中的歌曲。有些受試者的評分是完全獨立的，他們只能看到歌曲的名字。而其餘受試者則被分為八個組，他們可以看到每首歌被自己所在組的其他受試者下載的次數——他們可能會設想被下載次數愈多的歌曲愈好聽，這樣一來，他們的評分就會受到社會影響的左右。實驗表明，那些在獨立組獲得高分的歌曲，在社會影響組也是好歌，而且其流行程度比在獨立組更高；而不好的歌在社會影響組的表現也更差。所以當聽眾能夠被彼此的選擇影響的時候，流行的東西就會變得更加流行，出現勝者通吃的局面。

然而這個實驗最重要的結果是，哪首歌能夠登上排行榜最前面，是非常偶然的事件。有些歌曲可能會因為實驗初期純粹運氣好，獲得更多下載次數，後來的受試者受這個影響就會以為這首歌好聽，以致給予它更多的關注，形成正回饋。最初的運氣很大程度上決定了最後誰能脫穎而出。在獨立組僅獲得第二十六名的一首歌，在一個社會影響組居然排第一，而在另一個社會影響組則排第十四名。儘管特別不好的歌肯定不能流行，但好歌想要流行還是需要很大的運氣成分。總體來說，獨立組排名前五的歌曲只有五〇%的可能性在社會影響組也進前五。

對能夠互相影響的一群人，不能以常理度之。柴契爾夫人（The Baroness Thatcher）曾經說：「根本就沒有社會這種東西。只有作為個人的男人和女人，以及他們的家庭。」可是你不能用研究一個人的辦法來研究一群人。就算能理解這群人中的每個人，你也未必能理解把這群人放在一起會發生什麼。他們之間的社交網路結構，會導致一些非常偶然的事情發生，這些事情無法用任何常識去預測。

一般人的歷史觀總是有意無意地把一個「集團」——比如說清廷——想像成一個有思想與行動的個人，好像辛亥革命就是清廷、孫中山和袁世凱三個人之間的事一樣。這樣的理論無法解釋為什麼孫黃數次起義數次失敗，最後居然在一個完全想不到的時機成功了。

我們生活在一個彼此互相影響的社會。我們想起來去聽一首歌，也許只不過因為朋友的推薦。我們想起來去看某個電影，也許只不過因為我們恰好在社群上「粉」了某人。某一位歌手可能的確唱得不錯，但在某個平行宇宙裡他們將不會登上春晚舞臺。如果歷史重演一遍，《哈利波特》系列的第一部未必能獲得出版[11]，《蒙娜麗莎》[12]不會是有史以來最有名的畫作。我們總是習慣於把事情的成敗歸結為人的素質，歸結為領袖人物，甚至歸結為陰謀論，好像什麼都是註定的一樣，事實卻是很多事情不過是偶然而已。

常識只是特別善於在事後「解釋」事件，這種解釋根本談不上真正的理解。

比如，如果有人說來自農村的士兵會比城市士兵更適合部隊生活，讀者很可能會認為這是顯然的——農村本來條件就比較艱苦，需要更多的體力勞動，所以農村士兵必定更能適應部隊生活。然而據社會學家拉查斯斐（Paul Lazarsfeld）對二戰期間美軍的調查，事實恰恰相反。其實是城市士兵更適應部隊生活，因為他們更習慣於擁擠、合作、命令、嚴格的衣著規定和社會禮儀。這兩方面的常識看上去都有道理，在沒有統計的情況下，我們根本不知道哪個更重要。這就是為什麼不做調查研究就沒有發言權。

想從複雜的隨機事件中看到真正的規律，最好的辦法是進行大規模的重複實驗。如果一首歌能在每個社會影響組都進前五名，我們就可以確信這首歌的確出眾。然而歷史不能重複，我們不知道最後發生的結局是不是一個小機率事件，卻老用「常識」給這個結局一個解釋！像這樣的解釋如果用於預測未來，甚至制訂計畫，怎麼可能不失敗呢？

一個更實用的歷史觀是放棄「一切都是註定的」這個思想，把歷史事件當成眾多可能性中的一種，把未來當成一個機率分布，然後盡可能地使用統計方法，透過歷史資料去計算未來事件的機率。與其追求用各種想當然的常識指導未來，不如把歷史當作一個資料庫，從中發掘統計規律。

搞自然科學的科學家經常認為社會科學更簡單。如果你看那些社會科學的論文，會發現其中邏輯通俗易懂，結論往往也是顯然的。物理學經常能得出一些違反直覺而又絕對正確的結論，社會科學中常識卻總大行其道。現在這種局面正在改觀，自然科學的方法正在被引進社會科學當中。但這個過程並不容易。杭亭頓（Samuel P. Huntington）曾經在某項研究中頗有科學精神地寫道「六十二個國家的社會挫折和不穩定之間的相關係數是〇．五」，然後一個數學教授跳出來說這純屬胡扯，「杭亭頓是怎麼測量社會挫折的？難道他有一個社會挫折表嗎？」其實像這樣的批評也許只不過說明社會科學比自然科學更難做。[13]

在沒有網際網路的年代，想要找幾萬人做歌曲評分實驗，或者分析成百上千萬的社交網路和資訊傳播，都是根本不可能的事情。現在有了網路，社會科學終於可以帶給我們一些「不顯然」的研究結果了。所以社會學家已經在使用新方法搞科學研究，遺憾的是實用專家

---

[11]《哈利波特》第一部被不同出版社退稿十二次才得以面世，一般人至此肯定放棄了。等到終於出版了，首印也只有五百冊。

[12]《蒙娜麗莎》當然是一幅很好的畫，但在一百年以前並不被人認為是世上最好的畫作，包括達文西本人都不認為此畫特別出類拔萃。是一系列發生在它身上的故事，包括被盜又被找回的經歷，使得此畫出名，以致世人煞有其事地研究蒙娜麗莎「神祕的微笑」。當人們列舉《蒙娜麗莎》的一系列特點來說明這幅畫為什麼好的時候，他們實際上是在說《蒙娜麗莎》為什麼更像《蒙娜麗莎》。

[13] Soft sciences are often harder than hard sciences, Discover (1987, August) by Jared Diamond.

們仍然停留在過去的理論上。一個原因也許是統計方法還沒有來得及做出更多有實用價值的判斷。但不論如何，正如華茲所說，現在社會科學已經有了自己的天文望遠鏡，就等克卜勒（Johannes Kepler）出來總結行星運動三大定律了。

—•—

補充說明：我曾經在《分析 Facebook 上的兩場捐款戰》一文中使用過「關鍵人物理論」，並且以此對比中國使用者的捐款資料，得出結論是中國使用者對網路的使用習慣還停留在論壇時代。而當時資料的確顯示有些人是有一定的影響力的。現在看來這與本文似乎有點矛盾，但資料並不矛盾。「影響力」肯定是存在的，只是也許並不如人們事先設想的那麼強。另一方面，這個捐款「實驗」對本文提到的網址轉發統計也可作為一個補充。

# 第 4 章 「苦」沒有價值

有人說俄羅斯的民族精神是「苦難」，據我理解，關於中國人的民族精神到底是什麼，學者並沒有共識，但是中國也有很多人崇尚「吃苦」。我們崇尚孟子說的「生於憂患，死於安樂」、「天降大任於斯人也，必先苦其心志，勞其筋骨……」，尼采說「殺不死我的，必使我更強大」，老百姓愛說「吃得苦中苦，方為人上人」，還有「要想人前顯貴，就得背後受罪」，我還看過一本勵志書叫《別在該吃苦的年紀，選擇安逸》。

孟子和尼采有他們的道理。可是我看老百姓心目中，似乎把「苦」當成了某種「內力」資源，認為吃苦才能長本事。好像累積的每一滴「苦」都會轉化為能量，「苦」要是吃得不夠就會內力不足。這是一個錯誤的思維模型。

我們談談什麼叫吃苦。

人要想長本事，的確必須接收真實世界的回饋。但是回饋不等於是負面回饋，負面回饋也不等於就得吃苦。

小張是個研究生，有一次做實驗，自己產生一個大膽的想法，結果操作錯誤，導致失敗。導師一看，為他示範了正確的操作方法，小張記住了。小張長本事了嗎？長了。小張吃苦了嗎？沒有。

老王的妻子脾氣不好，總罵他沒本事。老王在家裡動輒得咎，敢怒不敢言，結婚才十年，已經未老先衰。老王吃苦了嗎？吃了。老王長本事了嗎？沒有。

—•—

什麼是「苦」呢？我們可以把它定義為，當你身處一段不愉快的經歷，或者做一件本身沒有愉悅感的事的時候，體會到的那個被迫感，那種心理壓力。「苦」只是某些事情的副產品，「苦」本身並沒有價值。

人們把成長歸結於吃苦是一種歸因謬誤。比如說「苦練功夫」，「苦」只是「練習」的副產品。真正讓人提高技藝的是練習，而不是伴隨著練習的那個苦感。如果現在有個方法能在不降低效果的情況下讓練習充滿趣味性，我們應該使用那個方法。「良藥苦口利於病」，真正利於病的是藥物的有效成分，而不是苦感——把藥裝到膠囊裡再吃並不會降低療效。

壓力——特別是長期的、慢性的壓力——不但對人沒好處，而且嚴重危害健康。有人專門研究過那些需要長期照顧生病孩子的媽媽，發現她們照顧孩子的時間愈長，她們身體中細胞的線粒體的端粒就愈短，她們的健康狀況就愈差。[14] 貧困或者受虐待的童年對人的成長毫無好處，逆境壓力只會讓孩子的糖皮質素水準偏高、多巴胺系統混亂，他們長大之後會更難控制自己的情緒，會更容易參與暴力，會更容易對一些事物上癮。[15]

我們看到有很多人的確能歷經苦難而保持樂觀積極的精神，但那不是苦難的作用。他們不是「因為」(because of) 苦難而成長，是「儘管」(in spite of) 有苦難，仍然成長了。沒有苦難可能還成就更大。有些人在特殊年代中被剝奪了正常受教育的機會，在本該快樂上學的時候只能從事非常辛苦且沒什麼價值的體力勞動，後來有所成就時說：「啊，特殊年代磨練了我。」這是錯誤的歸因。他只是不願意承認自己白白浪費了那麼多年的青春。

你說不對啊，壓力確實能鍛鍊人啊，如果一個人不會面對壓力，又怎麼能有所成就呢？沒錯。人必須學會面對壓力。最好的辦法是把壓力視為挑戰，積極應對，而不能把壓力視為威脅，被動躲避。但是別忘了生活中本來就有各種壓力。一個外科醫生哪怕工作再順利，也必須面對複雜的、長時間的手術的壓力。一個學生再聰明也得面對考試壓力。運動員的練習方法再科學也得吃苦。

吃苦是不可避免的，但是正常生活中已經有夠多的苦了，我們沒必要自找苦吃。

—•—

特別是，也許我們根本就不應該讓孩子吃苦。

二〇二〇年，雪梨大學政治哲學系的講師盧拉・費拉喬利（Luara Ferracioli）提出一個

---

⓮ 參見伊莉莎白・布雷克本（Elizabeth Blackburn）與伊麗莎・艾波（Elissa Epel）的《端粒效應》（*The Telomere Effect: A Revolutionary Approach to Living Younger, Healthier, Longer*）一書。另見「精英日課」第一季：壓力的一念之間。

⓯ 參見羅伯・薩波斯基（Robert M. Sapolsky）的《行為》（*Behave: The Biology of Humans at Our Best and Worst*）一書。另見「精英日課」第三季：《行為》之六——童年的階級。

論點[16]，說「無憂無慮」對孩子而言，是美好生活的內在要求。

這個說法和老百姓想的可能很不一樣，我們必須小心地分析。首先什麼叫「孩子」呢？孩子與成年人的區別是什麼呢？

成年人之所以能應對有憂慮的生活，是因為我們能夠合理評估各種壓力的價值，我們願意為了實現某個目標而面對壓力。比如一個醫生之所以能堅持長達八小時的手術，並不是因為喜歡做這麼長時間的手術，而是因為考慮到病人的性命在自己手上，出於醫生的責任感，要求自己必須堅持下來，而且必須做好。可能大學裡有一門你完全不感興趣課程，可是為了能順利畢業，你會逼著自己學習這門課程。

而成年人之所以能做這樣的取捨，是因為我們有成熟的價值觀。但是孩子沒有。孩子是活在當下的人。你對一個孩子說，這個作業雖然很沒意思，但是你也要寫，你現在寫作業，將來才能考上大學，考上大學才能找個好工作，找個好工作才能賺錢養家……你說的這些，孩子體會不到。他體會到的就是：寫這個作業太沒意思了。

成年人的取捨不會那麼苦，因為大人懂道理，但孩子是真苦。

費拉喬利舉了個例子。比如家裡有一位得了重病的親戚，需要人照顧。正好家中有一個十歲的孩子，你讓她每天放學後去照顧親戚三小時，請問這好嗎？費拉喬利說不好。

成年人面對這個局面能做出合理取捨。你會考慮自己的道德責任，想到和親人之間的親情，可能還會考慮效率和經濟因素。你能說服自己這是應該做的事，你的選擇比較主動。而且你還可能會把這個壓力事件視為機會，也許你可以利用每天這三小時和親人好好聊聊，學點人生道理；也許你可以鍛鍊自己的體貼能力，把自己變成更好的人。

但是孩子沒有這個評估能力。孩子不知道這個時候每天拿出三小時來意味著什麼。孩子不會評估失去三小時的學習和玩的時間到底值不值得，他不懂道德責任。當然他也做出了取捨，但那不是合理評估之後的取捨，也許孩子去照顧親人僅僅是因為害怕家長不高興，他是在無限度地取悅你。

成年人能在做一件明明沒意思的事的時候也感到很有意思。你明明是在搬磚，可是你可以說服自己這是在蓋教堂。孩子沒有這個能力。如果孩子本來就不會照顧人、不喜歡這名親戚，再加上親人的脾氣還不好，這件事就是不快樂。

那麼這件事對孩子來說，就是一個單純的打擊。成年人面對打擊能調節情緒，孩子不會。孩子的心理空間只有這麼大，負面情緒愈多，正面情緒就愈少。

這對孩子是一個絕對意義上的不好的事情。他不快樂，他的身心健康會受到負面影響。吃這個苦，會傷害孩子的成長。

—•—

費拉喬利說的這個例子你可能不贊同，中國人的觀念是晚輩理所當然要照顧長輩。但費拉喬利並不是說孩子絕對不應該照顧病人，如果確實沒有別的辦法，那也只能如此。人生中

---

⑯ Ferracioli, L. (2020), Carefreeness and Children's Wellbeing. J Appl Philos, 37: 103-117.

本來就有各種不得已，沒有哪個孩子有權利說我就必須健康地長大。

但是不得已歸不得已，沒辦法是沒辦法——你不應該說這對孩子的成長有好處，因為沒好處。

「苦」不是將來能換取「樂」的債權，不是修行資源，不是好東西——對心智不成熟的人更不是好東西。苦是對人的傷害。

我們應該盡可能別讓人吃苦，特別是盡可能不要讓孩子吃苦。你不能傷害了別人還讓人感謝你，不能說你是為了鍛鍊人家。這道理不成立。世間不得已的壓力已經夠多了，我們應該盡可能讓孩子有個快樂的童年，讓包括自己在內的每個人都過得愉快一點。

在這個人人「九九六」、公司「拚多多」的時代，吃苦可能更是難以避免的了。如果你正面對一個不得不吃的苦，我的建議是先別想什麼「反脆弱」或「殺不死我的，讓我更強大」一類，先盡快讓自己的心智成熟起來。

# 第5章 高效能任性

如果成功者都是壞人，我們為什麼還要做好人？

這句話不是反問，而是真誠的疑問。我們每個人都希望好人會有好報，但這並沒有什麼科學根據。不僅如此，心理學家們搞了一系列最新的研究表明，得了「好報」的人，大多不是「好人」。

我們有時候會在決策中面臨兩個方向：對自己有利的方向，和對得起自己良心的方向。如果你是一個理性的人，你應該怎麼選呢？

## 高效能人士的一個習慣

我看網路上流傳一篇文章〈一道思考題〉，其中講了一個很有意思的困境：假設你發現自己的上司貪汙腐敗，應該怎麼做？

作者曹莉莉說，如果你是一個普通員工，根本沒有機會接觸貪汙這個動作，你唯一能做的，大概就是明哲保身佯裝不知，因為你就算想舉報都沒證據。

而如果你是祕書或者助理這種核心人員，首先千萬別跟著一起貪，否則將來東窗事發，你就是第一個背黑鍋的人；其次也別立即舉報，否則其他長官不敢再用你。你應該「想方設法私下勸阻上司，讓他懸崖勒馬。如果他一意孤行，再辭職。」

這個答案既對得起自己的工作本分，又保全了自己的道德，非常完美。

可是予嘗求古仁人之心，或異二者之為。曹莉莉說的是如果想繼續當個普通人，應該這麼辦。如果你不滿足於當個普通人，想要當領袖呢？

我們看看現在某些身居高位的人，他們在往上爬的過程中難免會遇到貪汙腐敗的上司。第一，他們既然能混到高位，就不可能永遠接觸不到核心證據。第二，他們當初的上司不可能愚蠢到本來想貪汙，但聽他們勸幾句就懸崖勒馬的程度。第三，他們既然今天還在做，顯然當初就沒有辭職！

所以最合理的推斷是，這些人認為水至清則無魚，選擇明明手裡有證據也不舉報，甚至可能跟著一起貪。

我們不得不在各種風險和利益計算中患得患失，一點都不瀟灑。有多少正義之士一看社會是這麼個局面，索性懶得再算，退出江湖不玩了。

我上大學的時候經常租古龍小說看。有一次在《圓月彎刀》中看到一句話，不知激起了哪位少年心中的熱血，被重重地畫了底線：「他一定要從正途中出人頭地」。到底要怎麼做，才能從正途中出人頭地呢？

像這樣的問題，讀古龍沒用，得讀一本更暢銷的書——史蒂芬·柯維（Stephen Covey）的《與成功有約》（*The 7 Habits of Highly Effective People*）。書中的一個最關鍵思想，也是「高效能人士」的第二個習慣，是以原則為重心去做事。

柯維說你得有一種使命感，給自己的人生找個願景和方向。這種願景不是成功之後找個島退休之類，而是個人的最終期許和價值觀這種比較高級的東西，比如改變世界。或者說，將來蓋棺論定時，你希望獲得什麼評價。你應該根據這個使命感給自己設定一套憲法般的原則，時刻謹記在心，一舉一動都是為了這個願景。

以金錢為重心、以享樂為重心、以名利為重心，或者以工作為重心、以家庭為重心，這些都不如以「原則」為重心。

柯維舉了個例子。比如你和太太約好了晚上去看演出，老闆突然打電話要你回公司加班。以工作為重心的人會選擇加班，以家庭為重心的人會選擇繼續陪太太。而以原則為重心的人則會通盤考慮，不受任何衝動的影響，不管做出什麼選擇都是從使命感——或者說義務——出發的主動決定。一個以工作為重心的人決定回去加班可能是為了自己升職或者為了把同事中的競爭對手比下去，而一個以原則為重心的人如果決定回去加班，則是真心為公司著想。他也許會這麼決定：如果這次加班對公司的確非常重要，我就回去加班；如果這次加班其實對公司沒有那麼大的意義，我就好好陪太太。

一個以原則為重心的人遇到上司貪汙這樣的事，會怎麼辦？他的出發點肯定和我們之前那些算計完全不同：他也許會為公司甚至國家著想，而不會純粹研究怎樣才對自己有利。

如此說來，高效能人士做事和一般蠅營狗苟的小人物完全不同，前者光明磊落，充滿道德責任感，真是令人仰慕。

唯一的問題是，《與成功有約》這本一九八九年出版的書雖然頭頭是道，卻缺少學術研究的支持。今天的人寫任何一本類似的書，如果不帶點科學研究證據，是絕對說不過去的。

三十多年過去了，有沒有任何科學證據說按照高效能人士的這個習慣，從正途去做事，就能出人頭地呢？沒有。

## 誰更自私？

「儒商」馮侖曾經去香港與李嘉誠吃了一頓飯，被對方平易近人的態度所傾倒，回來特意寫了一篇文章[17]。說李嘉誠居然在電梯口等著迎接眾人，吃飯、照相都用抽籤排序，這樣「尊重在場的每一個人」，連中間演講的題目都是「建立自我，追求無我」，充分展現了他「錢以外的軟實力」。

這個故事並不令人震驚。人們普遍相信真正的精英都是這樣和藹可親，甚至仙風道骨的，他們的成功根本不是靠投機鑽營，而是靠正大光明的軟實力。人們甚至認為精英的思維方式和普通人有本質上的區別，比如我們經常看到諸如「窮人寬容自己，富人寬容別人」這樣的正能量故事。

可是光聽故事不行，還得看研究。在二〇一二年發表的一篇論文[18]中，心理學家保羅·皮福（Paul K. Piff）與合作者一共做了七項研究。這些研究都表明，富人和所謂上流社會人士的道德水準不但不比普通人高，而且比普通人低。

在頭兩項研究中，研究者在舊金山灣區的一條馬路的人行道邊上和一個十字路口觀察了過往的數百輛車。在這兩個沒有紅綠燈，只有道路標誌的地方，加州法律規定車必須讓行人，十字路口上後到的車必須讓先到的車。那麼哪些車會老老實實停下來禮讓，哪些車會能搶就搶呢？研究者把車按豪華程度分為五等，結果最低等的車在兩項研究中都是最遵守規則的，而最高等的車在兩項研究中都是最不守規則的。排除駕車者的年齡和性別等因素，結論仍然非常明顯：開好車的人表現得更差。

第三項研究招募了一百多個加州大學柏克萊分校的大學生做受試者，先調查他們的社會經濟背景，向他們講述八種日常生活中的不道德表現，然後問他們，你有沒有可能做出同樣的事情。這八件事並非專門針對富人設計，在我看來普通人更容易遇到：比如在餐館打工偷吃東西、把學校的影印紙拿回家、買咖啡不還多找的錢等。結果，社經地位高的人更容易做這些不道德的事。

剩下的幾項研究發現，愈是「上層社會」的受試者，愈認為貪婪和自私是好的，認為在工作面試時說謊是可以接受的，而且他們真的在實驗中為了贏得獎品而作弊。不但如此，哪怕僅僅被研究者進行心理影響而「覺得自己屬於上層社會」，受試者都變得更容易偷東西。

怎麼理解這些研究？一個解讀是富人之所以道德水準低，是因為他們根本不在乎別人怎麼看他們。普通人資源有限，必須彼此依賴才能更好地生存，所以特別看重自己的形象，不敢做不道德的事。而富人有充分的資源可以保持獨立性，他們不需要別人關心，也沒有必要關心別人。比如有研究[19]發現在與陌生人的交往實驗中，愈是富人，對另一方表現出的關注

---

⑰ 馮侖，〈李嘉誠如何請人吃飯〉。

⑱ 這個研究的論文是 Paul K. Piff et al., Higher social class predicts increased unethical behavior, Proc Natl Acad Sci U S A. 2012 Mar 13; 109(11): 4086–4091。報導見 http://news.sciencemag.org/2012/02/shame-rich。

⑲ Rich People Just Care Less By Daniel Goleman, October 5, 2013（http://opinionator.blogs.nytimes.com/2013/10/05/rich-people-just-care-less/）

和互動就愈少。

這等於說，富有會導致不道德。二〇一五年的一項研究[20]有類似的發現：社會經濟地位更高的人群如果作弊，主要是為了自己，而普通人如果作弊，很多是為了別人。更進一步，僅僅在實驗中賦予受試者某種權力，他們也會立即變成自私的人，開始為自己而作弊。

另一個可能性則是正因為他們不道德，他們才成為富人。皮福等人的研究發現富人對貪婪的態度和普通人有本質上的區別。普通人認為貪婪是個很不好的情感，而富人認為貪婪是成功的動力，他們做事更多以自利為驅動。一個貪婪的人也許就比一個不貪婪的人更能賺錢。皮福在論文中甚至認為愈不道德的人愈容易獲得更多財富的機制是自我延續的，並且可能導致社會貧富差距進一步增大。

不管怎麼解讀，研究者們公認一個事實：社會經濟地位高的人群往往比普通人更自私。

中國有些富人踴躍捐款給國外大學，引發激烈批評。有錢為什麼不捐給中國的大學？《大西洋月刊》（*The Atlantic*）報導[21]，二〇一一年，美國收入最低的二〇％人群總共捐出了自己財產的三．二％；而收入最高的二〇％人群則只捐了一．三％。在二〇一二年前，五十筆最大的捐款中，沒有一項是為了用於社會服務或解決貧困問題的。富人的捐款都去哪了？最大的贏家是精英大學和博物館。

富人往往更自私。往更深一層解讀，那就是——普通人捐款大多是因為他們產生了同情心，而富人捐款一般有很強的自利目的。普通人更容易從「老吾老，以及人之老；幼吾幼，以及人之幼」的角度出發採取行動，而西方上層社會一般更習慣赤裸裸的利益計算。

## 公平世界假設

我看遍這些研究，沒有找到一篇論文說執行了「以原則為重心」這種高效能習慣對人們升職、加薪或者取得任何世俗意義上的成功有好處。我也沒有發現任何研究能證明「做個有道德的人」對取得這些成功有好處。

一個整天偷搶拐騙、一點都不可靠的人當然不可能取得成功，但一個只知道無私奉獻的人也未必能混好。最終更容易成功的也許是那些表面上很能與人合作，實則非常自私，甚至偶爾欺騙的人。

這非常違反常識。難道說好人沒好報嗎？我贊成做好人，但是好人需要正確的世界觀。作為好人，就算不信什麼宗教意義上的因果報應，我們也通常認為在這個世界上做了好事有很大可能性會得到回報，別人做了壞事也有很大可能性會受到懲罰——換句話說，我們認為世界是公平的。但這恰恰是個錯誤的世界觀。事實上，心理學家甚至對這個錯誤有個專有名詞，叫「公平世界假設」（just-world hypothesis，也叫 just-world fallacy）。

世界其實並不公平。公平只是小說和電影給我們的幻覺，那些劇情的結局公平只不過是因為我們喜歡看公平結局。

---

⑳ The Powerful Cheat for Themselves, The Powerless Cheat for Others By Cathleen O'grady, August 2, 2015（http://arstechnica.com/science/2015/02/the-powerful-cheat-for-themselves-the-powerless-cheat-for-others/）。

㉑ http://www.theatlantic.com/magazine/archive/2013/04/why-the-rich-dont-give/309254/

史丹佛大學商學院教授傑夫瑞．菲佛（Jeffrey Pfeffer）的《權力》（*Power: Why Some People Have It and Others Don't*）一書中，作者提出，相信公平世界假設對你有三個害處：

第一，你不能從別人的成功中學到東西。有人靠不擇手段成功了，你很不喜歡，所以你不願意向他學，你就學不到更多經驗。其實這個人值不值得學習，與你喜不喜歡他一點關係都沒有。

第二，你以為做好自己的事情就行了，你會低估世界上發生的壞事。你會發現你想做成一點事非常難，感覺別人整天與你作對。

第三，更有甚者，你會認為取得成就的人必有長處，失敗的人必有可恨之處。這完全錯誤！人們錯誤地看成功者身上什麼都是優點，看失敗者身上什麼都是缺點。

到底怎麼才能在這個世界成功？菲佛的這本書可不像《與成功有約》，他的書中引用了大量的實證研究。第一章就列舉了他在美國做的研究，告訴我們兩件事：

第一，一個人能不能獲得權力、能不能得到升職，他的工作業績是一個不重要的因素。

第二，決定你升職的最重要因素，是你與上級的關係。

做好人感覺很好，但是做好人是普通人思維。其實從經濟學角度，你應該做一個「理性的人」——這意味著你應該從自利的角度出發做事，而不是「好人」。

那麼好人當何以自處呢？如果我非得做個好人，難道我就應該被世界淘汰？

那不至於！因為也沒有證據表明做好人有什麼壞處。

## 康得式任性

現在，在有了正確世界觀的情況下，我們來分析一下做好人，一個有道德的人，有什麼好處。

以原則為重心是柯維說的第二個習慣，而高效能人士的第一個習慣，叫「積極主動」。這個習慣，其實是道德的關鍵。

如果因為老闆宣布「誰今晚加班就給誰獎金」，你為了拿這個獎金而選擇加班，你就不是積極主動，而是消極被動——外界怎麼刺激，你就怎麼反應。這是一種比較低級的行動，顯得沒有自由意志，與奴隸或細菌沒什麼區別。

如果你做得更高級一點，在根本沒有獎金政策的情況下「主動」加班，以期獲得老闆的好感，是不是就算積極主動了呢？也不算。因為你加班的終極目的仍是為了自身利益，你仍然是在對物質刺激做出反應。

真正的積極主動，是你的行為完全取決於自身，而不被外界刺激所左右。你的自由意志獨立於外界限制，在刺激和回應之間，你有選擇和回應的自由和能力。

柯維沒有明說，但他的這套積極主動，其實就是康得（Immanuel Kant）哲學的道德觀。

康得說如果因為什麼利益上的好處，或者是為了避免受到懲罰，甚至是為了滿足自己的同情心而去做一件事，都不是真正的道德，你都不是真正自由的。只有當你純粹是出於責任和義務去做這件事，你才是真正自由的，這才是真正的道德。

康得哲學博大精深，我們很難完全領會，但單就這一點，已經足夠說服我們為什麼要做個好人了。

我可以再重複一遍：我研究了很多論文，沒有發現任何論文說做一個有道德的人對取得世俗成功有好處。事實上我看到不止一篇文章直接說道德對世俗成功沒什麼好處。[22]為什麼要做個有道德的人？因為我不做任何人、任何東西，或者任何感情的奴隸，我想做一個主人。

除了對世界投其所好、曲意逢迎，其實還有另一種成功的方式。就是你憑藉自己的智慧和膽量，冒別人不敢冒的風險，承擔別人不敢承擔的責任和代價，去做一件事。你敢做這件事並不是因為精心計算過成功率，而是出於自己所信奉的某種原則和責任感，認為這件事應該做。

換句話說，你做這件事純粹是出於任性。而康得認為，只有出於任性——也就是自由意志——而去做一件事，才是真正的自由選擇。

所以「任性」其實是個好詞。小孩的任性不是真任性，因為他不是自由的，他只是自己欲望的「奴隸」。像康得和柯維說的這樣高效能任性，才是真任性。

這麼做沒什麼好處。而根據康得學說，沒好處就對了，真有好處就不叫任性了。

為了給你再多一點正能量，我還是找到了這麼做的好處：自己會感到非常驕傲。

回到本文開頭那個問題：如果領導貪汙腐敗，你應該怎麼辦？現實世界中遇到類似情況只能根據具體局面的細節做出具體選擇，我們無法就一個抽象問題給出標準答案，但是我們可以給一個答題的角度：奴隸還是主人？

康得是個非常死板的人，他認為不能把任何人當工具，所以不能欺騙任何人，所以他面臨這樣局面的話可能沒有更多選擇。不過我道德修養沒那麼高，我認為如果一個人自己選擇做奴隸，那他就只配被當作工具。所以我建議，不管你是選擇做奴隸還是做主人，都可能根據情況決定暫時同流合汙，或者忍不了直接反戈一擊——當然，遭遇的結果都可能成功，也可能失敗。

但這兩種角度的內心驕傲程度完全不同。[23]

---

[22] 比如這篇經濟學論文：Mark D. White, Can homo economicus follow Kant's categorical imperative? Journal of Socio-Economics 33 (2004) 89–106。

[23] 在康得看來，如果一個人是為了所謂的道德優越感而做事，仍然是不自由的，也是不道德的。

第6章

# 外部因素、自身因素和「建構因素」

民間流行的諺語有時候能反映時代精神。以前的人比較相信自我奮鬥，遇到困境首先想著提高自己，有句話叫「性格決定命運」；現在有些人更加注意「命運」、「運氣」、「歷史的行程」之類的客觀因素，有句話叫「選擇大於努力」。

那從統計學角度綜合判斷，到底是性格決定命運，還是選擇大於努力呢？如果你從事一項專業怎麼都不順心，到底是這個專業不適合你，還是你自身需要改變呢？如果你在一個公司總做不好，到底是這個公司不行，還是你這個人不行呢？

我要提供你一個高級的答案。我們先看一個二〇二〇年的研究。

—•—

比如你現在正處於一個愛情關係之中，有一位戀人或配偶。你感覺你們之間的關係不太好。請問，這是因為對方不行，你不行，還是別的原因呢？當然每個人的故事都是不一樣的，但是研究者對此有話可說。

這是一門剛剛興起的學問，叫「關係學」，專門研究人與人之間的關係。這可不是社群媒體上流行的那種民間關係學，而是用科學方法來研究。研究者認為他們在過去二十年來累積夠多過硬的研究和知識，現在終於可以叫「關係科學」（relationship science）[24]了。我們要說的這個研究是關係科學的一個里程碑，論文[25]發表在《美國國家科學院院刊》（簡稱PNAS）上，基本上是社會科學論文的最高規格。這篇論文的厲害之處就在於它薈萃分析了四十三項研究，總共調查了一一一九六對戀人和夫婦，有將近一百位研究者共同署名，想要回答一個人們總在問自己的問題——決定浪漫關係好壞的最重要因素到底是什麼？

研究者使用問卷調查的方式，統計了大約六十多個因素，包括像激情、互相支持、衝突、年齡、收入、受教育程度、權力等，基本上一般人能想到的都統計到了。為了確保資料可信，其中四三％的被研究對象還在間隔了一段不短的時間後重新被訪問了一次。

所有這些因素被分成了兩類，一類是描寫個人的因素，一類是在這個關係中的行為模式。比如性格特點、年齡、收入、受教育程度等就是個人因素，說的是這個人是個什麼人；而像是否支持對方、是否信任對方、有沒有愛，這些則是關係中的行為模式。

能專門把「關係中的行為模式」這個因素列出來，這是科學家的高明之處。老百姓選擇相親對象一般都是看個人因素，通常是設定若干個「硬」指標，例如什麼學歷以上、什麼年

[24] Emma Betuel, Landmark Study On 11,196 Couples Pinpoints What Dating Apps Get So Wrong, inverse.com, July 27, 2020.

[25] Samantha Joel et al. Machine learning uncovers the most robust self-report predictors of relationship quality across 43 longitudinal couples studies, PNAS first published July 27, 2020.

齡以下，有時候寫得好的徵婚廣告還會描寫一下自己的性格特徵和對對方性格的期待。其實這些都是在選「人」，而不是選「關係」。

其實已經有很多人意識到，一個好人在一個特定關係中不一定有好的行為模式。可能一個人自身的各項指標都不怎麼樣，但是對自己的戀人特別好。可能一個人在所有人面前的性格都很好，唯獨對自己的妻子非常冷漠。

不過統計上來說，好人似乎也更容易有好的行為模式。那這個關聯度到底是怎樣的呢？到底是個人因素重要，還是關係行為模式重要呢？

—•—

研究者使用的評價指標叫「預測強度」。比如說，如果一個高收入者一定讓他的配偶感到幸福、低收入者一定讓配偶不幸福，收入與幸福度直接掛鉤，我們就可以說「收入」這個因素對關係幸福度的預測強度是一〇〇％。反過來說如果收入不怎麼影響幸福度，我們就說收入這個因素的預測強度很弱。

「幸福」其實是個籠統的詞，研究者把對關係的評價分解成兩個維度，一個是「滿意度」，一個是「忠誠度」。對婚姻很滿意的人不一定忠誠，對婚姻很忠誠的人不一定滿意。

這麼一分析，是不是就很有意思？比如這個研究的結果顯示，對滿意度影響最大的因素是配偶的「回應性」，也就是說你一叫對方，對方就馬上回應，你就會對這段關係很滿意；如果你叫對方，對方總不理你，你就很不滿意。對忠誠度影響最大的因素則是親密感：兩人關係愈親密，就愈沒必要再去和別人發展什麼關係。回應性對滿意度影響極大，對忠誠度卻影響不大，這個事實可能也值得某些人深思……

各項因素匯總分析，研究者得出了與民間的認識——特別是那些沒有經歷過愛情關係的人的認識——非常不一樣的結論。

你的另一半的個人素質，對你們關係好壞的預測強度，只有五％。人們徵婚看的那些指標，不管是硬的也好，軟的也好，其實都沒什麼用。當然這裡面可能有倖存者偏差，畢竟研究調查的都是確定關係的戀人和夫婦，不是隨機配對，但是這個結果仍足以告訴我們，指標那些東西差不多就行了，根本不重要。

你自己的個人素質，強度則有一九％。這個結果告訴我們關係是個主觀的判斷。你眼中這個關係好不好，其實更多地是取決於你自己，而不是取決於對方。

決定關係好壞最重要的前十項個人素質是：

一、對生活的滿意度
二、抑鬱和無助感
三、負面情緒因素，是否容易發怒、感到痛苦之類
四、是否過分擔心這個關係，比如說總在評估關係好不好
五、是否不願意總和對方在一起
六、年齡
七、焦慮感

八、自尊心
九、為人是否隨和
十、有沒有正能量

而我們常見的那些「硬」指標，像收入水準和受教育程度，預測強度都很弱。至於中國人比較關心的「媽寶男」現象，對應到和父母的關係這個指標，在所有指標裡被排到了倒數第二，可以說完全不重要。

而這些個人素質指標，遠遠不如兩人在關係中的行為模式重要。關係因素的預測強度高達四五％。最重要的前十項關係因素是：

一、感受到對方的忠誠度
二、親密
三、感激，也就是能和對方在一起感覺很幸運
四、愛
五、性的滿意度
六、感受到對方的滿意度
七、衝突
八、感受到對方的回應度
九、信任

## 十、投資

這些因素的意義值得我們體會。比如忠誠度、滿意度和回應度，這裡強調的是讓另一半「感受到的」強度，而不是實際的強度——能讓對方感受到，才是關係因素。

我更想說的是這其中更大的那個結論：對關係成功與否的影響因素中，「對方的因素」小於「你自己的因素」，更小於「你們在關係中的行為模式」。

特定關係中的行為模式比個人因素重要得多，這個洞見，值得你思考。

—•—

好關係不是匹配出來的，是建構出來的。《紐約時報》（*The New York Times*）專欄作家布魯克斯（David Brooks）有個說法叫「浪漫體制」，說美滿的婚姻既不是精心挑選的結果，也不是命運的安排，而是一種「契約體制」。婚姻不是你和你的另一半這兩方的事情，而是你、你的另一半、你們的關係，這三方的事情。

而且你們還應該把關係放到兩個人之前：關係排第一位，對方的需求排第二位，而你自己的需求只能排第三位。

好人不一定對你好。比如你和一個人相處了很久，後來分開了，當你思念這個人的時候，你恐怕不會想念他有多麼優秀，他的什麼身高、學歷、收入之類的指標，而是你們在一起時的那些點點滴滴。你們一起做的事情，一起去過的地方，你們共同養成的習慣，你們的默契，只有你們二人懂的笑話，這些都不是每個人自帶的，而是兩個人建構出來的。

所以，「關係」就像生孩子一樣，並非簡單的一加一。哪怕你非常熟悉這兩個人，你也無法預測他們生出來的孩子是什麼樣的。關係是一種複雜的化學反應。行為模式是在相處的過程中，透過每一次互動而湧現出來的東西。

而這個機制顯然不只適用於浪漫關係。

—•—

並不是把一群優秀的人放在一起就能組成一個好的團隊。好團隊需要一個好的組織文化，代表這個團隊的日常行為模式，而同樣的人在不同的組織文化裡的表現會非常不一樣。

以前的人可能一生都在同樣的情境裡做事，人們看到他的行為模式，因為那就是他的本質，據此發明了「性格」這個說法。現在的人會經常出於不同的情境之中，科學家意識到「性格」其實不是一個固定的標籤，人在不同的情境中有不同的行為模式。

所以性格的確決定不了命運，因為你根本就沒有固定的性格。但是這裡的新研究告訴我們，選擇也未必大於努力，因為即便給定了你是誰，給定了你所處的情境，你還是需要去主動建構那個關係，才能得到好關係。你是一個和環境相關的、可以隨時變動的、可以改造環境的人。

如果我們把你自身的素質稱為「自身因素」，把你所處的環境稱為「外部因素」，那麼這個道理是外部因素沒有你自身因素重要，而最重要的則是你在這個環境裡能建構出來什麼東西，是「建構」因素。

你不僅僅是適應環境，你的行為可以改變環境。一件事的好壞絕不是由一開始的設定決定的，更多是由你每一天的努力決定的，是你把自身因素和外部因素結合起來，和人一起建構出來的。

人們的認識誤區在於總以為「選對」是最重要的，殊不知建構更重要。有的人永遠都在挑選，這個工作沒做幾天又想去做別的工作，不斷跳槽；有的人找了個工作就能一做好多年。你說跳槽好還是深耕好？以前有個研究[26]說，那些剛入職場的時候頻繁跳槽、一定要選個「對的」工作的人，最後收入的確比那些一直待在同一個公司做下去的人高出二〇％，但後者的幸福度高於前者。跳槽者總覺得自己還能找到更好的，那種心態並不愉快。

當然這不是說選擇不重要。選擇很重要，但是在你反思選擇之前，應該先問問自己，是不是已經為關係的建構做出了充分的努力。

[26] 參見「精英日課」第一季：破除成功學的迷信——蜘蛛人套裝。

第7章

# 關於明星的「零階道理」

世界上有些道理因為太過明顯了，反而不會被人提及。比如說「有錢的生活更好」，因為人人都明白，所以誰也不可能專門寫篇文章說這件事。我們可以把這樣的道理稱為「零階」道理。

我們喜歡說「一階」，甚至「高階」的道理，比如「沒錢的生活也可以很好」就是一個一階道理：它承認零階道理的一般正確性，但是提出一個特殊或更細緻的修正，就好像數學上的「一階小量」。

可是如果我們平時聽到的都是一階道理，就有可能低估零階道理。所有的小說和勵志雞湯都愛描寫貧困者的正能量和有錢人的愚昧，讀多了的人就可能會說出「金錢不能讓人幸福」這樣的話。可是如果你真的去做一個一本正經的統計研究，考察人的收入狀況和幸福感的相關性，你會發現，錢多的人真的更幸福。

同樣的，不管你聽過多少一階道理，我還是可以負責任地說，美貌的人真的更受歡迎，聰明的人真的學習成績更好，強壯的人真的更能在比武中取勝。然而這些零階道理沒什麼用，不能給人以希望。這裡我要說的是一個有用的零階道理——明星真的很有用。

二〇一九年的男籃世界盃，中國隊表現糟糕，沒有獲得直通奧運的資格，是幾十年來第一次無緣參加奧運；美國隊則輸給了法國隊，未能進入四強。兩件事都是關於球星的故事。

中國男籃沒進奧運，讓人非常惋惜，但是平心而論，也許中國男籃「配不上」奧運。二〇一二年倫敦奧運、二〇一六年里約奧運，中國隊都是小組賽五場全敗，上一次在奧運上贏球還是二〇〇八年的北京。像這樣的球隊憑什麼一屆不落地參加奧運呢？

二〇〇八年為什麼能贏球呢？因為有姚明。足籃排男隊女隊全算上，姚明，是唯一一個在全世界範圍內都有球迷的中國球星。而姚明在二〇一一年退役了。沒有巨星的中國隊需要奧運，奧運不需要沒有巨星的中國隊。姚明在的時候，我們以為中國籃球的春天剛剛到來，我們以為未來只會更好……殊不知那已經是巔峰。

二〇一九那屆男籃世界盃，美國隊為什麼輸給法國隊？美國隊來的是NBA球員，法國隊來的也是NBA球員。現在有NBA球員已經不能保證進四強了，你得有NBA巨星才行。美國的NBA巨星，像詹姆士（LeBron James）和杜蘭特（Kevin Durant），沒有參加那屆美國隊。

美國隊最大牌的明星是……主教練波波維奇（Gregg Popovich）。波波維奇已經被歷史證明是最能提升球隊實力的主教練，有時候他甚至能把普通球員給練成普通球星。但是現在歷史證明，如果球隊裡沒有巨星，波波維奇也不能為球隊變出巨星水準來。

球星很有用，這是一個零階道理。因為實在太明顯了，以致我們更願意談論一些一階的道理，比如團隊配合很重要、球星要服從集體、隊伍裡球星太多也不好之類的道理。那些道理也都對，但是你不能忘了這個零階道理：球星真的很有用。

資料研究表明，每一支英超球隊都至少有一位當家球星[27]，每一個能拿好成績的NBA和NFL（美國美式足球聯盟）球隊都基本上得依賴一位巨星[28]。這些球星的薪資遠遠超過隊友，而且遠遠超過主教練——事實告訴我們那是他們應得的：如果他們受傷，球隊在下一場比賽就打不好；如果他們受傷太嚴重，球隊在這個賽季就沒指望。

難道球星比主教練還重要嗎？是的。主教練能協調戰術打法，但是主教練不可能告訴每個球員該怎麼做每一個動作，全靠個人發揮。匪夷所思的射門、神來之筆的組織、輾壓式的速度和對抗，不是主教練能安排出來的。在最理想的情況下，主教練的安排能把球星發揮提高一〇%至一五%[29]，但是僅此而已。主教練最多是個廚師，他手藝再好也不能把香菇炒成海參。點一盤香菇青菜，你買的可能主要是飯店的裝修和廚師的手藝；點一盤蔥燒海參，你花的很大一部分是海參的錢。

有些領域可以用人海戰術，勞動力便宜可以是優勢，但是體育比賽裡只能上這麼多人。如果雙方各上五個，你這邊要是有個能一個抵兩個的球星，你的戰鬥力絕不是僅僅提高二〇%，你會打贏每次身體對抗，你掌握絕對的優勢。

那為什麼球星就能一個抵兩個呢？不都是人嗎？人的身高和智商都是常態分布的，由先天的隨機性決定，不可累積，的確是誰比誰強也強不了多少。但人的能力是可以累積的。你可以一直學習和打磨技能，你可以把好運氣變成正回饋，你可以把最初的天賦優勢不斷放大。能力的可累積性把球星送入了人才分布曲線的長尾，讓他們照亮整個天空。

—•—

我聽說數學家尤拉（Leonhard Euler）活著的時候，全世界三分之二的數學論文是他寫的。所以數學水準不強的國家真不用太自責，這些國家只不過是沒有尤拉而已。明星效應並不僅限於體育，凡是要依靠人的高水準發揮的地方，就要依靠明星。

這就是為什麼明星的這個零階道理對我們普通人也有用。團隊裡有個明星，不僅僅是多了一個強大的戰鬥力，而且明星還有個帶動效應，能讓隊友也變得更厲害。有個研究發現，高科技公司裡的一個明星員工，能把他的辦公地點周圍七·六公尺範圍內的其他員工的工作產出提高一五％。[30]人們挨著明星幹活會被感染，會見賢思齊。

---

27 Tom Gott, One-Man Teams? Ranking the Importance of the Star Player at Every Premier League Club, 90min.com, August 15, 2018.

28 Travis Armideo, Next Man Up: How Important Is Your Team's Star Player? gladiatorguards.com, December 3, 2015.

29 Ryan Bailey, Star Players vs. Star Coach: Which Is More Important for Success? bleacherreport.com, April 8, 2014.

30 Michael Meier, Sitting Near a High-Performer Can Make You Better at Your Job, insight.kellogg.northwestern.edu, May 8, 2017.

物理學家巴拉巴西（Albert-László Barabási）在其著作《成功的條件》（*The Formula: The Universal Laws of Success*）中提到一項研究，說一個大學如能請到一位超級學術明星，就能把自己整個系的研究產量提高五四％！不過這個成績可不都是學術明星自己做出來的，明星本人平均只提供了總增量的四分之一，剩下是他的帶動效應。只要系裡有超級學術明星，就能吸引到很多高手一起過來加盟，現有的教授也會加倍努力，他們之間的橫向合作也會大大加強。

這個研究還發現，如果這位超級學術明星突然死亡，他那些合作者的生產率就會立即下降五％到八％，而且這個效應是永久性的。但有意思的是，對整個領域來說，超級學術明星的死亡可能還是個好事：因為領域內其他機構的研究者的生產率，會因此而提高八％！這是因為明星活著的時候有個對外壓制效應：人們不敢探索被他質疑的方向，現在他死了，別人終於可以隨便發言了。

其實，球星和科學家的明星效應可能還不是最明顯的。還有研究統計了工程師社群「GitHub」上的專案合作情況，發現愈多人合作的程式設計項目，就呈現「定於一人」的局面：總是有一個人做了絕大部分工作，其他人只是起到輔助作用。

—•—

一九六八年，有人在美國加州舉辦了一次程式設計比賽。參賽選手都是剛入行的見習工程師。他們每人得到一個小信封，裡面裝著一系列程式設計和糾錯任務，他們有兩個小時的工作時間。這個比賽其實是一個實驗，研究者想知道最厲害的工程師到底能有多厲害。人們之前設想，優秀工程師的工作效率大概是普通工程師的二至三倍。比賽結果不是這樣的。最優秀工程師編寫程式碼（code）的速度是最差工程師的二十倍，他除錯（debug）的速度是二十五倍，他寫出的程式的運行速度是十倍。

請注意，這裡的「最差」可不是偶爾遇到一位這麼差的；是除了最好的，一般人都很差。如果你有幸能請到一位最厲害的工程師，他一個人能做的事相當於十個普通工程師。這個效應叫「搖滾明星原則」（rock-star principle），工程師與工程師之間的差距，就如同明星搖滾歌手和普通搖滾歌手之間的差距。

網飛（Netflix）公司執行長海斯汀（Reed Hastings）寫文章[31]談論了這件事，他說：

> 以前我認為，給定一個專案和固定的預算，我與其雇用十到二十五個普通工程師，寧可請一位明星。這麼多年過去，我認識到我錯了。最優秀工程師的價值不是十倍，而是一百倍。

其實海斯汀說的還算是保守的，比爾．蓋茲（Bill Gates）的說法是一萬倍。當然他們

[31] Reed Hastings, Netflix CEO on paying sky-high salaries: 'The best are easily 10 times better than average', cnbc.com, September 8, 2020.

說的不是做同樣工作的工程師，高級工程師要負責像系統架構設計這樣更重要的任務，他與普通工程師的差距是難以量化的。不過我還是想提供幾個量化的例子，讓你加深印象。

有一個很流行的網頁設計框架程式叫「Bootstrap」，它是由數十位工程師共同創造完成的。二〇一七年這一年，各個工程師向這個程式設計項目提交程式碼的次數，代表他們各自的貢獻。

排名第一的人貢獻了將近七百次，第二名兩百次，第三名大概一百八十次，這三個人的貢獻占全部工作的七三%，後面其餘幾十人，有的只提交了一兩次。

這不是特例。有人統計GitHub上二七五個專案，結果表明所有參與者之中，有一半的人只提交過一次程式碼，他們加起來的總貢獻還不到二%。另有一個研究發現GitHub上絕大多數（超過八五%）開源專案中，不到五%的開發者貢獻了超過九五%的程式碼。

這不是二八定律。這是一個人幹十九個人的活兒，剩下十九個人幹一個人的活兒的局面。工程師是這樣，一切複雜工作都是這樣。這不是人多力量大的事，這是你的團隊裡有沒有明星的事。

—•—

如果蘋果公司（Apple Inc.）當初沒有賈伯斯（Steve Jobs）會怎樣？如果特斯拉公司（Tesla Inc.）沒有馬斯克（Elon Musk）會怎樣？所謂「二十一世紀最貴的是人才」，其實很大程度上是說「最貴的是明星」。

如果你和明星競爭，他會壓制你；但如果你跟著明星競爭，他會帶動你。

我上大學時的一位數學老師，早年出國訪問遇到了楊振寧，楊振寧親自開車送他。老師一看機會難得，就趕緊問楊振寧做研究有沒有什麼訣竅。楊振寧沒有說什麼要多讀論文、要勤奮之類的話，他只說了一條：「你就盯住領域裡最強的那幾個人，看他們正在幹什麼，你跟著幹就行。」

這就解釋了為什麼科學家都喜歡跟風。明星決定領域的方向，方向對了，你才能獲得同行的注意力。那些不跟風的人大多不是因為要獨樹一幟，而是因為沒能力跟風。

如果發現一個明星，你絕對希望他與你是一夥兒的。

中國足球引進了一些「歸化球員」，他們出生在外國，有的根本就沒有中國血統，只是因為是足球明星而加入中國國籍，進而代表中國隊比賽。有些人反對這麼做，認為競技體育應該「展示本民族的體能和智力」，我認為這話不太對。一個民族的體能和智力藏是藏不住的，根本無須展示。競技體育是展示你這個國家有沒有明星、能否吸引明星、是否為容得下明星的地方。

有人說反正中國什麼都好，就算足球不行也沒關係。這也不對。事實是，中國沒有多少全球化的明星。

我們需要明星。現在各行各業面臨的問題，都是怎麼才能從香菇青菜，變成蔥燒海參。這時候你最應該關心的不是怎麼管理香菇、青菜和蔥，而是去哪找海參。

# 第8章 訊號與刷分

我們來思考這麼一個問題。假設你是一所頂尖大學的校長，你打算明年在某省錄取一百個能力出眾的好學生，打算把他們培養成第一流的科學家、工程師和管理者。而與一般大學校長不同的是，你有一個特權。

你有權給這一屆學生來個突然襲擊：不等到高三畢業參加大考，而讓他們在剛剛上完高二的時候，就參加一次大考水準的考試。

這是一次計畫外的特別錄取，不跟上一屆學生搶錄取名額，所以仍然是公平競爭——只不過提前了。其實一般的高中這時候都已經把高中三年的知識都學得差不多了，高三一整年都在準備大考。而你這個突然襲擊的作用，就是在全省考生都不經過專門的大考訓練的情況下，讓他們考試。

請問你會這麼做嗎？

—•—

我們來想想這意味著什麼。為此我們先思考另一個問題。假設你是一家「不作惡」的網路搜尋引擎公司的老闆。你們公司希望透過給使用者提供誠實服務賺錢，所以你要求這個搜尋引擎提供的網頁排名，符合使用者的實際需求。

但是你知道，現在有一種叫「搜尋引擎最佳化」（簡稱SEO）的技術。有很多網站會根據搜尋引擎給網頁排名的演算法，主動改造自己的內容，比如加入一些熱門的關鍵字。更有甚者還專門弄一些指向自己的外部連結，讓搜尋引擎以為自己是個熱門網站。

請問，你會鼓勵網站搞搜尋引擎最佳化嗎？

當然不會。如果有網站付錢給你買廣告關鍵字，那是另一回事，你會把廣告單獨列出來讓使用者知道。而除了廣告，你與使用者對網頁排序的要求是一致的：你希望把優秀的、有用的、重要的網頁排在前面。如果使用者搜尋「土耳其簽證」，你希望把土耳其大使館簽證處——而不是某個詐騙網站——放在第一位。

你會非常反感搜尋引擎最佳化。你希望把網頁按照內容的真實品質排名。這就如同誠實的相親一樣，大家想看素顏照，而不是美顏照。

而在某種程度上，學生用一年的時間刷題準備大考，就如同搞搜尋引擎最佳化。大學想錄取的是那些聰明的、能學以致用的、真正的人才，而不是那些專門研究考試的「做題家」。

—•—

在經濟學家眼中，學生參加大考，是一個「發訊號」（signaling）行為。如果大學知道哪些學生是好學生，它直接錄取就行，根本沒必要大考。大考是因為好學生沒有別的辦法讓大學知道自己是好學生，所以必須發一個訊號。

如果訊號系統管用，那愈是好學生，大考成績就愈好。但我們都知道真實情況是什麼樣的——大考成績往往只表現了這個學生參加大考的水準，而不一定是日後實際工作，比如說研究的水準。所以大考是個不完美的訊號系統。

我看到最近芝加哥大學和哥倫比亞大學的兩位經濟學家，范高爾（Alex Frankel）和卡蒂克（Navin Kartik）發表了一篇論文[32]，專門研究這種不完美的訊號系統。

研究者把這種帶有刷題或搞搜尋引擎最佳化成分的訊號，稱為「混雜資訊」（muddled information）。然後他們把混雜資訊分解成兩個部分。一部分稱為「自然行動」（natural action），代表自然能力；一部分則是「比賽能力」（gaming ability），代表刷分的水準。

比如你想錄取一些未來的物理學家，那你看中的肯定是學生的自然能力，包括研究能力、數學能力、抽象思維能力等。自然能力強的學生不一定比賽能力也強，他們可能不喜歡刷題，不喜歡死記硬背的知識，可能偏科，甚至還可能一考試就緊張——而你根本就不在乎那些。

你想要的是自然能力，但你收到的訊號是個混雜資訊。

再比如說，現代社會人們一般都有個「信用分數」。銀行會根據你的信用分數決定你能申請到多少貸款，以及信用卡的透支額度。理想情況下，信用分數應該反映一個人的自然能力，比如收入水準如何、以往的貸款是不是都能按時還清之類。可是如果人們知道信用分數的計算方法，就有可能會使用一些辦法去「刷」這個分數——像是故意借一些小錢，然後馬上還清。而作為銀行，你不希望人們刷分。

## 應該怎麼理解刷分這種行為呢？

—•—

范高爾和卡蒂克這項研究使用純數學理論分析的方法，推導了刷分行為的一些性質。這些性質都很直觀，我們一想就明白。

如果一個項目的競爭水準很低，並不激烈，人們表現出來的就是自然能力。比如讓一個從來沒受過系統化樂器訓練的孩子彈琴，如果他一上手很快就彈得不錯，你只能承認這是天賦。再比如幾十年前剛剛恢復大考制度的時候，根本就沒有什麼「模擬試題」可以刷，考生們沒經歷過什麼專門的考試訓練，考出來的成績就很接近自然能力。

隨著競爭愈來愈激烈，人們愈來愈意識到這個考核指標的重要性，就開始刷分了。這時候的訊號就變成了混雜資訊，而且其中刷分水準所占的比重愈來愈大。這就是現代社會幾乎所有熱門考核指標都面臨的局面。

如果所有人的刷分水準都一樣，那無非是個囚徒困境，現在大家都多費點勁，但是訊號品質還是一樣的。這就如同在體育場看比賽，原本大家坐著看也很清楚，但有人非得站起來看，結果大家不得不都站著，可視野範圍還是那麼大。

---

[32] Alex Frankel and Navin Kartik, "Muddled Information," Journal of Political Economy, vol. 127, no. 4, 2019.

問題就在於，刷分常常是不公平的。有的人其實水準一般，但特別善於考試；有的人錢多，可以請最好的老師專門幫他準備考試。有偏遠地區的孩子看不到那麼多考試資料，有的網站沒錢搞搜尋引擎最佳化。

怎麼對付刷分呢？

—•—

對於比較成熟的考核，考核指標的設計者一般都知道刷分現象的存在，並且採取了一些措施。最直接的辦法，就是對指標的演算法保密。

Google的網頁排名演算法就是保密的，而且總在變動。搞搜尋引擎最佳化的人只能猜測Google根據什麼東西決定網頁排名，而Google也知道他們正在猜測，雙方一直在鬥智鬥勇。排名演算法不是體育比賽的規則，而是大考的試題！

同樣的，我們知道《美國新聞與世界報導》（*U.S. News & World Report*）雜誌每年推出全美大學排名，各個大學都非常重視，因為排名高低直接影響生源品質和收到的捐款。而且大學搞了有針對性的刷分——比如排名演算法中有一項是錄取率愈低，排名就愈高，所以大學會大肆鼓勵那些原本沒希望被錄取的學生也來申請，以刷低自己的錄取率。有感於此，《美國新聞與世界報導》雜誌現在改成了每年先公布大學排名，再公布當年的排名演算法。

考試更是如此。一直到二十世紀八〇年代末，美國SAT考試（學術能力評估測試）的歷屆考試「真題」都是保密的，讓學生刷無可刷。後來實在保不住了，SAT又主動在網路上放出一些免費的真題，以期幫助那些沒錢買訓練題的學生，讓考試更公平。

不過道高一尺，魔高一丈。GRE考試的歷屆真題也都是保密的，但我聽說中國有些培訓機構的老師會以考生的身分報名參加考試，目的就是拿到真題。

GRE有一項考英文詞彙量，目的是透過詞彙量判斷考生平時的閱讀水準——可是中國考生因為刷題，明明閱讀量不行，反而都掌握了那些常考的偏僻詞彙。這公平嗎？與搜尋引擎最佳化和拍照開美肌功能有區別嗎？

中國高考如果出一些不按套路出牌的新題型，師生們常常會抱怨。可是這就對了，新題型就是要讓刷題無效。讓搜尋引擎最佳化無效的排名演算法才是好演算法。讓刷題無效的考試才是好考試。

弱化刷分行為的另一方面是不要濫用考核指標。比如信用分數原本就是申請信用卡和貸款用的，人們如果不借錢，這個分數就沒什麼用，也就不至於專門去刷分。可是後來連租房、買汽車保險都要看信用分數，信用分數愈來愈重要，人們就開始刷分了。

而刷分的結果是，信用分數作為申請貸款的指標，就不像以前那麼管用了。

這真是一個悖論！這個現象被稱為「坎貝爾定律」（Campbell's law），最早是社會和心理學家唐納德．坎貝爾（Donald T. Campbell）有關社會指標用於社會決策的說法。是說一個指標愈有用，它就愈受重視；可是它愈受重視，它就愈沒用。

我們相信，社會生活中的很多事情都是如此。

對錄取這樣的事情來說，刷分也能在一定程度上反映能力，有時候人們其實想看刷分能力。比如找工作，如果某公司要求應徵者上過某課程、擁有某證書，這就給了求職者一個刷分的機會。應徵者可以純粹為了進這個公司而去上那個課。公司會喜歡這樣的應徵者嗎？

研究者說，會的，我要什麼，你就能拿到什麼，這不就是執行力嗎？這難道不是好員工的特徵嗎？

還有，嚴格來說，大考刷題在某種意義上也能促進公平。如果不讓學生刷題，大學靠平時水準選拔，那就對重點高中的學生最有利，而對偏遠地區的學生不利。而只要所有人都有充分的刷題條件，那麼偏遠地區至少在刷題這個項目上和重點高中是平等的……如果競爭無比激烈，所有人都在刷題，最終比的還是真實素質。

可是何苦呢？追根究柢，刷題畢竟是囚徒困境。高中生不得不把大好青春用在刷題上，全都是內耗，豈不是可悲嗎？

教育是個棘手問題，這本書接下來會專門討論。這裡我想先講個笑話。以前我在《魔獸世界》（World of Warcraft）遊戲的論壇看到一個人的簽名檔很有意思，是改編自遊戲中的一個英雄「佛丁」和一位青年的對話。

佛丁：「種族並不代表榮譽。我見過最高尚的獸人，也見過最卑鄙的人類。」

青年：「那怎麼才能得到榮譽[33]呢，佛丁爺爺？」

佛丁：「刷。」

# 第9章 最簡單經濟學的五個智慧

如果要在中國開辦一所「貴族」學校，專門培養未來的精英人才——不是把高爾夫球和紅酒當標誌性技能的那種偽精英，而是能作為現代社會中流砥柱的真正的精英——這所學校應該有什麼特色課程呢？經濟學大概應該是其中最重要的一門。

我說的經濟學，並不是股票、匯率這種「投資理財」的學問，也不是供需關係曲線、金融危機這種專業的學問，而是一套能夠直接影響我們觀察現代世界的眼光，左右我們做事方法的見識和思想。理解這些思想並不需要掌握什麼抽象概念和數學模型，可以說是最簡單的經濟學。而恰恰是這最簡單的經濟學，卻是一般經濟學教科書沒有講明白的。

本文介紹最簡單經濟學的五個智慧。它們的出發點簡單平淡，結論卻可能令人吃驚。

有句諺語說，如果一個人二十歲的時候不是左派，那他就是沒有良心；而如果他到了三十歲還是左派，那他就是沒腦子。這句話當然是有點偏頗，事實上很多有腦子的人一輩子都是左派……但這句話說的趨勢是對的：當一個人閱歷愈來愈多，慢慢變成熟，他的思想可能

---

㉝ 魔獸榮譽系統的確是積分制，是可以刷的。

會更加右傾保守。

壞消息是，了解了本文要說的這些最簡單的經濟學智慧後，我們的思想會變得更保守，我們對世界的期望值會變低。

但好消息是，保守的人不容易犯錯，尤其是不容易犯特別愚蠢的大錯誤。我們也許會變得更聰明一點——或至少不會自作聰明——我們做事會更可靠！

物理教科書中的神作《費曼物理學講義》（*The Feynman Lectures on Physics*）的開頭，理查·費曼（Richard P. Feynman）說如果由於某種大災難導致所有科學知識都要消失，只有一句話傳給下一代，這句話應該是「所有物體都是由原子構成的」。你只要稍微想一下，就會發現這句話包含了大量的有關世界的資訊。我曾經在什麼地方讀到，有人提出，如果總體經濟學也只能留下一句話，這句話應該是「國家不是家庭」。

仔細想想，這句話簡直是一切經濟學理論的出發點。

## 國家不是家庭

經濟學是關於現代社會怎麼運行的學問。現代社會區別於傳統社會的最根本一點，在於它是一個「陌生人社會」。人們上學、工作、交易、生活，無處不在和陌生人打交道。

直到我上小學的時候，大約是二十世紀八〇年代中期，誰家要買個電視機之類的大件商品，首先想到的仍然是先找熟人托個商店的關係。其實有熟人的這個商店裡賣的電視品質未必好，價格未必低，但是如果不這麼辦，直接拿錢到一個商店裡扛上電視就走，總感覺會吃虧上當。這種心態可能一直到今天都沒有完全消失，人們辦什麼比較大的事總想找個內部的熟人，不然就不太放心。

在傳統社會中，人們懼怕和排斥陌生人，「人生地不熟」是很可怕的局面。在現代社會中，陌生人之間卻可以良好地協作。編輯有一次問我知不知道為什麼北京這麼擁塞，年輕人還是願意到北京發展。我說這可能是因為大城市促進人的交流，創新能力更強、機會更多，但他說這只是一部分原因。更重要的原因是，在北京你不需要拉關係、找熟人就能辦成很多事，而在小地方就不太行！

這就是陌生人社會的優點。表面上人與人之間感情沒那麼深了，其實這樣反而是最有效率的。熟人講情義，陌生人講利益。熟人講身分，陌生人講契約。熟人講人品，陌生人講信用。當人們不講情義講利益的時候，人們的整體利益提高得最快。

小家庭內部都是「各盡所能，按需分配」的。父母對小孩的各種支出都是無償和不設上限的。擴大到大家族，親戚之間，雖然在經濟上不再完全共用財富，但仍然不怎麼算利益。比如有一個親戚生病，我們都能無償地照顧他，甚至不惜犧牲自己的經濟利益。再擴大到朋友、同事和熟人之間，親密程度可能更低一點，但也不是金錢關係。比如發起個同學聚會，活動怎麼搞，往往是大家商量著辦，並不競價投標，更沒人試圖從中盈利。

傳統社會本來沒有「國家」這個概念，人們都是按照由近及遠，優先「老吾老」，然後才「以及人之老」這種費孝通所說的差序格局來行事[34]。每個人不是效忠於國家，而是效忠

[34] 參見費孝通的《鄉土中國》一書。

於自己的直接長輩和上級，完全按照關係遠近來決定對誰更好。直到近代，社會流動增大，人與人之間交流增多，人們需要經常和陌生人打交道，才慢慢有了人人平等的觀念，以及「國家」的概念。

「平等」是一個非常現代化的觀念。家裡面大人無償為小孩服務其實是不平等的，年輕人孝順長輩也是不平等的。人們在家庭中接受這種不平等是出於愛和關懷，而這對陌生人不適用。在陌生人之間，雙方除了誠實守信互不侵犯，沒有更多的義務和感情，才講平等。所以家庭講感情，國家應該講利益和效率。

每一次和陌生人打交道，我們都可能是在參與公共事務。但是我們經常在公共事務中講感情，尤其是針對某一特定群體的感情。經濟學家認為這是一個錯誤。比如說，經濟學家對各種形式的捐款都不以為然。

捐款只是把錢從一個人身上轉移到另一個人身上，這個動作本身並不創造財富。捐款本質上不是一個高效率解決問題的辦法，僅僅是為了讓自己感受更好一點。為什麼非得捐給這個人，而不是其他更苦的人？僅僅是因為這個人給我們的印象更深，這個人恰好距離我們更近，這個人的故事恰好更打動我們。對乞丐施捨？你等於是在鼓勵乞討。今天心情好，吃完飯給服務員一大筆小費？如果人人都這麼做，餐館老闆就會降低服務員薪水，最終受益的其實是餐館老闆。

所以搞慈善的時候你應該想想，你到底是真想讓世界變好一點，還是僅僅想讓自己感覺更好一點。想透過慈善讓世界變好，如果還是出於傳統社會的關愛感情的話，非常困難。

什麼叫「升米恩，斗米仇」？關鍵不是什麼心理學，而是事情的性質變了。遇到饑餓的人隨手請他吃頓飯，這是個人的友善行為；長期、成體系或者大規模地發放米糧，這就成了公共事務和經濟行為了。像這樣的事都是從傳統熟人社會向現代化陌生人社會演變過程中的插曲，施惠者和受惠者都不太適應新的社會規範。

人們都說美國人親情淡漠，其實美國家長對未成年子女也都是要什麼給什麼，只是對成年子女的確不像多數中國人那樣，什麼都給。中國青年啃老比較普遍，而美國青年通常上大學得自己還貸款，買房買車更是全靠自己，如果長大了還住在父母家，得交房租。中國父母與子女因為經濟問題發生糾紛的很常見，對比之下，美國人這種「習俗」，實在不能叫親情淡漠，而應該叫更現代化的社會。

最大的問題還不是慈善。經濟學家認為，凡是在市場中過度保護某一群體，都是錯誤的。比如說貿易保護。假設現在某國生產的某產品技術落後，價格高、品質差。有外國同類產品價格更低、品質更好，是否該出於保護本國企業的原因，對外國產品徵收高額關稅？

世界上絕大多數經濟學家，甚至可以說幾乎所有經濟學家，都認為不應該這麼做。原因非常簡單：保護這個落後行業的生產者，就等於傷害這個產品的全體消費者。消費者與生產者非親非故，憑什麼要做這個犧牲？

也就是說，哪怕單方面實行自由貿易，也是好的政策[35]！所以在經濟學家們的理想世界中，根本就不會有什麼自由貿易區談判，各國應該爭先恐後地宣布開放本國市場。

---

[35] 至於發展中國家暫時保護本國落後產業是否能讓本國企業慢慢做大做強，這個問題超出了「最簡單經濟學」的範圍。

那為什麼各國都把開放自己的市場當成吃虧的事情呢？這其實是因為被保護的這個小群體的疼痛感很強，他們能發出聲音、找到代理人來左右政治決策，而被犧牲的廣大消費者對貿易保護的壞處沒有強烈感受。這個原理和我們給災難畫面最感人的地區捐款最多一樣，等同於會哭的孩子有奶吃。

福利制度也是如此。當人們要求給某一群體更多福利的時候，往往不計較這個代價是誰付的——好像國家的錢都是白給的一樣。其實高福利等於高稅收。給這一部分人增加福利，就是給另一部分人減少收入。給貧困兒童免除一切上學費用，不但能解決初級教育問題，且有助於減少犯罪，對所有人都有好處，只要條件允許，一定沒問題。但是否應該給大學生免學費，就值得好好討論了。

要求對富人持續性地加稅，乃至產生均貧富的思想，這都是用家庭的眼光去看國家。考慮此類問題的正確出發點不應該是「都是一個國家的人，貧富差距這麼大是否道德」，而應該是「什麼樣的稅收制度有利於經濟成長」。

## 沒有免費的午餐

對智識分子來說，「心靈雞湯」是個最嚴重的貶義詞，是低等文藝青年和社群朋友圈裡大媽們喜愛的東西。如果你不慎轉發一則被認為是雞湯的文字，他們會認為你暴露了自己智商的硬傷。什麼東西是雞湯呢？我認為，心靈雞湯有兩大論點：

第一，不管面對什麼條件，只要你努力，甚至只要願意做個好人，就一切皆有可能。

第二，哪怕不努力、不做好人也沒關係，反正「世界上最美好的東西都是免費的」。

所以心靈雞湯要求我們關注自己而不必關注外部條件，暗示我們享受已有的而不要去追求別的東西。

這真是高格調的姿態，但真實世界並不是這樣。真實世界裡每個人都想要點自己沒有的東西。想要在真實世界裡辦成一點事，往往非常困難，而且有些事你怎麼努力都辦不成。不過即使存在一個天堂般美好的雞湯世界，我們也未必願意投生過去。打遊戲使用過作弊密技的人都知道這個道理，要什麼有什麼其實很沒意思。

很慶幸，我們生活在一個受限制的世界。這個世界有很多好東西，是人人都想要，但未必能得到的。想要得到這樣的東西，必須付出代價。

而經濟學家的智慧在於問一句值不值得。哪怕這個東西再好，如果它要求的代價太高，那我們就應該不要。反過來說，哪怕要付出一個代價，只要換來的東西價值更大，那就可以付出。

人們常常錯誤地認為有些東西可以不計代價。比如生命無價，我們要不惜一切代價保證安全，至少要不惜一切代價保證自己的安全，對吧？其實根本沒有任何人不惜一切代價保證自己的安全。每次出門上街，我們都冒交通事故的危險，但是該過馬路就過馬路，該坐飛機就坐飛機。待在家裡哪兒都不去才能避免一切交通事故，這個代價太高了。

有些極端的環保主義者認為地球就該保留綠水青山的本來面目，最好把一切人類痕跡都抹掉，而經濟學家明白這代價太高了，甚至認為一定程度的汙染是可接受的！比如先計算一下江河可以「承受」多少汙染，然後把排汙的分額賣給汙染企業。出得起最高價格購買汙染權的企業，也是最能賺錢、對社會貢獻最大的企業——我確保汙染的代價花得最有效率。

全球暖化是個爭議話題。我們姑且認為全球暖化真的是人類行為引起的，而想要制止全球暖化，就必須大規模地減少二氧化碳排放。可是要制止全球暖化，需要的減排總數是個天文數字，這是巨大的代價，尤其對很多發展中國家來說可能根本不能承受。最好的辦法可能是力所能及地減排，但是允許一定程度的變暖。其實說到底，就算真的發生了最嚴重的全球暖化，也未必就是個不可接受的結果[36]，對某些地區來說可能反而是個好事。

只要你開車，你就加劇了空氣汙染，加劇了交通擁塞，加劇了全球暖化。有些道德高尚的人為此專門騎車上下班，但你未必也應如此。考慮到自己的方便也是有價值的，只要因為開車而給自己帶來的方便比汙染和擁塞的價值高，開車就是對的。

所以一切都有個度，得算帳。這個帳怎麼算呢？經濟學家有個常用的辦法，稱為「邊際分析」。邊際分析是指你不用考慮總的效果，你只要考慮做下一步的臨界效果就行了。比如你要生產某個產品，它有價格收益和成本，這兩個數字都在隨著市場變化。你不必管已經生產了多少這個產品，只要你生產的下一個這個產品的收益大於成本，你就可以繼續生產。如果下一個產品的成本正好等於收益，你就應該停止生產。

邊際分析可以幫我們看清楚很多問題。據說美國人計算，「航太領域每投入一元錢，將會產生七至十二元的回報」。根據這個結果，是否就應該拚命往航太領域投錢呢？正確的做法是使用邊際分析：現在已經有了這麼多航太成果的情況下，我再往航太裡多投入一元錢，能產生多少回報。

經濟學家的經驗是，邊際效應常常遞減。可能投入的金錢愈來愈龐大，效果卻愈來愈不明顯。

## 人會對激勵做出反應

讓別人按照你的意願做一件事，最文明的辦法當然是曉之以理，動之以情，說服對方。不過這招很難有效。不信你試試怎麼說服一個習慣尿布的三歲小孩控制自己的大小便，改用馬桶？養成新習慣需要先做不習慣的事，而小孩未必能理解你的道理。真正有效的辦法大概有兩種：一種是威逼，一種是利誘。經濟學家喜歡用利誘的辦法。

《蘋果橘子經濟學》（*Freakonomics: A Rogue Economist Explores the Hidden Side of Everything*）的作者之一李維特（Steven D. Levitt），就用經濟學家的辦法讓自己三歲的女兒養成用馬桶的習慣。[37]他告訴女兒，只要於馬桶尿尿，就可以吃一袋巧克力豆，而且每次都可以。結果女兒為此故意多尿尿，而且連著使用馬桶好幾次。李維特言而有信，每次都給了巧克力豆。三天後，女兒完全學會自己控制大小便，而且養成使用馬桶的好習慣。

這種利誘的辦法，英文叫「incentive」。這個詞通常翻譯成激勵、刺激、誘因，但我覺得這些詞都沒有抓住這個詞的普遍含義，容易產生誤解。「激勵」更像是一種精神上的鼓動，刺激和誘因則彷彿是針對一種拿不上檯面的、略含貶義的金錢上的需求。其實不見得是金錢刺激，但通常是一種你實在想要的、有利的東西，可以指任何一種能讓人出於自利目的

---

36 《金融時報》（*Financial Times*）有篇文章（Bogus prophecies of doom will not fix the climate By Richard Tol, March 31, 2014），對全球暖化的最差結果有充滿經濟學味道的分析。

37 YouTube 上有段影片敘述此事，請搜尋「Economist Potty Training: Freakonomics Movie」。

進行理性反應的機制。中國有君子不言利的傳統，不太容易以平常心對待「incentive」。不論如何，我們採用通常的譯法，叫「激勵」。

對激勵做出反應，這個動作看著有點原始低級。但經濟學家最愛說的一句話就是，人會對激勵做出反應。

行為經濟學家和心理學家常說人是非理性的，可是如果你仔細考察那些非理性實驗，你會發現那都是一個人面對不熟悉事物的局面。當我們做熟悉事情的時候，我們通常是非常理性的。什麼叫理性？就是我們知道怎麼做對自己有利，然後就這麼做。好比地鐵票價上漲，坐地鐵的人就會減少；蘋果今天特價，就多買點蘋果；考試不考英語了，中學生就不會再那麼重視英語學習。不一定每個人都這麼做，但整體來說，人群的行為非常合理，都是對激勵做出反應，又叫「無利不起早」。

這個方法的好處在於，只要激勵制度設計得好，人們就會心甘情願地做你想讓他們做的事。我兒子非常愛看動畫和打遊戲，整天捧著螢幕，有時候對他說話都聽不見，很難管教。有一次開家長會，他的幼兒園老師告訴我們一個辦法：所有螢幕時間必須得是掙來的——寫好作業、好好吃飯、做個家務等，每做一件這樣的事獎勵十五分鐘螢幕時間，但不掙就沒有。我們真的執行了這個政策，還把十五分鐘改成五分鐘，而且用手機嚴格計時，效果良好至今。我有時候看兒子就好像「奸商看貪官」一樣，心想我不怕你不聽話，就怕你沒愛好。

所以改變人的行為，最好的辦法是改變激勵。經濟學家們津津樂道的一個例子，是捕魚權配額。世界上很多海域因為過度捕撈，漁業資源面臨枯竭的危險。最早各國政府的辦法是設立休漁期，每年只有規定的時間內可以捕撈。但在極度仰賴捕撈漁獲的地區，休漁也解決不了問題，因為人們會購買更先進的漁船和設備，抓緊時間猛撈。美國阿拉斯加海域曾把允許捕撈的時間限定為每年三天，結果三天內魚群被人們一撈而空，根本解決不了問題。漁民也難受，花錢買最先進的設備就為每年用三天，而且這三天哪怕天氣再差也必須出海。

後來有經濟學家提出了捕魚權配額的辦法，冰島等國率先採納。這個制度是政府先算算每年可以捕撈多少魚，然後把這個配額分配給所有漁民。你什麼時候捕、用什麼船都可以，但每年不能超過配額。這樣漁民之間不用惡性競爭，也樂於讓魚休養生息。更好的是，捕魚權可以交易！如果你的船不行，天氣不好的日子不能出海，你可以把捕魚權賣給擁有好船的人，大家都能受益。這個激勵制度要想運行，大概要求政府有更強的干預能力，得能監督每條船捕了多少魚，但效果似乎很不錯。

不過激勵如果設計得不好，有可能適得其反。如果幼兒園放學的時候家長還沒來接孩子，老師就得用自己的時間和孩子一起等，對老師很不公平。以色列的某幾個幼兒園推出一項新政策：凡是家長遲到的，每遲到十分鐘給相當於三美元的罰款。結果怎麼樣呢？遲到的反而增多了！[38]

沒有罰款制度的時候，家長們認為遲到是給老師添麻煩，所以想方設法早點接小孩。家長最擔心的是老師會不高興——但是不知道老師會有多不高興。規定遲到十分鐘罰款三美元

---

38 這件事最早是尤里・葛尼奇（Uri Gneezy）等人的研究，詳細參見《一切都是誘因的問題！》（*The Why Axis: Hidden Motives and the Undiscovered Economics of Everyday Life*）一書。《蘋果橘子經濟學》一書也提到此事。

之後，家長發現遲到從人情帳變成購買服務了。原來老師的不高興就值三美元，而我們不必為了三美元緊趕慢趕。研究者在以色列找了二十個幼兒園，選擇其中六個實驗罰款政策，結果這六個幼兒園的遲到率全部顯著增加。即使後來取消這個規定，這些幼兒園的遲到率仍然高於其他幼兒園。

其實我認為遲到罰款這個政策還是有可能管用的，只不過這個激勵制度需要微調一下。比如每一分鐘五美元？

給個自上而下的單方面外部激勵政策，是經濟學家解決問題最愛用的兩個辦法之一。另一個辦法是市場化。

## 市場是一種激勵訊號的傳遞方式

我曾經幹過一件有點經濟學精神的事。十多年前，想透過網路看中文電影或電視劇並不像現在這麼方便，不用說上串流網站直接看，連下載工具都不怎麼流行。當時有個針對海外中國人的網站做得不錯，提供中文影視資源的付費下載——你購買它的「影幣」，然後用影幣買下載許可權。所謂資源，當然都是盜版，但那時候沒有人在乎，而且這個網站的服務相當穩定，下載一個資源大概才十美分，我是它的使用者。

某一天，網站宣布推出「付費尋片」服務：你想看任何這個網站上現在沒有的電影，可以一次性付給網站六美元的影幣，然後網站的工作人員會想辦法找到這個資源上傳給你。但使用者對此反應有點冷淡，沒人願意以六十倍的價格看一部影片。

我給那網站的管理員出了個主意。我建議用市場的辦法解決這個問題。反正管理員只想找一個資源賺六美元，根本不在乎這六美元是誰出的。我建議每個人不必一次出足六美元，你可以只出一部分錢，讓這個資源上榜，然後等著其他人跟著出。只有當一個資源的資金湊足了六美元，管理員才去找它。

管理員回信對這個主意大加讚賞，而且立即執行。網站建立了一個「尋片區」，使用者積極反應，很多資源是以一美元上榜，然後慢慢湊到六美元。網站賺到了錢，使用者看影片的願望也得到了滿足。

更重要的是，「到底哪個資源值得找」這個問題，既不用網站回答，也不必讓某個使用者來回答，而可以讓幾個使用者一起回答。有強烈願望的使用者可以自己一次出夠六美元，沒有強烈願望的使用者可以幾個人一起出，市場對少數人強烈和多數人不強烈的願望都能滿足！知識分布在所有使用者之中，訊號得到了高效的表達。

這就是市場的好處。透過價格訊號，市場可以讓最該辦的事情優先辦，而且可以讓做得最好的人去做這件事。如果不靠市場機制，什麼事情應該辦、讓誰去辦，這兩個問題都非常難回答。這樣說來，市場最大的好處是解決了訊號的問題，能把資源合理地配置給企業。

如果某個好東西暫時是稀缺的，但只要人們願意生產，就能大量生產出來，市場就可能是解決這個問題的最佳手段。比如當初手機還被稱為「大哥大」的時候，就是一種難得但本質上可以大量生產的東西。在市場經濟下，稀缺意味著價格高，價格高也意味著人們願意生產它。各個企業自發地冒出來，拚命研發和生產手機，既不是為了填補國家技術空白，也不是為了人民服務，而純粹是因為手機價格高，能賺錢，結果使手機的價格變得愈來愈便宜。

市場是一個道理非常簡單但結果非常厲害的機制，這讓迷戀市場的經濟學家認為市場無所不能。但是我們看生活中市場化的例子，有的不太成功，比如教育和醫療市場化就常常不成功，這又是為什麼呢？可能是因為我們並沒有充分理解市場。

在經濟學家眼中，價格並不僅僅是錢，而是一個激勵的訊號。

一般人談起市場往往第一反應是私有產權，而對價格訊號的作用認識不足。常常把市場化等同於私有化，彷彿一旦私有化了就能解決問題。為什麼私有化管用？難道是因為為自己工作更賣力？其實在市場經濟裡，大部分人也都是為別人的公司幹活，大公司裡一樣有官僚主義和混飯吃的。私有化產權僅僅是一個基礎條件。有價格這個激勵訊號，才是市場的關鍵。[39]如果產權私有但是訊號並不暢通，市場就會失靈。

為什麼教育和醫療市場化都不太成功？因為這兩個領域內價格訊號根本不能反映產品的品質和需求。學費愈貴的學校並不見得品質更好，學校的聲望和生源都是比學費重要得多的訊號。在中國，私立醫院的服務雖然比一些公立醫院好，但是人們還是更相信公立醫院。類似的，科學家做研究通常都在公立的大學和研究所裡，他們大都從政府拿研究經費，而不是等著企業給專利費，因為對絕大多數領域來說，從應用到基礎研究的價格訊號傳遞之路太過漫長，幾乎走不通。

所以市場化絕不僅僅是產權改革這麼簡單的事。你必須有足夠好的基礎設施，能確保訊號有效傳遞，才叫真正的市場經濟。

## 結果可能出乎意料

單田芳評書裡經常說某人是「看大書的人」，大概意為此人琢磨的都是治國安邦的大學問。喜歡經濟學的人，就是看大書的人。大書看多了人難免會有一種指點江山的衝動，認為有些事聽我的早就解決了。經濟學的確研究了不少經邦濟世的技術，不過經濟學家應該有小心謹慎的美德。

這是因為世界是個複雜系統。「複雜」對應的英文單字有兩個，「complicated」和「complex」。一般人通常說不太清楚這兩個詞有什麼差別，但從學術角度，差別可大了。「Complicated」是表示這個東西很繁雜，難以描述清楚，亂糟糟的頭緒和數量眾多。「Complex」則是說這個東西內部各個部分之間有各種聯繫和回饋關係，牽一髮而動全身，不能簡單地用各個部分加在一起來解釋它的整體。所以「complex」是比「complicated」更高級的複雜。

科學家說的「複雜性理論」，就是指「complex」，這也是此處要說的「複雜」。

複雜系統的行為往往難以預料。你讓蝴蝶在這裡扇動一下翅膀，雖然可能性不大，但也許就在千里之外的某個地方造成一場颶風。你發布一個什麼政策，造成的影響可能一波推一波，最後結果也許完全出乎你的意料。

前面說過的幼兒園遲到罰款實驗，結果和一般人預期的相反，但是實驗之前我們知道答案的範圍就在管用與不管用之間。那麼什麼是出乎意料的結果呢？我知道一個很好的例子。

---

㊴ 市場的另一個關鍵是去中心化的決策機制，那大概不屬於「最簡單」的範疇，我們將在本書第24章〈該死就死的市場經濟〉一文中討論。

經濟學家很想知道如果政府給低收入戶直接發錢會是一種什麼結果。本來低收入者已經享受食品券之類的各種福利，我們能不能像對高收入者收所得稅一樣，給低收入和無收入者發一種「負的所得稅」？不管年齡是否夠老、有無病殘、有無孩子，只要收入低就給錢。這似乎是一個親民政府應該做的事，但人們擔心，這麼做是否可能養懶漢，讓窮人喪失找工作的積極性呢？

分析沒用，最好的辦法是做實驗。一九六六年，美國一個叫羅斯（Heather Ross）的經濟學研究生獲得了做這種公共政策實驗的機會[40]，經費高達五百萬美元！他的做法是在某地隨機選取一些貧困家庭，以政府的名義按月發錢給這些家庭。等過了若干個月之後，比較這些享受到這項福利的幸運家庭，和那些條件相似，但沒有被選中享受福利的家庭。

實驗結果是，直接給錢並沒有對窮人的就業率造成什麼大的影響——至少在實驗期間是如此——但是那些拿了這筆福利的窮人家庭的離婚率大增！這就是出乎意料的結果。沒有人事先想到拿福利和離婚率有什麼關係。中國人愛說貧賤夫妻百事哀，美國窮人有錢了反而離婚了？我覺得這個結果似乎可以解釋為什麼歐洲高福利國家的嬰兒出生率愈來愈低，但目前沒有聽說更進一步的研究。

事實上，類似這種政府出手，採取單個措施的社會改革實驗，假如設計得不好，就容易出意外效應；設計得好的……就幾乎沒什麼效應。社會學家羅西（Peter Rossi）考察了從二十世紀六〇年代到二十世紀八〇年代眾多社會項目的效果之後，發表了一篇無比經典的綜述論文[41]，在這篇論文當中，他總結出來一條鐵律：「The expected value of any net impact assessment of any large scale social program is zero.」（任何大型社會專案的任何效果評估的預期值等於零。）

改了也沒什麼大用，不改有時候還好點。所以除了那些「公共知識分子」，嚴肅學者對主動的社會改革都是相當悲觀的，不太敢提出什麼激烈的措施。

公共知識分子還只是敢想敢說，而官員敢做。中國足球是體育市場化改革的先行者，中國足協則是市場這個手段之外，拿中國足球做各種創造性激勵手段實驗的大師。據總結[42]，足協推出過以下激勵手段：

- 為培養本土守門員，禁止引進外籍門將。
- 為二〇〇八年奧運會培養人才，規定聯賽二十歲以下球員上場人數不得少於兩人。
- 為讓國家隊隊員安心備戰世界盃，禁止球員留洋。
- 聯賽上場率如果不足，對俱樂部罰款。
- 為培養頭球能力，頭球進一個算兩分……

---

[40] 參見伊恩．艾爾斯（Ian Ayres）的《什麼都能算，什麼都不奇怪》（*Super Crunchers: Why Thinking-by-Numbers Is the New Way to Be Smart*）一書。

[41] "The Iron Law Of Evaluation And Other Metallic Rules", Rossi; Research in Social Problems and Public Policy, volume 4 (1987), pages 3-20.

[42] http://sports.163.com/photoview/0B6P0005/113186.html

這些手段都非常直觀，有幾項取得了良好效果？答案是除了禁止使用外籍門將這一條仍在堅持，其他的都被實踐證明錯誤而被廢除了。而中國足協用過的最奇葩的手段，是在二〇〇一年和二〇〇四年兩次取消了聯賽升降級！

當時的足協負責人的想法是這樣的：如果聯賽的激烈程度能降低一點，國家隊隊員就可以把更多精力投入到國家隊比賽。事實證明這個「休克式」療法不僅僅是因噎廢食，而且是飲鴆止渴，引發了出乎意料的慘重後果。整個是個連鎖反應：沒有了升降級，聯賽變得不再激烈，導致觀眾減少，導致贊助商退出，導致俱樂部資金困難，甚至發不出薪水，球員開始打假球，觀眾進一步減少，整個社會厭惡中國足球，沒人送孩子踢球，遺禍至今。

所以不到不得已，最好別輕易按自己憑空想出來的什麼史無前例的大招去擾動複雜系統，你根本不知道最後會導致什麼！很可能是小孩玩火，這就叫「皇帝做不得快意事」。

這也說明陰謀論根本不可靠，各種停留在紙面上的假想實驗更不可靠。我們生活的是一個太過複雜的世界，沒有人能控制得了這個世界。

——•——

了解了這些最簡單的經濟學以後，我們的思想可能產生如下一些變化：同情心減少了，不像以前那樣熱衷慈善、福利和環境了，不怎麼相信強勢政府的力量了，認為最好讓市場自由運行。這顯然是更加保守的症狀，不過嚴格地說這叫「libertarianism」，我們實際上變成了自由派和保守派之外的第三個派別[43]：自由論者。

絕大多數經濟學家，持自由論者的立場。

一個智識分子也許不應該在社會科學上有什麼強硬的立場，而且如果不看具體情況就直接來個市場化改革，可能會犯錯誤。但是從理論上講，如果你認為世界的問題就是經濟問題，自由論者的立場很可能是對的。想要反駁這個立場，相當困難。

不過別忘了，這裡說的是最簡單的經濟學。也許更複雜的經濟學會有不同的結論，能夠超越這些原理？

---

43 關於這三個派別，本書第11章〈人的正義思想是從哪裡來的？〉一文有更詳細介紹。

# 第10章 貝氏定理的膽識

你相信上帝嗎？你相信中醫嗎？你相信全球暖化是人為造成的，而且問題非常嚴重嗎？你相信轉基因食品的安全性嗎？你相信大年初一去寺廟裡祈福能帶來好運嗎？

本文不研究這些問題。我想說的是，當你說「我相信」或者「我不相信」的時候，你到底是什麼意思。

如果我們把「相信」僅僅當成一個表態，那它的意義其實相當有限。也許我們可以在和朋友聊天的時候瞎說一番，也許我們可以在網路上參與評論，也許我們還能寫篇文章說明自己的立場。但是這又能怎樣呢？空談誤國。我們的觀點完全不左右真理，而且通常很難左右別人。

「相信不相信」的真正意義，在於給我們自己的決策提供依據。如果我相信大年初一去寺廟祈福能帶來好運，那麼第一，我想方設法去；第二，別人信與不信與我關係不大，事實上我可能希望信的人少，這樣對求好運的我而言可能更方便。

如此說來，「信不信」是一個非常主觀的判斷，我們完全可以容忍別人的判斷可能與自己不同。

更進一步，「信或不信」有點生硬，最好我們能把它量化一下，用一個數字來描述，比如說用機率。如果我說「寺廟祈福管用的可能性是一五％」，那我就是不怎麼相信；如果我說「寺廟祈福管用的可能性是一〇〇％」，那我就是深信不疑。嚴格地說，這個機率數字當然是所謂「主觀機率」，就好像天氣預報說明天下雨的機率是三〇％一樣，其實「明天」只發生一次，並不是說在一百個平行宇宙的明天中有三十個會下雨。[44]

這個量化了的信念可以讓我們的決策更科學。如果我對寺廟祈福的信念值只有一五％，但是我大年初一那天正好路過寺廟，那我可以進去上個香，不做白不做，可是專程跑一趟就沒必要了。如果我對寺廟祈福的信念值高達九五％，那我就值得跋山涉水到此上香。

真正的深信不疑和徹底不信都是很少的，甚至可能是虛張聲勢和自欺欺人。一般情況下對一般有爭議的問題我們都是抱著將信將疑的態度，信念值在〇．〇一％到九九．九九％。而且我們對大多數事物的信念值都在動態變化，比如有什麼特別突兀的新東西出來，我們一開始可能是不信的，隨著證據增多，慢慢加強信念。

一個智識分子應該擁有這種複雜的信念體系，時刻調整自己對各種事物的看法。也可以說，這是不斷地變動自己的世界觀。

想要科學合理地做到這一點，我們需要用到貝氏定理。這個定理的數學形式和思想都非常簡單，早在兩百多年前就被人發現和使用了，但是一直爭議極大，因為它的用法恰恰是計

---

[44] 所有講機率的書本談到主觀機率的時候都用明天的天氣當例子，本書不能免俗。但真實天氣預報說的這個機率是「在與明天條件類似的日子裡，有三〇％下了雨」，並不怎麼主觀。

算主觀機率。[45]很多統計學家認為主觀機率根本不科學，個人的信念毫無意義，只有客觀機率才值得嚴肅對待。但是在過去五、六十年內，實用主義者們沒理會統計學家的爭論，使用貝氏定理做了很多事：破解了二戰時的德軍密碼、預測俄羅斯潛艇的位置、判斷申請貸款者的信用……

所有這些應用的原理都是一樣的。如果我掌握這個東西的全部資訊，當然能計算一個客觀機率。可是生活中絕大多數決策面臨的資訊是不全的，我們手裡只有非常有限的幾個證據。而貝氏定理的精神在於，既然無法得到全面的資訊，我們就在證據有限的情況下，盡可能地做一個更好的判斷。

先來看看貝氏定理的公式：

$$P(A|B) = \frac{P(B|A)}{P(B)} \cdot P(A)$$

A代表我們感興趣的事件，比如「寺廟祈福管用」，$P(A)$ 表示它發生的機率。B代表一個與之有關的事件，比如「某甲去年去了寺廟祈福，結果他很快就升職了」，$P(A|B)$ 則代表在B發生的情況下，A發生的機率。而$P(B)$ 表示B發生的機率，$P(B|A)$ 表示在A發生的情況下，B發生的機率。

這是一個「定理」，它不是哪一個門派掌門人拍腦袋決定的思路，而是從數學推導出來的。[46]並不是你「選擇」使用這個公式，而是只要你認同機率論的基本法則，你就必須使用這個公式。統計學家的分歧在於走這一步到底好不好，而不在於這一步應該怎麼走。

如果你還看不太懂前述的技術細節，也請堅持往下讀——最關鍵思想是：當B發生以

後，有了這個新的證據，我們對A的信念就需要做一個調整，從 $P(A)$ 變成 $P(A|B)$ 了。你可以把A當成你對一般情況的理論預言，把B當成一次實驗結果。有了新的實驗結果，你就調整自己的理論預言。

現在我們就拿寺廟祈福這個例子，來看看一個貝氏主義者是怎麼更新自己的信念。首先我們用基本的機率公式，把 $P(B)$ 展開成 $P(B)=P(B|A)\cdot P(A)+P(B|\underline{A})\cdot P(\underline{A})$，其中$\underline{A}$表示A的相反事件，也就是「寺廟祈福不管用」，$P(\underline{A})=1-P(A)$。這麼做可以更精確地估算 $P(B)$。貝氏定理要求我們先自行估計三個值：

一、你事先認為寺廟祈福有多管用，也就是 $P(A)$。

二、如果寺廟祈福管用，某甲因為祈福加持而升職的可能性，也就是 $P(B|A)$。

三、如果寺廟祈福不管用，某甲不借助這個力量而升職的可能性，也就是 $P(B|\underline{A})$。

---

45 關於貝氏定理的歷史，請參考莎朗・麥格雷恩（Sharon Bertsch McGrayne）的書：*The Theory That Would Not Die: How Bayes' Rule Cracked the Enigma Code, Hunted Down Russian Submarines, and Emerged Triumphant from Two Centuries of Controversy*。此書故事精彩，但不知為何作者一直到結尾處才列出了貝氏定理的數學公式，我很難想像，不看公式怎麼理解那些故事？

46 推導過程非常容易，$P(A|B)\cdot P(B)$ 和 $P(B|A)\cdot P(A)$ 都等於「A和B都發生的概率」，所以兩者相等。貝氏方法還有更複雜的形式，這裡不討論。

一個比較合理的估計差不多是這樣的：某甲既然能升職，必有過人之處，那麼我們可以認為他在沒有寺廟加持的情況下也有五〇％的升職可能，所以 $P(B|\bar{A})=0.5$。寺廟就算再靈驗也不能有求必應，否則人人出來都成億萬富翁了。我們姑且假設，所謂「靈驗」就是能讓某甲升職的機率大大提升，這樣我們可以估計 $P(B|A)=0.8$。如果你事先對寺廟的信念值是一五％，那麼 $P(A)=0.15$。

根據貝氏定理計算，現在你的信念值應該是 $P(A|B)=0.22$。

玩這種數字有什麼意義呢？這比聽風就是雨可高級多了。如果我的信念值從一五％變成二二％，那就說明：第一，我這個人聽勸，有利證據進來了，我的確調高了我的信念值；第二，我這個人穩重，沒有聽到一個證據就立即發生世界觀的徹底改變，過去不怎麼信，現在還是不怎麼信。聽勸又穩重，既做到了開張聖聽，也沒有妄自菲薄，古代對賢人的要求也不過如此吧？

而且你可以繼續調整信念。假設過了一年你聽說另一個朋友某乙，水準與某甲相當，也去了寺廟祈福升職，結果未能升職！這一次，$P(A)=0.22$。現在B表示「未能升職」，所以 $P(B|A)$ 不再是0.8，而應該是0.2。$P(B|\bar{A})$ 仍然是0.5。我們計算出 $P(A|B)=0.1$。

所以因為這一次不靈的事件，你應該把你對寺廟的信念值從二二％調低到一〇％。在數學上很容易證明，只要 $P(B|A)$ 大於 $P(B|\bar{A})$，B事件就會使我們對A事件的信念值提升，反之則會降低。這樣有時候往上調，有時候往下調，當你聽說了很多證據之後，就有可能形成一個比較穩定的看法。對寺廟祈福這樣的例子來說，經過幾次祈福不管用的打擊，很快你就應該不信了。

而如果我們對某件事的信念值非常非常低，那麼即使強有力的證據也很難扭轉我們的信念。我們來說一個貝氏定理的極端例子[47]：

愛滋病毒（HIV）檢測技術的準確度相當驚人。如果一個人真是HIV陽性，血液檢測的手段有九九．九%的把握檢測出陽性而不漏網。如果一個人不攜帶HIV，那麼檢測手段的精度更高，達到九九．九九%——也就是說只有〇．〇一%的可能性會被冤枉。

已知一般人群中HIV帶原者的比例是〇．〇一%。假設現在隨便在街頭找一個人做檢查，發現檢測結果是HIV陽性，那麼請問，這個人真的攜帶HIV的可能性是多大呢？

在你回答之前，我先提供一點背景資料。德國馬普研究所的心理學家曾經拿這道題考了好幾百人，包括學生、數學家和醫生。結果九五%的大學生和四〇%的醫生都給出了錯誤的答案。

我們使用貝氏定理。A表示「這個人真的攜帶HIV」，B表示「檢測出HIV」，那麼根據現有條件，$P(A) = 0.01\%$，$P(B|A) = 99.9\%$，$P(B|\underline{A}) = 0.01\%$，帶入公式，計算得到$P(A|B) = 50\%$！答案是即使在這麼高的檢測準確度之下，哪怕這個人真的被檢測到HIV陽性，他真有HIV的可能性也只有五〇%。

---

47 這個例子來自布侃南（Mark Buchanan）的《隱藏的邏輯》（*The Social Atom Why the Rich Get Richer, Cheaters Get Caught, and Your Neighbor Usually Looks Like You*）一書。此例使用的資料未必符合現在真實的病毒檢測，這僅僅是一個舉例。

如果你腦子還沒轉過彎來，我們還有個直觀的解釋。假設我們隨機地找一萬個人來做實驗。根據ＨＩＶ的分布，這一萬人中應該只有一個人是ＨＩＶ帶原者。而由於我們的檢測手段很強，這個人會被檢測出來。但剩下的九九九九人都沒有攜帶ＨＩＶ，可是我們對沒有攜帶ＨＩＶ的人的檢測精度是九九．九九％，也就是說有萬分之一的可能性會冤枉一人。這樣一來，我們的檢測手段還會在九九九九人中冤枉一個人。

本來只有一人攜帶ＨＩＶ，可是卻檢測出來兩人。所以如果一個人被檢測出ＨＩＶ，他真的攜帶ＨＩＶ的可能性其實只有五〇％。

從根本上說，造成這種局面的原因在於ＨＩＶ儘管名聲很大，但其實是一種罕見病毒，人群中只有萬分之一的人感染。在這種情況下，即使檢測手段再高，也很有可能會冤枉人。

如果一個疾病比較罕見，那麼你就不應該對陽性診斷太有信心。

由此我聯想到中國歷史特殊時期的「抓特務」行動。「特務」這個工作的要求，其實貴在精而不在多，再說國民黨也沒那麼多錢養，真正的特務其實是很少的。如果我們看到一個人長得像特務，說話走路也像特務，我們有多大把握說他就是特務呢？前述的例子告訴我們，「誤診率」可能相當高。最好的「抓特務」辦法是冒出來一個抓一個，最可怕的辦法是搞「人人過關」。如果你搞「人人過關」，必然是一大堆冤假錯案！

這就是冤假錯案產生的數學原理，這也是為什麼天文學家沙根（Carl Sagan）說：「超乎尋常的論斷，需要超乎尋常的證據。」

我自己最近的一次信念改變的經歷，是關於自動駕駛汽車。二〇一〇年第一次聽說Google正在試驗一個相當完善的自動駕駛汽車系統，我不太相信。那時候很多人還把駕駛當成一個人工智慧非常難以做到的例子來說嘴。別的公司試驗自動駕駛，都是非常初級的技術，或者需要特殊的公路，或者需要一個人做司機在前面引路，後面無人駕駛車隊必須一輛緊挨著一輛，不能有別的車插隊，模仿著往前走，根本談不上應對複雜的交通路況。所以我當時判斷可能記者沒聽懂專家的介紹，或者記者被忽悠了。

此後陸續看到很多關於 Google 這個專案的報導，愈來愈多細節被透露出來。這時候，雖然其他公司的自動駕駛項目仍然很初級，雖然家用掃地機器人的行動路線仍然很愚蠢，但我已經非常相信 Google 的自動駕駛系統了。鑑於這個系統從未有過商業應用，我目前對它的相信程度大概是九五％。這個信念值已經足以讓我在寫文章的時候假定這個自動駕駛系統真實存在。

據說中國曾經在歷史特殊時期禁止教授貝氏統計學，可能因為那時的人認為信念不容更改吧。至今有很多人是堅持信念而不看證據的，甚至在有了與自己信念相反的證據後，他直接忽略，或者乾脆說這是個陰謀，反而證明我的信念更正確了。

還有一種情況是像雍正對年羹堯那樣，要說信任就好得如膠似漆，要說不信就不聽辯解直接賜死！像這樣的「二愣子」性格，實在不太適合求知。正確的態度是不斷根據新的事實來調整自己的觀點。

觀點隨事實改變，有膽有識，這就是貝氏定理的偉大原則。

# 第11章 人的正義思想是從哪裡來的？

人的正義思想是從哪裡來的？是從天上掉下來的嗎？是。是自己頭腦裡固有的嗎？是。

道德問題的正義與否，往往比一件事具體做法的正確不正確更容易引起爭論。過去的人思想大都簡單，拾金不昧很道德，損人利己很不道德，只有能不能做到，沒有正義不正義的爭論。而今天人們可以公開談論政治議題，我們上網一看，各種針鋒相對的思想都出來了。有人認為愛國天經地義，有人則認為愛國其實是一種愚昧的從眾心理，有多餘愛心還不如去愛流浪狗。有人認為個人應該服從集體利益，有人則認為個人自由比任何東西都重要。有時候我看社群媒體上各派人馬的激烈爭論，感覺簡直是敵我矛盾，他們就好像是彼此完全不同的幾類人。

而紐約大學的社會心理學家強納森．海德特（Jonathan Haidt）的《好人總是自以為是》（*The Righteous Mind：Why Good People Are Divided by Politics and Religion*）這本書說，有不同政治意識形態的人，可能的確是不同類型的人。人的道德思想並不是後天習得，更不是自己臨時理性計算的結果，而是頭腦中固有，甚至在一定程度上由基因決定的。最重要的是，海德特透過自己的研究，還原了各種政治意識形態背後的道德根基。

在研究愛國主義之前，我們先來做三則道德測試題。請判斷這三件事是否不道德：

一、有一家人養了一條狗，有一天狗出車禍被撞死。他們家人聽說狗肉很好吃，就把狗吃了。

二、一個男人從超市買了隻活雞回家，與雞發生了性關係，然後把雞煮來吃了。整個過程沒有被任何人看到，也沒有傷害任何人。

三、一個女人家裡有個很舊的國旗，她不想要了，可是也不想浪費，就把國旗撕成條，在家裡當抹布用，沒有被任何人看到。

這些題目都是由海德特本人設計的，它們和很多其他題目一起，被用於調查不同人群的道德觀。它們沒有正確答案。

大部分美國人認為這些行為談不上不道德，因為沒有人受到傷害。這些事情當然都不是什麼好事情，尤其美國人還愛狗，可是似乎沒必要上升到「不道德」這樣的高度。畢竟你自己在家裡做什麼，別人誰也管不著。可是在印度做這個調查發現，大部分印度人認為這些行為是不道德的，應該受到譴責。

美國社會是一個個人主義社會，以確保個人自由為優先，然後才是集體。在這種社會中很多人沒有那麼多道德信條，只有傷害別人或者不公平才是不道德的。

而印度社會則是一個家庭和集體主義社會，強調人與人的群體合作關係。這樣的社會中人們非常反感失禮和不敬，把國旗撕了就是不道德，吃自己家的狗（違反傳統習俗）也不對。可以想見中國社會應該更接近於印度這種集體主義，但印度社會還有另外一種道德觀，是現代中國所沒有的，這就是「神性」。這種道德觀把事物從上到下垂直排序。認為愈往上的東西愈高級、愈是純淨的，屬於神；愈往下的東西愈骯髒、噁心，屬於低賤者。神性道德觀要求人每時每刻注意自己的身體修煉，要做高尚的事，不要做低賤的事。與雞發生性關係雖然不傷害任何人，但是噁心的，不符合神性，所以不道德。

有意思的是，如果你問一個人他為什麼認為測試題中的事情不道德，他往往並不是從個人道德觀角度去解釋，而總愛找一個實用主義的理由。比如他可能會說吃狗的家庭其實傷害了他們自己，因為吃狗肉可能會讓人生病！有時候理由實在難找，人們乾脆就說：「我知道這是錯的，我只是還沒想到理由。」

所以判斷一件事是否道德很容易，為自己的判斷找到理由則需要思考時間。科學家相信人的道德判斷是直覺式、感性的快速判斷，並非來自理性計算。人的理性只不過是為自己的感情服務而已，是先有了答案再去想辦法找證據。書中的兩個實驗，可以證明這一點。

一個實驗是，在受試者做道德判斷題的時候給他增加認知負擔，比如要求他同時記住一個很大的數字。如果受試者是靠理性計算判斷的，這個認知負擔就應該減慢他的判斷速度。但事實不是這樣。即使增加了認知負擔，他還是能很快做出判斷。

在另一個更巧妙的實驗中，實驗人員先把受試者催眠，然後要求他每當看到某個特定的詞，比如說「take」，或者「often」，就會產生噁心的感覺。先不論這種催眠是怎麼做的，總之受試者醒來後的確一看到這個詞就噁心，而且還不知道自己為什麼感到噁心。現在讓受試者看道德判斷題。結果，果然是在題目的說明文字裡加入這個特定的詞的話，他就會因為產生噁心感而認定這件事是不道德的；如果沒有這個詞，他就可能認為這並不違反道德。

所以道德判斷的確是從天上掉下來的。如果有人非說一件事不道德，他一定能找到各種理由，他可能根本不知道他做這個判斷的真正原因，只是自己的一種微妙直覺。

那麼人的直覺判斷又是根據什麼呢？是模式識別。我們的大腦中安裝了各種模組，一旦識別到符合某個模式的東西就會立即做出反應。比如你正在路上走，突然有人向你跑過來，馬上要撞到你了，你自然就會感到緊張。緊張感就是你對面前出現的這個情境模式的反應。類似的模組還包括害怕蛇。人腦中有這麼一個針對蛇的探測器模組，一旦看到蛇或者類似於蛇的東西就會自動識別，並啟動害怕的感情機制。

這些模式識別能力並非後天被人撞過或者被蛇咬過之後才習得，而是寫在基因之中，一出生就有，是演化帶給我們的本能。事實上，神經科學家的最新解釋是，我們一出生的大腦就相當於一本書，裡面的每一章不是空白的，都已經寫了一個草稿，或至少列了提綱。長大的過程中，我們可能會因為自己的經歷去修改和完善這本書，但是那草稿仍然非常重要。

海德特透過對大量受試者的道德測試題進行統計的辦法，提出一個關於道德觀的基礎理論。他認為人腦中有六個最基本的道德模組，能夠對生活中出現的各種事件進行模式識別，來自動做出道德判斷。

這真是一個非常漂亮的理論，在我看來這簡直就如同先發現了各種化學元素，再分析了食物的化學成分。而且我還發現這個模組理論與中國儒家的「五常」——仁、義、禮、智、信，有不謀而合的對應關係。仔細想來，「智」並不是一種道德，不算，而剩下的仁、義、禮、信都各自對應一個海德特的道德模組。你不能不佩服孔子、孟子和董仲舒還真抓住了一些特別基本的東西，不知道海德特是否了解過中國文化？

我們解說一下這六個道德模組：

一、關愛／傷害

對應中國人說的「仁」。我們看到小孩受苦就會想要幫助他，這是哺乳動物的本能。爬蟲類動物很少有這樣的感情衝動，母鱷魚下了蛋，有了小鱷魚後基本上就不管了。而我們不但保護自己的孩子，還能幼吾幼以及人之幼，保護其他人的孩子，保護小動物，甚至玩具。更進一步，我們可以用關愛的精神去對待所有親人乃至整個社會。

二、公平／作弊

對應中國人說的「信」。這是與他人合作中的一種互惠機制，人們自然地認為合作產生的共同利益應該公平分配，如果有人作弊侵占，我們會憤怒。因為關愛而產生的利他行為，屬於惻隱之心，人皆有之，不計回報，而這裡出於公平合作而產生的利他行為，是有回報要求的。如果一方不斷付出而另一方不付出，那就是不公平。

三、忠誠／背叛

對應中國人說的「義」，或者至少相當於江湖的「義氣」。有多個實驗證明，人有一種天生的群體歸屬意識。把一群男孩隨意分成兩組，給每組起個名字，最好再有個標誌物。這些男孩自然而然地就對自己所在的組產生了忠誠感，同組的人都是好兄弟，聯合起來對付外組的人。這可能是愛國主義的起源。忠誠感帶來的凝聚力對團隊競爭很有幫助，而且對外來威脅非常敏感。

四、權威／服從

對應中國人說的「禮」。這個道德模組的表現是對長輩和地位高的人的尊敬。在一個有深厚傳統的社會中，人們之所以講禮，不僅僅是因為敬畏權威的地位，更是對現有社會秩序的敬意。

五、聖潔／墮落

這是一個有點宗教味道的道德模組，中國傳統道德對此強調不多，但也有這個模組。它對應的感覺就是「噁心」，是一種厭惡不潔之物的演化本能。有個德國人招募志願者來「被他吃」，居然真有人應徵，而且他真的從中選了一個人殺死吃了。他倆都是自願，不傷害任何其他人。但我們仍然堅決反對這種行為，這就是出於噁心。

六、自由／壓迫

中國儒家對此似乎不太看中，但是道家很講自由。不論如何，每個人都認為自由很好，壓迫不好，不管是對自己還是對別人。

每個人的頭腦中都有這六個模組。有誰會以傷害別人為樂？有誰會喜歡作弊的人？有誰會認為背叛比忠誠可愛？單說某一方面，誰都知道好壞。但是這些道德模組在每個人心中的相對分量的大小是不一樣的。比如有人可能認為，在現代社會中對組織忠誠和對權威的尊敬並不是特別重要的道德。尤其是當面對同一件事，如果不同的道德模組對我們有不同的指引的時候，各人的取捨可能很不一樣。有人可能因為對同性戀感到很噁心而反對它，也有人可能認為自由更重要而支持它。

愛狗人士為了救狗，不惜與人作對，他們頭腦中的關愛模組顯然特別發達，畢竟狗像小孩一樣可愛。而在一個公平模組和權威模組更強的人看來，過分愛狗就是不對的：你這麼對狗好，對人公平嗎？狗畢竟比人低級吧？

圖 11-1 道德測試結果和個人政治意識形態關聯性

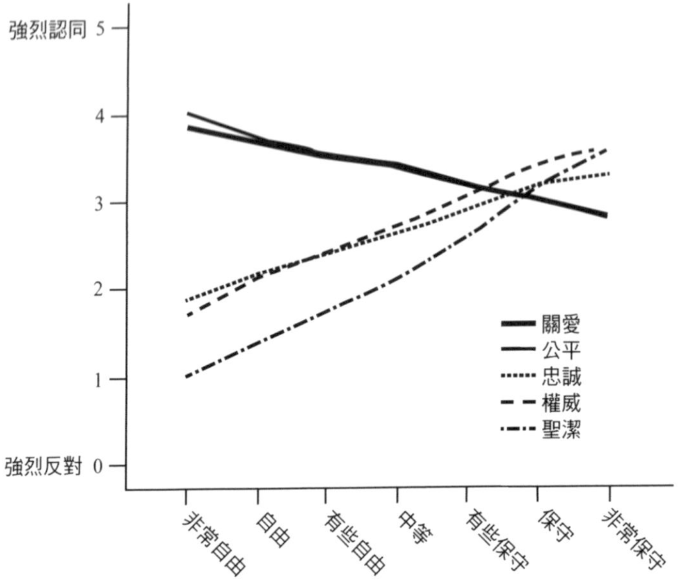


忠誠感強烈的人往往特別愛國，而對那些自由感更強的人來說，人權顯然大於主權。如果每個人都僅僅聽從自己心中道德模組的召喚，堅決用感性做判斷，完全不願意使用理性思考，把這幫人放一起吵翻天也沒用。有句俏皮話說：「性別不同，怎麼談戀愛？」我們也可以說，道德模組優先順序不一樣，還能不能一起玩耍？

每一種政治意識形態，都對應著這六個道德模組的一種組合。在二〇一一年的一項研究中，海德特等研究者搞了一個道德測試網站[48]，對超過十三萬人進行了道德模組測試，再把測試結果和這些人的政治意識形態相比較，就得到了每種意識形態所對應的道德模組組合。

圖11-1來自網站測試結果的統計。圖中橫坐標是受試者的政治立場，從

左邊的非常自由到右邊的非常保守；縱坐標是受試者對不同道德的認同程度，從下方的強烈反對到上方的強烈認同。測試的五個道德模組是關愛、公平、忠誠、權威、聖潔，「自由／壓迫」模組並未出現在這個調查之中，是海德特後來加進去的。

這項研究結果相當堅實，甚至得到了腦神經科學的支持。現在研究者可以在道德測試過程中使用功能性磁共振成像（ｆＭＲＩ）隨時監測受試者的大腦。他們念一段有政治色彩的話，受試者如果對這段話中的詞彙敏感，其大腦就會產生可見的反應，讓研究者能看出來他是反感還是認同。把這個結果再對比受試者的政治立場，發現其聽到相應道德模組敏感詞時大腦的反應，與前面網站調查的結果非常一致。

美國最重要的兩個政治派別，是以民主黨為代表的自由主義者（liberals）和以共和黨為代表的保守主義者（conservatives）。這兩種意識形態的區別，可以用其對應的道德模組組合來說明。

自由主義者特別強調關愛、自由和公平——其中尤其看重的是關愛——而對忠誠、權威和聖潔完全不在意。自由主義者心目中的社會是由一個個獨立個體組成的，認為社會要想好好運行，首先要關愛每一個人，不能傷害人，其次要公平。自由主義者對弱勢群體有一種非常強烈的同情心，寧可犧牲一點自由和公平也要去保護他們，這就是為什麼民主黨人總是支持高福利和高稅收。自由主義者對「自由／壓迫」這個道德模組的側重點在於不要壓迫別

---

48 YourMorals.org

人，對「公平／作弊」的側重點在於結果公平，認為最好給每個人分配同樣的好處。

保守主義者對所有道德模組都同樣重視。他們心目中的社會模型是每個人一出生都不是孤立的，你已經在社會中有一個位置，你的家庭和社會關係已經在那裡。保守主義者認為一個社會的傳統價值對這個社會正常運行非常重要，人必須尊重傳統。為了維持秩序，就要尊敬權威，對組織忠誠，注重個人的品德修養。保守主義者對自由的側重點是不要壓迫我，你不能多收我的稅。對於公平，保守主義者認為好處必須按照貢獻大小分配，而且為了懲罰偷懶者，寧可犧牲一點關愛。

其實不管你是自由主義者還是保守主義者，你在內心一定都把自己視為英雄。而所有的英雄故事都是同一個套路：現在世界上有個威脅，我要解決這個威脅。

自由主義者的故事是這麼講的。世界上存在著壓迫！某個國家的政府、強人和大企業正在壓迫人民，而智者就要起來引導人們去反抗。打碎舊社會，建立新社會。人們以推動社會進步為己任。這是一個英雄解放人民的故事，它的核心在於對弱勢群體的關愛和對不平等的憤恨。

保守主義者的故事則是一個英雄出來防守的故事。人們的日子本來過得很好，突然來了一幫自由主義者，他們同情罪犯，反對傳統價值，敗壞道德理念，還把大家的東西分給說謊和不幹活的人。所以大家要與自由主義者戰鬥！

你說這兩種理念誰對誰錯呢？其實正確的辦法是就事論事，對每個具體議題做具體分析。可大多數人都是受意識形態左右的。科學家甚至已經發現自由主義和保守主義的基因基礎！在這方面，基因對大腦的影響關鍵在於兩點：第一，你是否對威脅特別敏感；第二，你是否喜歡追求新東西。如果對威脅特別敏感，你就更願意與同胞一起去對付外敵——這使我想起《中國不高興：大時代、大目標及我們的內憂外患》一書所說的「外部選擇壓」——且更傾向於保守主義。

如果你在追求新東西和新經驗中獲得快樂，非常反感現有的秩序，你就更傾向於自由主義。我不太了解現在是否有足夠證據說這兩類基因決定了個人的道德模組優先順序，但對於政治意識形態有先天因素這一點，我曾經看到過不止一個類似的研究。

所以人一出生，大腦中在政治上的側重點就已經種下了種子。這些特性將會指引你的人生方向，特定的基因會讓你主動去尋找適合這個基因發展的環境，比如一個自由主義者會天生反感老師制定的紀律，主動去親近自由主義藝術，反感任何限制，很自然地認為自己正在實踐「英雄解放人民」的故事。一個保守主義者則會天生認同傳統價值，以自己民族的文化為榮，非常愛國，聽說「公知」同情罪犯、鼓吹廢除死刑，就覺得自己有義務保衛傳統道德。人生的閱歷和重大變故也許可以改變一個人的意識形態，但先天因素絕對非常重要。

美國的兩大政治派別各自能有這麼多人支持，甚至自由主義者的理念還被某些知識分子當作「普世價值」，並不是因為他們能言善辯，而是因其背後有這樣的道德基礎。除了自由主義者和保守主義者，還有一類「自由論者」（libertarian），其道德模組組合是專門強調自由，捎帶重視公平，而完全不在乎其他所有道德。有很多經濟學家持自由論者的立場。不過，因為自由論者缺少關愛的模組，他們很難獲得更多人的支持。

與絕大多數美國知識分子一樣，海德特原本是一個堅定的自由主義者。但是為了這個研究，在考察過多個國家的文化後，他慢慢發現美國知識分子的想法其實是個特例。事實上，有人提出現代心理學其實研究的是世界上最「WEIRD」（怪異）的一群人。這個詞是這群人五個特點的縮寫：「Western」（西方的）、「Educated」（受過良好教育的）、「Industrialized」（工業化的）、「Rich」（富裕的）、「Democracy」（民主的）。像這樣的人即使在西方社會中也是特殊的，他們的價值觀可能和世界上其他人格格不入。

海德特不到三十歲就去印度做調查，最初無法理解印度人的神性觀念和集體觀念，但生活了一段時間之後，他發現自己能理解印度人了。他慢慢從感情上接受了印度人的道德觀，甚至開始使用理性幫這套道德觀找理由。

像海德特那樣學會理解別人的道德觀可不容易，各國的道德文化的確非常不同。《好人總是自以為是》中有個最簡單的例子：請使用「I am...」開頭寫二十句話。美國人寫的大多是自己的心理特徵：我很開心、我很外向、我愛爵士樂等。而亞洲人則更愛寫自己在生活中扮演的角色和社會關係：我是一個兒子、我是一個丈夫、我是富士通公司的員工等。

我讀此書到這裡，想到的第一句話是「I am Chinese」。

# PART2

# 教育的祕密

第12章

# 高中是個把人分類的機器

應試教育就如同糟糕的空氣品質：每個人都認為這是個大問題，但是大家都習慣了，彷彿這已經不是一個毛病，而是一個特色。想上名校，就得有為了考試而學習的覺悟。

可是河北衡水中學還是有本事把應試教育的問題玩得更大。據報導[49]，衡水中學是這麼準備高考的：洗腦式的激情教育、高壓式的管理和控制、反人性的成功學。學生們打飯做操都帶個小本子記單詞，禁止任何娛樂活動，連課外書都不能看，「一名高一女生因為感冒喉嚨痛，在自習課上喝了一口水，班導便通知其遠在邢臺市的母親來校，女生則含淚站在警衛室寫作業」……

如果大考是一場不得不打，而人人又都不想打的戰爭，在這個各方一再呼籲「裁軍停火」的時刻，衡水中學正在加劇「軍備競賽」。

衡水中學這麼做，對嗎？過分的應試教育會不會損害學生的創造力？那些更有創造力的學生會不會因衡水中學的野蠻打法失去機會？

我們首先要明白一個問題：高中到底是做什麼用的。直觀的答案當然是高中是用來傳授高中知識的地方，但這個答案是錯的。

技職學校才是傳授知識的地方。普通高中所學的大部分知識對我們的工作和生活並無用處，絕大多數人大考之後一輩子也不會再用到橢圓參數方程式和甲烷的分子式。一個職業作家面對大考語文試卷幾乎不可能取得高分，他甚至可能連作文分數都高不了。

我們當然也會在高中學到一些有用的知識，但大考試題早就遠遠超出了「有用」的範疇。想要學會解答大考試題，必須經過高強度的專業訓練。這些訓練並非以「對真實世界有用」為目的，而是以「考試」為目的。所以那些高中知識不是「全民健身」，而是「競技體育」，就如同舉重運動員的訓練不是為了學習怎麼扛冰箱上樓一樣。

高中的最根本目的並不是傳授知識和培養人才，而是把人分類。高中畢業後，一部分學生將進入著名大學，他們日後會有很大的機會獲得一份高薪而體面的工作。一部分學生只能進入普通大學，而另一部分學生則上不了大學。我們每時每刻都在被社會挑選，但高中這一次可能是最重要的。高中，是個把人分類的機器。

命題者設計那些刁鑽古怪的考題，並不是因為這些題目有實際意義，而是因為它們夠難！當然，解題也可以鍛鍊人的思維能力和意志品質，但這不是最重要的。最重要的是只有足夠難的題目才能更妥善地把人和人區分開來。是智商的差距也好，是意志品質的差距也好，反正人和人必須有所區分。

也許有人立即會說，這是一個邪惡的制度！為什麼非得把人分類？人的技能難道不是連

㊾《中國青年報》二〇一四年十月專題，〈衡水中學到底哪裡不正常〉，作者李斌（http://zqb.cyol.com/html/2014-10/23/nw.D110000zgqnb_20141023_1-03.htm）。

續變化的嗎？藝術和社交這些考試不考的項目，不是也很重要嗎？有很多沒上過名校的人，不是也取得了偉大的成就嗎？

是，但我們得先了解一下現代社會的運行方式。

## 為什麼會有人失業？

最理想的市場中不會有人失業。如果勞動力完全由市場供需關係決定，你只要願意拿比別人低的薪水，就可以得到任何工作的機會。但是在現實當中，只有非常低端的工作才是這樣子的。

比如說工人。網路上一篇關於建築工人的文章[50]，說工人的權益得不到保障，與工人素質不是很高也有關係。毫無紀律性，想賺錢就來做幾天，對工作不滿或趕上農忙，說走就走，承包的工頭不得不再重新找一幫人，工程進度和品質根本無法保證。其實這個素質問題絕非工人特有，一百多年以前，美國福特汽車公司（Ford Motor Company）就面臨到同樣的局面。

當時福特推出的新車型徹底改變了汽車的製造方式，工廠不再依賴擁有高技能的熟練工人，任何人來了都可以迅速上手，這使得亨利．福特（Henry Ford）根本不擔心招不到人。他的煩惱在於工人的士氣太差。工作太累，工時太長，薪水不高。工人們常做不了幾個月，甚至幾天就不來了，等實在沒錢花了再回來，流動性非常大，而且來了也不好好工作。

於是在一九一四年，福特推出了一個新政策。他把福特公司工人的最低薪資提高到每天五美元，相當於市場平均薪資的兩倍多，而且把工作時間從九小時減到八小時。

這份薪水足夠工人穩定地養家糊口了。工人不但第一次對工廠有了一份感激之情，而且開始珍視自己的工作。他們主動努力工作，生怕被解雇，生產隊伍實現了空前穩定。

關鍵在於，這份遠高於市場供需水準的薪水使得人們擠破頭地想要成為福特的工人，甚至為此引發了一場騷亂。這可能是史上第一次，有人想從事勞力活都做不成！[51]

福特公司制定了一系列標準來選拔工人，比如要求工人家裡必須乾淨體面。這些標準和工人能不能做好工作關係並不大，它們的作用在於淘汰人！一個有幸進入福特公司的人和一個沒被選中的人之間很可能根本沒區別，唯一問題僅僅在於名額有限。

福特公司這一招，在現代社會具有普遍意義。哪怕是「誰都能做」的工作，企業也不希望「讓誰都來做」，而希望員工都有一定的忠誠度和凝聚力，並願意為此支付更高的薪水。至於需要專業技能的工作就更是如此。中國過去曾經允許任何略懂醫術的人作為「赤腳醫生」行醫，現在沒有正規醫學院學位根本不允許你給人看病。用一個高標準門檻和高薪來保證醫生工作的穩定性和士氣，才是正確做法。

這就需要用一些門檻把一部分人擋在外面。這些門檻應該給人公正的感覺，好像得到這個工作的人真的是靠能力得到的一樣。實際上有能力做這個工作的人很多，門檻的作用就是

[50]〈關於農民工討薪那點事兒〉，作者裸槍（http://www.weibo.com/p/1001603800923997626634）。

[51] 提姆．哈福特（Tim Harford）在 *The Undercover Economist Strikes Back* 一書中提到此事時開玩笑說，「亨利．福特發明了失業」。

明明他有能力，我們還是因為名額有限而找個藉口淘汰他。學歷就是最好的門檻。

## 競爭遊戲

我們來玩一個叫「婚姻超市」的經濟學思想實驗[52]。假設房間裡有二十個男生和二十個女生。要做一個兩兩配對的遊戲，只要配對成功——不管是否為真愛——就可以領取一百元獎金走人。我們可以想像，獎金大概會被平分，男女各得五十元。

現在假設參加遊戲的男生少了一個，二十個女生必須爭奪十九個男生。女生們為了拿著獎金離開，會怎麼做呢？

她們應該會賄賂男生。只要你願意和我配對，我多分你一點獎金。

這個遊戲的有意思之處在於，只要有一個女生給男生加價，其他女生就不得不跟著加價。如果所有女生都不想被最後剩下，一分錢獎金都拿不到，她們就會競相加價。在極端情況下——假設女生們最後同意自己拿一分錢就行——每個男生都可以得到九九．九九元！可惜就是這樣，最終還是有一個女生什麼都得不到。

這些女生完全可以堅持拿五十元不動搖，可是每個人都擔心自己被剩下，結果就是每個人都付出了更大的代價。

考大學就是這樣的遊戲。名校是一種稀缺資源。只要想進入名校的學生比招生名額多，大考競爭就一定激烈。每個人都害怕自己考不上而用功，結果就是所有人都投入大量無謂的精力，大學還是只招這麼多人。

大考競爭本來已經很激烈了，衡水中學的學生用了一個更激烈的方法來玩這個遊戲。他們把遊戲難度推到了極致，是「第一個給男生出價九九・九九元的女生」。

所以人們當然要問，這麼玩，會不會把遊戲玩壞了？考試的「軍備競賽」會不會「綁架」全國高中生只為考試而學習，以致影響他們的創造力？

答案是，不會。

## 國家是因為教育而富強的嗎？

韓國的大考競爭，比中國更激烈。首爾、高麗和延世大學是韓國三所最好的大學，它們錄取不看別的，只看考試分數，體育、文藝、家庭背景都沒用。韓國所有大公司的高層都來自這三所大學，執行長之間常常是校友關係。上與不上這三所大學，未來的薪資水準有天壤之別。

韓國高中生的學習時間並不比衡水中學少。他們要在學校待一整天，晚上還要去上私立的補習班。這些補習班是專門傳授考試技術的地方，比白天的公立學校重要得多，據說一個最著名的補習老師一年能賺四百萬美元。衡水中學對學生實行量化管理，而韓國的學校對老師也實行量化管理，用一系列指標評價老師提升學生成績的能力，最好的老師像明星一樣被搶來搶去。

為了大考，韓國人甚至正在慎重考慮是否應該實行男女分校。韓國人研究發現學生的大

[52] 這個實驗來自提姆・哈福特的《誰賺走了你的薪水》（*The Logic of Life*）一書。

考成績主要取決於其自習時間的長短，甚至認為男女同校是個不利因素，因為資料顯示男女同校的學生自習時間，比單純的男子高中或女子高中學生少一小時。

自習時間愈來愈長，對孩子成長也可能不利，韓國政府不得不出面搞了個「停火協議」——晚上十一點之後禁止學生在補習班上課，並且讓群眾舉報哪個補習班時間到了卻沒有放學。居然有人靠舉報補習班一年賺了二十五萬美元。[53]

可是韓國不管是科學或技術方面的創新能力，似乎都沒被大考的「軍備競賽」所影響，它是亞洲科技創新最強的國家之一。不但如此，這麼強大的考試文化之下，韓國居然培養出了很多優秀的運動員，他們在電影、電視劇和音樂方面的成就也很大。這是為什麼呢？

我們在常識上認為教育強才能國強，所以「再窮不能窮教育」，但這可能是一種誤解。

實際上如果查看歷史紀錄，一個國家或地區的教育水準其實是在這個國家或地區的經濟發展以後才起來的。臺灣一九六〇年的識字率比菲律賓低，人均收入只有菲律賓的一半，如果教育決定經濟成長，那時候的菲律賓應該比臺灣更有成長潛力。事實上，現在臺灣的人均收入是菲律賓的十倍。類似的，韓國在同一時期的識字率比阿根廷低很多，人均收入只有其五分之一，而現在韓國人均收入是阿根廷的三倍。[54]

事實上，中國大力增加教育投入也是近年經濟高速成長了一段時間以後的事情。過去在經濟成長之前、很窮的時候，教育更窮，但是「窮教育」並沒有耽誤經濟成長。

所以也許不是教育水準決定經濟成長。也許是經濟成長了以後，社會上有了更多高薪職位，人們為了能得到這些職位才對教育產生更大需求。[55]沒有一個好的教育系統培養眾多高素質人才，當然無法創新；但是如果一個國家缺乏創新的工作機會，那麼它也不需要創新人才。人才和工作機會其實是共同成長的，而歷史資料似乎顯示，工作機會必須先走一步來帶動教育發展。

人才並不神祕。在市場作用下，如果一個高科技公司需要某一方面的人才，它必定能找到這方面的人才。韓國完成了產業升級，它為年輕人提供了大量好工作，年輕人自然就會為得到這些工作而努力。他們可以在大學和研究所階段學到很多與工作相關的東西，更多的是在工作實踐中學習——前提是他們首先得進入一個好大學。至於學生在高中這幾年是否花了太多時間準備考試，可能對國家經濟真沒什麼大影響。

## 窮人和富人，誰更應該上名校？

我並不是說教育不重要，教育對個人非常重要。眾所周知，有名校學歷可以大幅提高一個人畢業後，甚至是一生的收入水準。但這裡仍然有個因果關係問題。一個能考上名校的學生必定是非常聰明的，那麼他未來的這個高收入，到底是因為他聰明而獲得的，還是因為他上過名校而獲得的呢？

也許一個能去名校的聰明學生，因為種種偶然原因而沒有上名校，他未來還能獲得同樣

---

㊼ 此事來自亞曼達・瑞普立（Amanda Ripley）的《教出最聰明的孩子》（*The Smartest Kids in the World*）一書。

㊽ 這些資料來自納西姆・尼可拉斯・塔雷伯（Nassim Nicholas Taleb）的《反脆弱》（*Antifragile*）一書。

㊾ 經濟學家艾莉森・沃爾夫（Alison Wolf）在 *Does Education Matter?: Myths About Education and Economic Growth* 一書中對這個問題有非常深入的研究。

水準的收入嗎？

兩個美國經濟學家，戴爾（Stacy Dale）和克魯格（Alan Krueger）考察了將近兩萬個高校畢業生在畢業後十年到二十年的收入情況。首先很明顯的是，名校畢業生收入更高。一個一九七六年進入常春藤名校的學生，在一九九五年時的平均年收入是九．二萬美元，對比之下，如果他當初上的是個普通大學，收入將只有七萬美元。[56]

但這個研究有意思之處在於，它考察了那些有本事上名校，但最終去了普通大學的人。在一項統計中，五一九個學生同時被名校和普通大學錄取，不管他們當初是選擇名校或普通大學。結果他們後來的收入是一樣的！更進一步，只要這個學生有很好的ＳＡＴ成績，哪怕他因為一些原因被名校拒絕了，他最終的收入還是和去了名校的學生一樣好。

也就是說根據這個研究，對聰明學生來說，上不上名校並不重要。你走這條路能成功，走別的路也能成功。這可能是因為社會足夠複雜，而市場足夠有效，以致一次沒被選中也無所謂。所以如果你有足夠能力，大學並不影響你將來的收入。

但我們有理由懷疑學生的家庭因素在這裡起到了很大作用，因為這個有點出乎意料的結論對低收入家庭的孩子不管用。研究發現，低收入家庭的孩子是否上名校對他影響巨大，可以說第一步走錯以後想出頭就很難了。

低收入家庭的孩子到底差在哪兒了呢？可能是社交能力，可能是找工作時來自家庭的直接幫助，也可能是綜合素質，比如說想像力。有條件的家庭根本不會讓孩子一門心思考試，他們會想辦法培養孩子的綜合素質，這樣的孩子將來顯然會有更多機會。

但想像力是個很奢侈的追求。二〇一四年的一項研究[57]發現，以吉尼係數為標準，收入分配愈平均的國家，其家長對孩子的要求愈強調「想像力」，教育手法愈寬鬆；貧富差距愈大的國家，家長愈強調「努力拚搏」，教育風格也更獨裁。

如果你的競爭壓力不大，甚至上哪個大學、找個什麼工作將來的收入都差不多，你一定有閒情逸致培養自己的想像力。如果面臨考不上名校未來收入就必然不高的局面，你最好還是先考上大學再培養想像力。

在這個吉尼係數高達〇．四七的時代，衡水中學學生們的想像力非常有限。而對富裕家庭來說，既然上不上名校與收入無關，就完全不必擔心來自衡水中學的競爭。他們甚至可以直接把孩子送到國外讀大學，完全不耽誤想像力的培養。

美國大學錄取學生並不只看ＳＡＴ成績。各種文化才藝、在高中的組織和領導能力、當過志工等，都是重要的考慮因素。這些標準對富裕家庭的孩子更有利。你要才藝，我可以聘請最好的花式滑冰老師；你要名人推薦信，我認識你們校董；你要領導力和社會公益，我甚至可以出錢把孩子送到偏遠國家當志工刷經驗值。

衡水中學的大多數同學恐怕沒有這樣的條件。他們羨慕那些出國上大學的孩子嗎？可能會，也可能不會。但是有一點可以肯定：他們並不埋怨這個社會。報導說在學校洗腦式的教

---

56 報導見於 http://www.nytimes.com/2000/04/27/business/economic-scene-children-smart-enough-get-into-elite-schools-may-not-need-bother.html 和 http://economix.blogs.nytimes.com/2011/02/21/revisiting-the-value-of-elite-colleges/。

57 Matthias Doepke, Fabrizio Zilibotti, Tiger moms and helicopter parents: The economics of parenting style, October 11, 2014, VOX. CEPR's Policy Portal.（http://www.voxeu.org/article/economics-parenting）

育中，他們的精神面貌非常積極向上。他們高喊「拚，直到贏！博，直到成！」之類的勵志口號，充滿正能量。他們相信只要自己努力拚搏，就有資格——而且也有可能——對所有的好東西分一杯羹。

而大人們應該做的，就是向他們保證：你想的是對的！

第13章

# 早教軍備競賽的科學結論

現在的教育選拔競爭是如此激烈，「軍備競賽」已經從學齡前兒童開始了。我要說的是，早教競賽是一場愚蠢的比賽，聰明理性的人不應該參加。

周圍大多數人都在做的事情，不一定就是對的事情。當前中國國情，學習的競爭早就發生在小學入學之前，而補習班的市場已經覆蓋到了〇到三歲。四歲開始學英語，五歲會算數學題似乎是新標準。據說有的小學已經不好好教中文拼音了，因為學校默認孩子在幼兒園就應該學會。

早教剝奪了孩子的快樂童年。早教要讓家長花費很多時間和金錢。面對嚴峻的現實，什麼「人生是一場長跑，是否贏在起跑線不重要」這樣的話純屬雞湯。誰不知道人生是長跑？可是你總不能讓孩子連小學入學考試都過不了吧？再說天才不都早慧嗎？高水準運動員不都是從小苦練出來的嗎？

我們需要科學的指導。如果早教是培養高水準人才——或就算不能培養高水準人才，只要能有利於考上好大學就行——的必要條件，那麼讓孩子吃點苦，家長受點累花點錢，就都是值得的。如果不是，早教就是錯誤的。

事實是，關於早教的問題，已經有科學結論了。

如果你稍微做一點關於早教的研究，你會很難控制自己的情緒。你會認為所謂的「育兒專家」，開口閉口談「腦科學」、「國際先進水準」，實際上大多是愚昧思想的販賣者。

當前科學理解，對「早教」這件事，早就有非常清楚的結論。

二十世紀七〇年代，德國政府可能是考慮到國家需要更多高水準人才，曾經一度打算把傳統的、讓孩子玩鬧為主的幼兒園，全都變成以教孩子寫字算術這種早教為主。但是德國人沒有拍腦袋就決策。

德國政府資助了一項大規模的研究[58]。研究者選擇了五十個以早教為特色的幼兒園和五十個以玩鬧為主的傳統幼兒園，對所有這些孩子進行追蹤比較。

一開始，的確是早教幼兒園出來的孩子學習水準更高，而且這個優勢一直保持到孩子們上小學以後。這是完全可以理解的，畢竟早教幼兒園的孩子都提前學習了，孩子剛上小學，看到老師教的自己都學過，心理上想必也有優勢，可謂是贏了起跑線。

但那個優勢並沒有一直保持下去。到小學四年級再看，早教組的孩子不但沒有學習優勢，而且他們的成績還顯著低於傳統幼兒園出來的孩子。

早教真的能讓你贏在起跑線上，但也真的領先不了多久。

所以德國政府取消了改革幼兒園的計畫。類似的研究被多次重複，現在學術界已經達成共識[59]：早教帶來的早期優勢會在一至三年內被沖刷掉，然後還可能會被逆轉。

所以，就提高學習成績來說，在最好的情況下，早教沒用；在很多情況下，早教有害。

早教，是揠苗助長。

如果你的孩子因為沒參加早教而沒考上那個所謂重點小學，我勸你別擔心。你可能還應該感到慶幸。你敢不敢先給孩子找個正常點的小學，等到四年級再和他們比？

其實早教的真正害處，比四年級時的學習成績嚴重得多。

—•—

德國那個研究發現，早教組的孩子不但成績被人逆轉，而且在社交和情感能力方面，還有明顯的欠缺。這才是早教最大的害處。

美國的一項研究做得更徹底。一九六七年，研究者把密西根州的六十八個貧困家庭的孩子隨機安排到傳統的、基於玩鬧的幼兒園，和以老師直接教學為主的早教幼兒園中。為了保證效果，研究者還每隔兩周家訪一次，教家長配合幼兒園的風格教育孩子。這項研究一直追蹤到這批孩子年滿二十三歲。

學習成績方面的結論和德國的研究一致，早教組有初期的優勢，然後很快就被抹平了。

---

58 Linda Darling-Hammond and J. Snyder. 1992. “Curriculum Studies and the Traditions of Inquiry: The Scientific Tradition.” Edited by Philip W Jackson. Handbook of Research on Curriculum. MacMillan. pp. 41-78.

59 Peter Gray, Early Academic Training Produces Long-Term Harm, Psychology Today, May 5, 2015.

但這項研究最驚人的發現是在孩子的為人處世能力方面。

到十五歲的時候，早教組的孩子違反學校紀律的行為次數，是傳統組孩子的兩倍。

在美國當個窮人，日子是很艱難的，長大很容易走上犯罪道路。到二十三歲，傳統組有一三．五％的人曾經因為犯罪而被捕；而早教組這個比例高達二三．四％。早教組還有一九％的人曾經用武器威脅過他人，而傳統組一個都沒有。

總體而言，早教組的孩子更容易與人發生摩擦，更容易犯罪，更不容易結婚。一句話，他們不擅長與人相處。

當初只有短短一兩年的早教，竟然造成了終身的危害！

—•—

美國這個研究的對象是窮人家庭的孩子，而美國窮人的日子本來就很不好過，所以長大以後才有那麼高的犯罪率。

這個研究非常有戲劇性，但仍然能說明問題：它說明早教傷害了孩子的社交和情感能力。其他沒專門用窮人的研究，戲劇性沒這麼強，但有同樣的結論[60]。這是什麼原理呢？

加州大學柏克萊分校的發展心理學家，艾莉森．高普尼克（Alison Gopnik）在其著作《教養是一種可怕的發明》（*The Gardener and The Carpenter: What the New Science of Child Development Tell Us about The Relationship Between Parents and Children*）說，兒童在六歲以前，真正的任務不是什麼學習讀書寫字和做數學題，而是「玩」。[61]

玩鬧也是學習。孩子在玩的過程中能探索周圍的東西都是幹什麼的，揣摩周圍的人都在想什麼。更重要的是，與別的孩子一起玩鬧，是一種社交演練。孩子必須在實際互動中學會公平、尊重和社交界限，學會分享、幫助和友情，學會怎樣與人相處。

所以哪怕自家孩子真是天才，天生以學習為樂，五歲就會微積分，也請不要耽誤他玩。性情乖張、行事怪異的天才已經太多了。

在正常孩子都忙著社交的時候，有些孩子卻被逼著去死記硬背拼音、單詞和乘法表。他們把大好時光浪費在了那些只要再過幾年就能輕輕鬆鬆學會的東西上。

他們該玩的時候沒玩夠，甚至可能再也學不會怎樣好好玩了。

—•—

演化生物學家大衛·威爾森（David Wilson）用演化思維考察兒童成長，提出一個概念叫「嚴格的靈活性」[62]（rigid flexibility）。成長的過程看似靈活，其實很嚴格。兒童發育的

---

[60] R. A. Marcon, 2002. "Moving up the grades: Relationship between preschool model and later school success." Early Childhood Research & Practice 4(1).

[61] 見「精英日課」第二季：《園丁與木匠》之三——當孩子玩的時候孩子在學什麼。

[62] David Wilson, This View of Life: Completing the Darwinian Revolution, 2019。另見「精英日課」第三季：《生命視角》之二——步步驚心的成長。

每一步，都需要正確的環境資訊輸入。晚了不行，早了也不行。

九個月以下的孩子不需要額外的音訊和多媒體資訊。長時間讓孩子聽音樂、看電視，會導致孩子長大以後不能集中注意力。十八個月以下的孩子只有聽真人說話、在有互動的情況下，才能提高詞彙量。其他方法一律沒用，而且有害。兩歲以下的兒童只適合接觸三維的物體，比如玩具和人。而二維的東西，比如書本和圖畫，只會妨礙他們感知能力的發育。

人的聽覺、視覺、各種感知能力、大腦的發育是講順序的。提前給一個不該給的刺激，很可能讓這時候該發育的東西發育不好。

六歲以下兒童的任務不是以驚豔的學習成績給父母增光，而是健康地發育成長。強迫式的早教是殘害兒童。

早教所教的那點玩意有什麼可學的？有什麼可擔心的？只要讓孩子大腦正常發育，到時候想學還不容易嗎？堂堂的高學歷父母，被幼兒園老師治得心驚膽戰，這不荒唐嗎？真正的天才都是和成年人比，以自己家孩子提前兩年學會小學二年級知識為榮，那是愚昧。

沒有上過早教的孩子，或許還有？救救孩子……

第 14 章

# 補習班、考試和階層的因果關係

近幾年，教育部的「減負改革」計畫引起了很大的爭議，很多人擔心減負會不會加劇中國的階層固化。為此我想提供幾個有關補習班、考試和階層的關鍵事實，讓人更清晰地思考這個問題。

我們先說一點哲學。當我們談論一件事的作用的時候，不能光考慮它有沒有用，關鍵問題是它有多大的作用。

比如說，一個順手的鍵盤，對寫作肯定有用。如果你是嚴肅地對待寫作這件事，而且不差錢，我建議你買個好鍵盤，最起碼得是機械式鍵盤。打字流暢了，你的思路也就更流暢。但如果有人說自己之所以寫不出好文章是因為鍵盤不行，那無疑是荒唐的。作為一個以寫作為生的人，我認為鍵盤對寫作水準的影響是非常非常小的。

但我們還是願意買好鍵盤。有條件的話還應該買好電腦、好辦公桌、好椅子和好書架，當然最好還要有一間比較大的書房。這些東西會讓人感覺相當良好。更好的是，這些東西非常可控，只要花錢就行。至於說這些東西到底對寫作水準能產生多大影響，那是虛無縹緲的事情。

如果你不差這點錢，你真的在乎那個影響是大是小嗎？

我要說的是，給孩子上補習班、私教課之類，就有點像是給作家升級了一套寫作裝備。

## 補習班

補習班並不是個新生事物，可以說古今中外都有。關於上補習班到底有多大作用，現在已經有很多人研究過了。我們先說結論：補習班幾乎沒用，就算有用，也比公眾所以為的用處要小得多。

先明確一下什麼叫補習班的作用。古代沒有義務教育系統，上什麼課都是付費的。一個有錢的員外給自己家族的孩子請了高水準的私塾老師，那麼相對於窮人家的失學兒童，這個私塾老師顯然絕對是有用的。但現在人人都有學上，所以我們關心的不是這個。

我們關心的是在正式的學校教育之外參加的那種補習班，或者叫課外班。問題是，對於上同樣水準的公立學校、使用同樣教學大綱、能接觸到同樣複習資料的兩個學生，一個花錢上課外補習班，一個不上補習班，請問補習班對他們的成績有什麼影響？

中國有很多補習班，但是我感覺中國學者對補習班的正式研究非常有限。二〇一八年，中國海洋大學教育評估與品質監測中心對青島市的一三六八〇名小學四年級學生和一一七三四名國二學生的調查表明，課外補課與學業成績的相關度不大。我看到的報導沒說數學，但是就語文成績來說，小學四年級學生，上補習班的平均成績為四九〇．一三分，不上補習班的平均成績為五〇〇．〇八分；國二學生，上補習班的平均成績為五〇〇．六五分，不上補習班的平均成績為四九九．三六分。

另一項調查，長沙市二〇一八年發布的《普通中學教育品質綜合評價報告》也認為，

「參加課外培訓班愈多，並不意味著學習成績愈好」。

這兩項調查都發現，課外學習時間愈短的學生，反而成績愈好。我們知道相關性不等於因果性，也許是成績差的學生不得不選擇上補習班，如果不上補習班，他們的成績會比現在更差……

二〇一三年，哥倫比亞大學的一篇博士學位論文[63]對韓國的補習班做了大量的研究，結論可以總結為三點：

一、課外補習對成績差的學生最有效果。

二、對數學和英語比較有效，對語文作用不大。

三、補習的效果主要發生在中學階段。上了高中以後，課外補習只在數學方面，而且只對成績差的學生有一定的效果。

把所有這些研究放在一起總結來說，我們說「補習班作用不大」，沒問題吧？

[63] Ji Yun Lee, Private tutoring and its impact on students' academic achievement, formal schooling, and educational inequality in Korea, Ph D Thesis, Columbia University, 2013.

## 考試私教訓練

美國很少有長期的課外補習班，但是有很多專門為ＳＡＴ考試衝刺訓練的補習班。我看到的幾個研究[64]一致認為這種衝刺訓練，特別是一對一的私教，對提升大考試成績是有用的。但是，這個效果絕對沒有商業公司宣傳的那麼明顯[65]。

關鍵在於，美國高中通常只負責教課，並沒有專門的ＳＡＴ考試訓練，不像中國高中那樣專門用一年的時間做大考模擬訓練。美國學生要準備ＳＡＴ考試，通常都得自己想辦法。可想而知，如果你的同學根本就沒怎麼準備，而你專門請人訓練過，你的成績當然會更好。

有針對性的考試訓練肯定有用。你得熟悉題型，你得加快答題速度，你得像運動員對待比賽一樣對待考試。但是不上補習班，自己在家也能做這種訓練。題庫都是可以買到的，專門講答題技巧的書也有很多。最可能的結論是，相對於自己訓練，花錢請私教也許有用，但是那個作用絕對是不明顯的。

## 階層與入學考試

從美國學生的ＳＡＴ成績和家庭收入的關係來看，的確是愈富有的家庭出來的孩子的成績愈好。但很難說這是教育導致了階層固化，事實上，更準確的說法是教育反映了階層。

二〇一九年前後，包括耶魯大學在內的一些美國名校爆出了受賄錄取的醜聞，專欄作家丹尼爾·傅利曼（Daniel Friedman）專門寫了一篇評論[66]，讚美像ＳＡＴ這樣的標準化考試，列舉了幾組非常有意思的資料。

首先，的確是富有家庭的孩子ＳＡＴ成績好。美國最富的家庭，年收入二十萬美元以上的這個統計區間，他們的孩子的SAT成績中位數是數學五百六十五分，閱讀五百八十六分。這相當於比全體學生的平均成績高了半個標準差。

但是，不看收入，只看父母有沒有研究生以上學歷的話，高學歷家庭的孩子成績，是數學五百六十分，閱讀五百七十六分。請注意，拿到研究生以上的學歷，比拿到二十萬美元以上的年薪要容易得多。這裡的資料表明，家長的財富對孩子的作用顯然不比學歷大很多。

對這些資料的正確解讀，從統計意義上來說是：

一、學生的成績反映了學生的智商。

二、學生的智商繼承於家長的智商。

三、家長的財富和學歷，反映了家長的智商。

四、所以學生的成績才會和家長的財富和學歷有關。

---

64 Moore, Raeal; Sanchez, Edgar; San Pedro, Maria Ofelia, Investigating Test Prep Impact on Score Gains Using Quasi-Experimental Propensity Score Matching. ACT Working Paper 2018-6 ；Jed. I. Appelrouth, DeWayne Moore, Karen M. Zabrucky, Janelle H. Cheung, Preparing for High-Stakes Admissions Tests: A Moderation Mediation Analysis, International Research in Higher Education, Vol 3, No 3 (2018).

65 Derek Briggs, The Effect of Admissions Test Preparation: Evidence from NELS:88, CHANCE 14(1), January 2001.

66 Daniel Friedman, Why Elites Dislike Standardized Testing, quillette.com, March 13, 2019.

這些說的都是大多數人的平均現象。那如果一個人的考試成績出類拔萃，他這個出類拔萃是怎麼來的呢？是家長花錢供出來的嗎？不是。

年收入超過二十萬美元的家庭可以花錢上最好的私校，請到最好的家教，但是他們孩子的SAT成績，也僅僅比高學歷家庭好那麼一點點而已，而這個成績遠遠不夠上名校。

現實家庭只能幫你到這裡。想要出類拔萃，必須自己厲害才行。學生不是統一規格的原材料，花錢買不來高配置。如果上補習班有用，富人還搞什麼捐款和賄賂呢？

不過此處只分析了家庭對考試成績的影響。美國大學錄取並不只看標準化考試成績，還考慮課外活動等方面，富人家庭在那些方面有更多的優勢。而從這個意義上說，標準化考試是最公平的錄取方法。

富人可以讓孩子從幼兒園到高中一路上好學校，他們的考試成績也真的更好，但是富有和最後成績之間並沒有那麼顯著的因果關係。不可忽略的事實是富有的家長通常也是高智商家長，而智商是可以遺傳的。

所以更科學的結論是，考試成績只是反映了學生家長和學生本人是什麼人，而不是他們花了多少錢。但是家長仍然會願意給學生花補習班的錢，也許沒什麼大用，不過這是唯一用金錢可控的操作。

這就好像很多人把一生中大部分醫療支出都花在生命最後幾個月一樣。花錢總有些許可操作的空間，但是那個空間並不大。

第15章

# 原生家庭、天生智商、終身學習，到底多有用？

羅振宇經常說一句口號叫「和你一起終身學習」，我很榮幸和你一起終身學習。終身學習不是為了通過某個考試或者取得某個資格證書，而是為了實實在在地提升自己的能力和認識。但是因為終身學習沒有證書，會經常有人問，學這些東西有什麼用呢？

肯定有用。但是到底用在哪、有多大用，不太容易說清楚。考大學、考研究所、學修車、學程式設計那種學習是容易理解的，會與不會的境遇很不一樣。但像科學、歷史、政治、經濟、心理學這些東西，會與不會的差別到底顯現在哪呢？

同樣是我們都知道肯定有用，但是又不容易說清楚的，還有「家庭」和「智商」這兩個因素。如果一個人曾經胸懷大志，結果碌碌無為，他到底應該怨原生家庭不行，嘆息自己智商不夠高，還是應該後悔沒有終身學習呢？

我想把這個問題分析清楚。全面考察這三個因素的研究非常難做[67]，據我所知現在還沒

[67] 為什麼難做呢？因為其中涉及從宏觀到微觀的不同尺度。智商的作用只能用大尺度研究，考察很多很多人才能看出來，而原生家庭和終身學習的作用往往展現在少數人身上。多尺度問題一向難以用單個統計方法研究。

有。但是相關的話題是熱門課題，如果我們分段考察，早就已經有很多有意思的研究證據。

—•—

以我之見，家庭、智商和終身學習這三個因素影響的不是同一種人，而是不同層次的人。我們大致把人從低到高分為四個層次：

第一層是「缺陷人群」。這是指因為自身有重大缺陷，而未能過上普通人生活的人群。他們可能走上犯罪道路，可能陷於貧困，可能性格孤僻，可能與社會脫節。他們不幸福、不快樂，需要政府和社會的說明。

第二層是「普通人」。當然每個人都是不普通的，這裡「普通」的意思是說生活很正常。忙忙碌碌但也很快樂，享受到了經濟成長的好處，更有溫暖的親情。如果每個人都能過上普通人的生活，社會其實是挺美好的。

第三層是「優秀者」。這些人或者是學習成績好，或者是有一技之長，表現了超出一般的水準。他們比普通人有更高的學歷、職位和收入。他們是學校裡的標準學生，是領導者眼中的好員工，是相親市場的熱門對象，是家長口中的「別人家的孩子」。

第四層是「士」。士是中國古代貴族的最下一層、平民的最上一層，在公司單位裡是主導者或專家。士對他人有影響力，在社會上是一號人物，別人知道他是誰，而不只是把他當成一個職務或員工。士往往有一項出類拔萃的技能，有思想，有獨立性，能做主。士和優秀者的區別是士有主觀能動性，有自由。再優秀的工具人也只是工具人，士不是工具人。

這個分類是籠統而非絕對的，可能有的人在某一方面屬於缺陷人群，另一方面卻是不折不扣的士。這個分類考慮的不是社經地位，而是這個人的能力和見識。一個擁有多棟房子但沒什麼能力的人，只是普通人而不是優秀者。最重要的是，人可以在各個層次之間流動。

家庭、智商和終身學習，決定了一個人所屬的層次。

—•—

家庭的主要作用是決定一個人能不能達到普通人層次，會不會淪為缺陷人群。人們對家庭教育寄予厚望，又是學區房，又是陪寫作業，又是上輔導班，又是聘請名師，其實家庭對人的影響是有上限的。

孩子就好像是一棵成長中的小樹，要想毀掉這棵樹，那非常容易，但要想讓這棵樹長得出類拔萃，那不取決於你。

如果父母從小虐待孩子，不給提供充分的營養，或者不給足夠的學習環境保障，孩子很有可能就不會健康成長。本來孩子是個好孩子，可是家庭沒養好。有多項研究表明[68]，如果是一個低收入家庭、父母又沒有受過良好的教育，或者父母沒有正當的職業，家庭生活顛沛

---

[68] 參見羅伊・鮑梅斯特（Roy F. Baumeister）和約翰・提爾尼（John Tierney）所著《會好的》（*The Power of Bad: How the Negativity Effect Rules Us and How We Can Rule It*）一書。後述斯卡爾（Sandra Scarr）的話也出自這本書。

流離，孩子長大後的表現會低於他們的智力潛能。

但是如果說這個家庭的條件已經很不錯了，孩子能健康成長正常受教育，那麼他就至少能成為一個普通人。但能不能成為優秀者呢？那就與家庭環境關係不大了，幾乎完全取決於他自己的智商。而智商，幾乎就是天生的，後天很難提高。

那家庭的文化傳承、陪寫作業、上輔導班、上好學校那些難道都沒用嗎？那些東西的作用僅僅是讓孩子能發揮自己的智商，而不是提升智商。條件太差，孩子智商發揮不出來，就如同一棵小樹營養不良沒有生長空間；可是只要滿足了一定的條件，這棵樹可以充分生長，再好的條件就沒有多大作用了。

這個效應甚至對性格和情感養成都是如此。耶魯大學心理學家桑德拉．斯卡爾就說：「父母只要避免暴力、虐待，不要漠不關心即可，除此之外，父母做的任何事情都不會產生顯著影響。」

一個二〇二一年的研究結果[69]，加州大學戴維斯分校的經濟學教授葛瑞里．克拉克（Gregory Clark）對一七五〇年至二〇二〇年超過四十萬個英國人的統計中發現，一個家庭上一代能留給下一代的，只有兩個東西。一是遺傳基因，另一個是財富。別的東西，如教育、社會關係、文化傳承、理財心法……基本上都沒用。

一個科學家回顧自己的童年，說父親對自己影響很深，讓自己從小愛科學。其實就算他父親忙得顧不上管他，他該成績好還是會成績好，他父親對他真正的影響是基因。

所以育兒一定別焦慮，你只要做個合格的父母就行了，你不必做優秀的父母。孩子的優秀與你本人夠不夠優秀很有關係——因為他會遺傳你的基因——但與你是不是優秀的父母關係不大。

同樣的，作為個人，只要你的原生家庭不算太差，你就別再埋怨父母對你不夠好了。難道說一個人沒考上清華大學，還能怪他爸爸沒有在他小學二年級的時候陪他寫作業嗎？

—•—

其實人智商的高低也不能怨父母，遺傳有很大的隨機性，很大程度上是個運氣問題。聰明是運氣，努力其實也是運氣。情商、意志力，包括體育，都與智商有正相關的關係，都有基因因素。

大略而言，是智商，決定了一個人能不能從普通躍遷到優秀。

當然嚴格地說，是某種天賦。可以是體育，可以是表演，可以是社交等，比如有的人天生就受人喜歡，不一定非得是會做數學題的那種智商。但是它一定是某種天生的素質，有的孩子一看就會、一點就通，有的孩子請什麼名師怎麼教都上不來。

那麼一個普通人能不能成為一個優秀的人，難道從出生時候就註定了嗎？說「註定」雖然不大準確，但大致上只要環境不太差，優秀與否是自己的事。

---

[69] Gregory Clark, For Whom the Bell Curve Tolls: A Lineage of 400,000 English Individuals 1750-2020 shows Genetics Determines most Social Outcomes, March 1, 2021, working paper.

有個證據是「上名校對人的影響」。你說人就是這麼個人，上不上名校，對他的影響大嗎？不大。有研究證明[70]，那些只差一分沒考上重點高中的人，與只多一分考上重點高中的人，他們將來上大學的錄取情況基本上是一樣的。同樣的，有實力去著名大學，但出於各種原因選擇普通大學的人，他們工作以後的收入水準和那些上了著名大學的人也是一樣的。

名校只是選拔了你，只是證明了你的優秀，而沒有把你變成優秀的人。優秀的人本來就優秀，不上名校也優秀。

你說，名校這個牌子，對找工作很有用啊？是的，但是請注意，只對低收入家庭的孩子有用。他的家庭環境不能讓他充分發揮，他才需要名校的加持。只要家庭環境能讓他發揮，他不需要名校加持。

所以智商是決定性的因素。根據對大規模人群的統計，優秀與否主要是由智商決定的。

那智商不高的人難道就沒希望了嗎？不是。

— • —

智商是個決定大規模效應的因素，優秀是個大規模效應。但是卓越、出類拔萃、成為一個「士」，都是個小規模的現象。普通人能不能考上好大學、能不能找個好工作，這是大規模效應，主要是智商問題。但一個人能不能升到管理職，能不能獨當一面，能不能占據一個獨一無二的位置，能不能改變世界，這不是智商問題。

我看到一個很有意思的統計是這樣的[71]：國際象棋棋手，如果是業餘的、沒有名次的那種一般的學棋者，棋力與智商的關係比較大，相關係數是〇・三二。但是對於那些高水準的、有名次的棋手來說，棋力與智商的相關係數卻只有〇・一四。

智商的影響也是有上限的。如同家庭環境只能讓你走那麼遠一樣，智商也只能讓你走這麼遠。從優秀到卓越靠的是什麼呢？綜合我的研究結果，我認為主要有兩點。

第一，你得有內在驅動力。這回不是為了父母、為了金錢或者職位這些外部的東西而戰了，你得有個遠大的目標，找到一個領域，發現一個使命，能自己驅動自己才行。

第二，你得理解和處理複雜的問題。這回你不能甘於當螺絲釘了，你得跳出流程，擺脫膝跳反應式的思維，掌控自己的思考，自己有見解，敢拿主意才行。

這兩點家庭不能提供，基因不能預裝，學校不能教，主要靠自己終身學習。終身學習學什麼？首先是學自我驅動和複雜思考。

終身學習是成為一個士的必要條件。一天到晚被外界驅動，只會簡單思考的人，再聰明努力，也只是一個「奴隸」。

當然，終身學習不一定是出類拔萃的充分條件。要想取得重大成就，你還是需要一定的

---

70 引自賽斯・史蒂芬斯─大衛德維茲（Seth Stephens-Davidowitz）的《數據、謊言與真相》（*Everybody Lies: Big Data, New Data, and What the Internet Can Tell Us About Who We Really Are*）一書。另見「精英日課」第一季：《人人說謊》之七——意料之外的有用和沒用。

71 Alexander P. Burgoyne et al., The relationship between cognitive ability and chess skill: A comprehensive meta-analysis, Intelligence, 59, 72-83 (2016).

機遇、天賦和運氣才行。可是終身學習有可能讓人超越家庭出身和遺傳智商，直接從「普通人」甚至「缺陷人群」，跳躍到「士」這一層。無數從底層躍遷的勵志故事，說的就是他們。有的人從小長在支離破碎甚至還「有毒」的家庭，卻成了溫文儒雅、氣度恢宏的大人物；有的人資質平平、學什麼都慢，卻成了一代宗師。他們不可能沒有內在驅動，不可能沒磨練過複雜思維，不可能不是終身學習者。

只是這樣的人太少了。他們比的不是天賦，而是格局、眼界、精神、體能和執行力。

天賦對終身學習有沒有影響？肯定有。有的人天生就對什麼東西都好奇，有的人天生無感。但是無數的研究都證明，學習動力是可以訓練的。史蒂芬·科特勒（Steven Kotler）在二〇二一年出了一本書叫《不可能的任務》（*The Art of Impossible: A Peak Performance Primer*），其中就列舉了訓練學習動力的方法。

只是你必須自己訓練自己，不能是被別人逼著訓練。

這幾乎就是個矛盾。你要強行訓練一個人愛學習，那他就肯定不是內在驅動。這就是為什麼「文化傳承」那麼難，為什麼岸見一郎在《被討厭的勇氣》這本書裡說教育孩子得要課題分離。學習是孩子的課題，不是你的課題，你可以把一匹馬領到河邊，但馬最終喝水與否，那是它自己的決定。

總而言之，如果我們準確理解了遺傳、環境和學習的意義，那麼，不壞靠家庭，優秀靠遺傳，卓越靠學習。

世界上優秀的人很多，士太少。不終身學習也可以是個優秀的人，但只能是個隨大流的人。終身學習是我們打破枷鎖的唯一指望，而且必須是自己的事。

第16章

# 能把窮人變成正常人的教學法

現在有很多人認為教育是一種服務：你能出得起什麼樣的價錢，就配得上什麼水準的教育。不過哪怕是在今天，也仍然有些理想主義者認為教育是一種社會責任——不管這個孩子有錢沒錢，我們都有義務把他培養成一個優秀的人。這些人的理想真的可行嗎？

認為教育是一種服務的人，可能都盯著美國私立高中。有點出乎意料的是，哪怕你是個理想主義者，認為優質教育也應該面向窮人，甚至應該向窮人傾斜，你也可以向美國學習。

## 窮人與教育

美國四口之家的貧窮門檻是年收入兩萬多美元，如果不幸生在美國的貧困家庭，你可能很難成為一個「正常人」。

想要做個「正常人」，你只需要滿足三個條件：第一，先結婚後生孩子；第二，從高中畢業；第三，有份全職工作。有統計研究證明[72]，在美國，只要你能做到這三點，你就有九

---

[72] 參見布魯克斯的《社會性動物》（*The Social Animal*）一書。

八％的可能性不會陷入貧困。可是美國窮人恰恰做不到！

美國有超過三分之二的貧困兒童生活在單親家庭之中，家長疲於奔命，根本沒時間管孩子。這使得他們很難得到足夠的監督和管教，從而缺少自控能力。他們中的很多人沒有從高中畢業。不是因為高中文憑很難拿，也不是因為生活所迫要賺錢養家，而是因為沉溺於毒品和聚會，連每天按時上學都做不到。

即便混到高中畢業，貧困學生也很難考進大學，他們可能去社區學院。而在社區學院，差不多有一半的學生曾經懷孕，或者曾經使別人懷孕。

如果你連個正經工作都沒有，懷孕不是個好消息。我以前看過一個報導，說有個黑人女高中生對記者說她很自豪，因為她是她家族裡第一個到了十六歲還既沒有懷孕，也沒有讓別人懷孕的人！

想要不懷孕，需要一點自控力。自控，是一種非常基本和可貴的素質。一個中國學生在最差的情況下，也只不過是指望用抄襲和作弊的方法混過考試；而一個美國「差生」，可能直接忘了參加考試。他們連申請大學助學金的表格都懶得填，甚至可能會忘了約好的工作面試。如果他們真去面試了而且找到了工作，還可能隨時會因為一點小事而辭職不幹。

美國沒有種族隔離制度，但「正常人」和窮人不會住同一個社區。一戶貧困黑人周圍的鄰居，也都是貧困黑人。而作為黑人孩子，就算自己天生有自控能力，想上進，都沒法上進，因為他的黑人朋友們會嘲笑他想當個白人！

所以美國窮人與「正常人」之間最根本的，不是能力差異，不是經濟差異，而是文化差異。黑人貧困兒童最應該抱怨的不是政府和學校，而是他們的父母、鄰居和同學。

現在有很多研究表明，貧困，其實是一個複雜系統中多種因素聯合造成的結果，你很難簡單地使用某個單一辦法——幫助就業、直接發錢、讓他去更好的學校讀書——來讓一個人擺脫貧困，必須多管齊下才行。想要幫助一個貧困的黑人學生成為「正常人」，學校能做的非常有限，家庭和環境的影響實在太厲害了。

所以教育扶貧的難度，可能會超出一些理想主義者的想像。這就難怪有人抱怨說，現代社會做什麼都需要資格認證，唯獨當家長這個最需要資格的工作，不需要資格認證！

網路上有人認為窮人就是垃圾人口，應該限制生育，或者乾脆不要管，有多遠躲多遠。而大多數有點良知的人則認為社會對窮人有虧欠，應該給窮人補償。

但事實證明，美國針對少數族裔的「平權法案」和種種福利制度並沒有真正幫助窮人消除貧困。而與此同時，貧困群體則心安理得地享受著社會福利，也不追求上進，他們唯一愛做的，就是要求更多的福利。

如此說來，美國窮人還有沒有希望了？希望不是很大，但美國的確有一股進步力量。這股力量既不指望用什麼法案對窮人孩子降分錄取，也不謀求給窮人直接發福利。他們試圖使用科學方法來解決貧困問題。他們搞教育創新。

## 憲章學校

一九九三年，青年教師范柏格（Mike Feinberg）和列文（Dave Levin）因為不滿當時公立學校的落後局面，痛恨這個系統的官僚主義，決定利用剛通過的憲章學校法案創立自己的學校系統，這就是KIPP（Knowledge Is Power Program），「知識就是力量」計畫。

所謂憲章學校，仍然算公立學校，仍然拿政府的教育經費，仍然免收學費，但是其經營方式有非常大的自主性。你可以選擇自己的教學大綱和教法，自己招聘老師，接受社會捐款，乃至在全國各地開分校。

ＫＩＰＰ最初以五年級到八年級的中學（相當於中學）為主，後來有了小學和高中，現在在遍布全國的幾十個學校中有超過兩萬名學生[73]。

這是給窮人準備的學校。ＫＩＰＰ專門在各地最差的學區辦學。學生中九〇％是黑人和墨西哥裔，八七％來自貧困家庭。

范柏格和列文借鑑了當時各學校最好的教學方法，招到了一幫志同道合的老師，在ＫＩＰＰ嘗試各種教學手段。他們要求學生家長必須配合參與教育活動，他們定期培訓老師。他們判斷這些手段是否管用的標準只有一個——是否有利於讓這些貧困家庭的孩子考上大學。

這些手段幾乎從一開始就取得了顯著的成功。被媒體廣泛報導之後，ＫＩＰＰ獲得了大筆私人捐款，這使得他們能夠創辦更多分校。

如果你想創辦這麼一所中學，用最好的條件給窮人機會，你會給哪些窮人機會呢？為公平起見，你是否應該搞一個入學考試，把機會留給那些原本學習成績最好的孩子？但ＫＩＰＰ對公平的理解不是優先錄取好學生，而是給所有人平等機會。所以錄取不看學生之前的成績，而是採取抽籤的形式。

這可能是那些學生一生中最重要的一次機會，抽中與否的結果簡直是天壤之別。美國貧困家庭孩子能考上大學的只有八％。而ＫＩＰＰ的畢業生，則有八〇％上了大學。

正因為入學沒有選拔，ＫＩＰＰ取得的成就才更令人敬畏。ＫＩＰＰ的學生們在五年級入學的時候，其數學和英文水準普遍比同齡人落後得不是一點點，而是落後一到兩個學年！而到他們八年級的時候，他們的成績百分百超過平均水準。ＫＩＰＰ在其所在的整個城市內的所有學校中名列前茅。

使用什麼樣的教學法，才能取得這樣的成就？

他們的第一個辦法非常簡單：既然家庭和環境因素不好解決，那就乾脆讓學生每天在學校多待幾小時！一般美國中小學都是早上八點多開始上學，下午三點放學，而ＫＩＰＰ則是早上七點二十五分開始上學，下午四點半放學。這意味著學生要在早上五、六點鐘起床，晚上五、六點鐘才能回到家裡，累了一天，估計寫完作業就得直接睡覺了。這樣，他們的確沒有多少時間接受家長的文化薰陶，或者和鄰居家孩子一起出去混。不但如此，ＫＩＰＰ在星期六上半天課。他們的暑假也比別人短。

但最重要的是，孩子們在ＫＩＰＰ所接受的，是一種完全不同的文化。

## 努力是可以學的

ＫＩＰＰ的理念，可以用「一個中心，兩個基本點」來概括。

---

73 Rod Paige and Elaine Witty, The Black-White Achievement Gap: Why Closing It Is the Greatest Civil Rights Issue of Our Time, 2009.

一個中心，就是一定要考上大學。「大學」，是KIPP學校裡最常出現的詞彙。老師對學生說的話，對家長說的話，學校裡的各種口號，處處展現上大學這個中心目標。孩子們很小就被領著去大學訪問，去接觸從KIPP出來並成功考上大學的校友，樹立自己有朝一日也要上大學的意識。KIPP的班級名稱是按照學生畢業上大學時的年分來命名的，KIPP的教室用各個大學的名字命名。每一個KIPP的學生，都有自己心儀的大學。

兩個基本點，叫「work hard, be nice」——努力學習，好好做人。這兩句聽起來很俗的話絕對不是隨便說著玩的，在KIPP看來，這是為考上大學所必備的兩個手段。

除了更長的在校時間，KIPP的學生每天要寫兩個小時的家庭作業。老師得把自己的電話號碼告訴學生，學生在家裡寫作業遇到問題，可以立即打電話問老師。在美國學校普遍鼓勵合作和討論的情況下，KIPP的學生每天早上的自習時間必須絕對安靜。

前段時間有報導說英國首相卡麥隆（David Cameron）不知道九乘以八等於多少，這讓人覺得似乎西方國家的教育並不強調背誦乘法表。而在KIPP，學生們必須大聲背誦乘法口訣，而且是聲情並茂地打著節拍背。

和中國的某些中學一樣，KIPP愛讓學生喊各種勵志口號，而且是在教室裡由老師領著喊，比如一邊拍桌子一邊喊：「Read, baby, read!」[74]

其中有一句口號是「There are no shortcuts.」（沒有捷徑），KIPP不相信任何投機取巧的學習方法，他們讓學生完全理解——學習不是鬧著玩的。在第一堂數學課上，KIPP老師會播放《星際大戰》（*Star Wars*）的音樂，告訴學生這將是一個非常困難的旅程。

提高學習強度，加強精神鼓勵，這兩條措施簡直深得中國學校的真傳。而KIPP對

「努力學習」的理解還不止於此，他們還有一套物質獎勵系統！

學生入學第一天是沒有桌椅的，只能坐在地上，因為在KIPP，一切東西都必須是努力「掙」來的。誰表現好，誰才可以得到桌椅。

這似乎有點極端，但近年來有好幾個經濟學家做實驗發現，如果根據學習成績和平時表現發獎金給學生，的確可以在一定程度上提升成績和畢業率，似乎相當管用。[75]不過這種做法很有爭議，沒被大量推廣。然而KIPP早就有了一套非常成熟詳盡的獎勵制度。

然而這套獎勵制度[76]不是按照學習成績給「好學生」發錢，它的核心思想在於讓學生透過做好自己本來就應該能做好的事情去掙得獎勵，以此來引導他們養成良好習慣。比如一個學生如果能做到按時到校，他就可以據此「掙錢」。這些「錢」能用於在校內換得物品。在課堂上積極參與發言討論，可以掙到錢；保持正能量的態度，掙得到錢。學生在學校的一舉一動，都是對他們的考驗。

KIPP做了大量的實驗去發現和總結哪些獎勵管用，哪些不管用。其中一個重要發現是獎勵和懲罰一樣，一定要給得快！這顯然完全符合「刻意練習」的精神，得有即時的回

---

74 Rod Paige and Elaine Witty, The Black-White Achievement Gap: Why Closing It Is the Greatest Civil Rights Issue of Our Time, 2009.

75 關於用獎金鼓勵孩子學習，以及本文後面有關「刻意練習」的一系列研究，和關於自控的研究，在我的《萬萬沒想到》、《高手學習》等書中有更詳細的討論。

76 Time, Thursday, Apr. 08, 2010 Should Kids Be Bribed to Do Well in School? By Amanda Ripley.

饋。KIPP每週給學生結算一次「獎金」。另一項發現是不同年齡段學生對獎勵的需求不同。五年級小學生用幾根鉛筆就能打發，而高中生更想要的則是自由——如果你表現好，你就可以獲得在吃午飯的時候戴個耳機聽音樂的特權——沒錯，KIPP連怎麼吃午飯都管。

## 素養，怎麼教育？

如果這種獎勵制度使你聯想到監獄，我要說的就是，KIPP也許真的借鑑了一些監獄的管理方法。這絕對不是一個崇尚自由的學校。怎麼走路、怎麼坐著、走路的時候怎麼拿東西，甚至上廁所之後怎麼洗手、洗手之後用幾張紙擦手，都有嚴格規定。

課堂上別的同學發言的時候，全班同學按規定動作看著他。在教室裡，學生必須學會使用兩種統一的音量說話，根據具體情況決定使用哪種音量。如果哪個同學在課堂上有小動作，老師會立即停止上課，然後全班討論怎麼「幫助」他克服這個壞毛病[77]。

這些規定，就是KIPP所謂的「be nice」。對KIPP來說，「好好做人」絕非一句空洞的口號，而是一系列詳盡的行為準則。而這套準則並不是領導層拍腦袋想出來的，其背後有研究結果的支持。

僅僅把人培養到能考上大學的程度，作為一個簡單的考試機器，似乎也不能叫成功的教育。KIPP的創始人之一列文，曾經對KIPP畢業生進行追蹤分析，他想知道哪些學生最終不但能考上大學，而且能在大學成功完成學業。結果他獲得了一條非常寶貴的經驗[78]。

列文發現，那些最終在大學取得成功的學生，並非一定是KIPP學校裡成績最好的學生，而往往是那些擁有某些優良品格的人，比如說樂觀、適應能力強、善於社交。他意識到自己此前犯了個錯誤！KIPP在學業上的教育非常成功，在品格方面的教育卻不夠好。

其實像這樣的問題，要求學生德才兼備也好，呼籲素養教育也好，中國的教育工作者們每天都在強調，根本不新鮮。列文的獨特之處在於，他是用自己學校畢業生的資料證明了這一點。更關鍵的是，列文並沒有停留在感嘆和呼籲上，他直接採取了行動[79]。

當時有兩個賓夕法尼亞大學的心理學家，塞利格曼（Martin Seligman）和彼得森（Christopher Peterson）搞了個理論，說人類有些品德是超越文化差異的，是全世界所有人都尊重的美德，比如說智慧、自控、幽默感等。他們一共總結了二十四條這樣的品德。

列文很喜歡這個理論，他決心讓KIPP的學生擁有這些美德。列文直接找到塞利格曼和彼得森，精簡成了七個目標品德：堅毅、自控、熱忱、社交、感恩、樂觀和好奇。這些品德和上大學有什麼關係？其實社交能力就和能否完成大學學業很有關係。有個研究說，能順利從大學畢業的一個關鍵，是至少有一個教授能叫出你的名字。

這七個品德成了KIPP的「核心價值觀」。不過KIPP並不是生硬地要求學生記住這七個名詞是什麼，而是採用更加靈活多變的方式去潛移默化這些品德。

比如我們都聽說過「史丹佛棉花糖實驗」，說那些能堅持不吃第一塊棉花糖，一直等到

---

[77] 見於丹尼爾·科伊爾（Daniel Coyle）的《天才密碼》（*The Talent Code*）一書。

[78] 見於保羅·塔夫（Paul Tough）的《孩子如何成功》（*How Children Succeed: Grit, Curiosity, and the Hidden Power of Character*）一書。

[79] 列文有個演講，可以在 YouTube 上觀看：https://www.youtube.com/watch?v= lAsSdyb6YMY。

實驗人員拿來第二塊棉花糖再吃，表現出強硬自控能力的孩子，最後都有出息。顯然KIPP的每個學生都知道這個典故，因為學校給他們的T恤上印的不是「自控」這個名詞，而是「別吃那個棉花糖！」

更有甚者，KIPP還做了一個CPA（Character Point Average，品格平均績點），與一般學校常用的GPA（Grade Point Average，平均學分績點）並列，就好像我們呼籲的「綠色GDP」一樣。老師根據學生的表現在這七個方面評分，像評估足球運動員的技術特點一樣，評估每個學生的品行特點。一旦發現弱點，就進行個別談話，且通知家長，共同研究怎麼改進。

不僅僅是思想灌輸，而且用一系列制度逼著學生這麼做——這背後的邏輯是，性格不是完全天生的，後天可以培養。而心理學家同意這一點。

## KIPP水準的禮貌

很早就有人注意到，窮人家孩子和中產階級家孩子的一個顯著區別是平時的待人接物。得體的言談舉止和基本的禮貌對人的品格鍛鍊非常重要。對中產階級家庭的孩子來說，基本的社交禮儀通常都是跟著父母潛移默化，而窮人家孩子可能不懂這些，所以KIPP乾脆連這些都教。

KIPP有非常嚴格的禮貌教育。如果一個姓李的老師向你說「早安」，你的回答不能僅是「早安」，而必須是「早安，李老師！」（Good morning, Ms.Lee.）。

KIPP的老師們更在教學中摸索出一套叫「SLANT」[80]的課堂規定。這是要求學生必須執行五個規定動作的縮寫：「Sit up」（坐直）、「Listen」（傾聽）、「Ask and Answer questions」（提問與回答）、「Nod」（點頭）、「Track the speaker」（眼睛盯著說話的人看）。

這五個動作的意涵是：

一、坐直：坐得筆直，才能展現一種良好的精神狀態，同時也是尊重別人。不論是上課還是其他場合，KIPP都要求學生坐直。

二、傾聽：聽是比讀更重要的學習方法，不管是老師還是同學說話，你必須仔細聽。只有這樣才能促進更複雜的對話交流。

三、提問與回答：學生必須敢於提問並且能回答問題。如果不敢提問，老師就不知道你對知識的掌握程度——這對老師來說是最關鍵的資訊。KIPP的中學生像小學生一樣熱切地舉手回答問題，每次提問都有如林的手臂高舉起來。

四、點頭：你要是理解對方在說什麼，就要點頭。這不是什麼儀式，而是一種非語言的資訊傳遞。

五、眼睛盯著說話的人看：一方面是表示尊重，一方面是為了加強資訊傳遞。

普通人如果到KIPP找個學生交談，可能會有一種受寵若驚的不適應感。這個學生會

---

[80] 來自一位KIPP老師的文章：https://www.edweek.org/teaching-learning/opinion-explaining-kipps-slant/2013/04。

非常謙遜地注視你，用心地傾聽你的話，一邊聽還一邊點頭。在這些彬彬有禮的學生中間，你可能瞬間有種自己突然變成了一個了不起的人物的感覺。

但真正了不起的是KIPP的師生。努力學習，做個好人——這兩條其實說的都是自控力，前者是學習中的自控力，後者是人際交往中的自控力。

自控，是一種反人性的行為。它要求我們做「該做」的事，而不是「想做」的事。為什麼KIPP最喜歡自控力？現在有句流行的話說「以一般人的努力程度之低，根本談不上拚天賦」，其實是有道理的。一個有自控力的人生活再差，也差不到哪兒去，自控力是比想像力更為基本和行之有效的個人素質，是擺脫貧困的關鍵一步。

當年我上小學，老師要求上課必須坐直，還得把手背在身後。我稍微長大一點對此嗤之以鼻。我認為人應該怎麼舒服就怎麼坐，我的價值觀是自由，而不是紀律。

可是我寫這篇文章的時候，也不經意地坐直了一點。

# 第17章 精緻的利己主義者和常春藤的綿羊

現在很多憂國憂民的老派人物已經對大學有點不敢抱太大希望了。中國大學給人的印象是不但學術創新能力不行，就連社會責任感也不行，用北大教授錢理群的話說，培養出來的學生都是「精緻的利己主義者」。

禮失求諸野，美國大學又如何呢？常春藤名校學生，是否都是德才兼備，文能安邦武能定國，充滿英雄主義和冒險精神的人中之龍鳳？在美國名校讀大學——而不是一般留學生以做研究、發論文為目標的研究生——是一種怎樣的體驗？

像這樣的問題，最好找一個內行的人問問，比如耶魯大學教授德雷西維茲（William Deresiewicz）[81]。他在二〇一四年出了一本書，就叫《優秀的綿羊》（*Excellent Sheep: The Miseducation of the American Elite and the Way to a Meaningful Life*）。這個稱號並不比「精緻的利己主義者」好聽。

顯然這是一本批評美國名校教育的書，不過這本書並不只是圖個吐槽的痛快，它講述了

---

[81] 德雷西維茲教授現已離開耶魯大學，全職寫作。

一點名校的運行機制。我想如果把中美兩國名校教育放在一起比較一下，將是非常有意思的事情。如果不怎麼了解美國教育，讀完這本書可能會驚異於中美大學的巨大差異；如果已對美國教育有所了解，讀完可能會驚異於中美大學有巨大的相似性。

也許我們還可以思考一下，現代大學到底是做什麼用的。

## 好得像綿羊一樣的學生

我們虛構兩個學生：中國清華大學的小明，和美國耶魯大學的喬。能考入各自國家的頂級名校，這兩個人顯然都是出類拔萃的精英。人們相信他們都將是未來社會棟梁，甚至有可能成為各自國家的領袖。

然而在此時此刻，小明的形象距離領袖還相差很遠。他來自中國某個偏遠地區，身體談不上健壯，戴個眼鏡，社會經驗相當有限，也不怎麼善於言談，除了成績好，其他簡直一無所長。刻薄的人可能會說小明有點讀書讀傻了，是考試制度的受害者。

但小明其實是考試制度的受益者。他是自己家族，甚至可以說是家鄉的驕傲。為了得到這位全省狀元，清華大學招生組曾把小明請到北京陪吃陪玩，美其名曰「參觀校園」，直到看著他填報了志願才算放心，簡直是球星的待遇[82]。

喬的父親是某大公司執行長，母親在家做全職主婦。由於父母都是耶魯大學的畢業生，喬上耶魯只不過是遵循了家族傳統而已。美國大學錄取並不只看分數，非常講究綜合素質。與小明相比，喬可謂是多才多藝。他高中時就和同學組過樂隊，能寫能彈能唱，從小就精通游泳、網球和冰上曲棍球，而且入選校隊參加過比賽。喬的組織能力很強，是高中學生會副主席，而且他很有愛心，經常去社區醫院幫身心障礙者做復健。

要論解決刁鑽古怪的大考數學題，喬肯定不如小明，但是喬的學習成績並不差。喬從高二開始就選修了幾門大學先修課程（Advanced Placement，簡稱「AP」），還沒上大學就已經掌握微積分和總體經濟學的知識，這都是小明從未學習過的、考試範圍以外的內容。

與很多名校一樣，耶魯大學允許喬高中畢業後先玩一年再入學，一方面休息，另一方面趁著年輕看看世界。喬並沒有浪費這一年時間。在歐洲遊歷了半年之後，他在父親的幫助下前往非洲，以志工身分在比爾及梅琳達·蓋茲基金會（Bill & Melinda Gates Foundation）工作了幾個月，任務是說明尚比亞減少愛滋病病毒的感染者數量。

小明深知自己的一切榮譽都來自分數。只有高分才能讓他拿到獎學金、出國留學、找份好工作，奪取光明前途。為此，小明在清華的學習策略和高中並無區別，那就是一定要門門功課都拿優等。

喬的大學生活就比小明豐富多了。他是多個學生組織的成員，每逢假期就去做志工或者去大公司實習，有相當專業的體育運動項目，而且經常和老師和同學們交流讀書心得！

所以，中美大學教育的確非常不同。可是如果你據此認為，相對於小明「吃苦」的應試教育，喬正在經歷的素養教育非常快樂，或認為喬是比小明更優秀的人才，那就完全錯了。事實上，喬和小明是非常相似的一類人。

---

82 這個劇情並非完全虛構，參見一篇引起轟動的報導〈知情者揭祕：北大清華為搶生源到底怎麼掐？〉。

喬為什麼要參加那麼多課外活動？因為這些活動是美國學生評價體系的重要組成部分，像考試分數一樣重要。與小明追求成績一樣，喬刷課外活動的經驗值也只不過是為了完成各種考核指標而已。每天忙得焦頭爛額的喬，對這些事情並沒有真正的熱情。比一心只想著考試的小明更苦的是，喬還必須顧及自己在師生眼中的日常形象，好比用讀開頭、結尾和書評的方式假裝讀過很多本書。至於能從一本書中真正學到什麼，他根本沒時間在乎。

如果說小明是個精緻的利己主義者，其實喬也是。二十世紀六、七〇年代和更早時候的大學生的確都很有社會責任感，非常關心國家大事，甚至願意為了社會活動而犧牲學業。可能因為各行業收入差距愈來愈大，也可能因為大學的學費愈來愈貴，現在的大學生所面對的競爭非常激烈，根本沒時間管自己生活以外的事情。除了拿經驗值走人，他們並不打算對任何事物做特別深入的了解，學生們甚至經常忙得沒時間談戀愛。

喬和小明的內心都非常脆弱。一路過關斬將進入名校，他們從小就是取悅老師和家長的高手。別人對他們有什麼期待，他們就做什麼，而且一定能做好。層層過關的選拔制度確保了這些學生都是習慣性的成功者，他們從未遇到挫折，所以特別害怕失敗。進入大學，他們的思想經常是極端的，比如做事成功就認為自己無比了不起，一旦失敗就認為自己簡直一無是處。喬曾經真誠地認為如果考不進耶魯大學，他就與一個屠宰場工人無異。

面對無數和自己一樣聰明一樣勤奮的人，他們的情緒經常波動，充滿焦慮。他們選課非常小心謹慎，專門挑自己擅長的選，根本不敢選那些有可能證明自己不行的課程。

人們印象中的名校應該不拘一格降人才，每個學生都根據自己的個性選擇不同的道路，百花齊放。然而事實是在追求安全、不敢冒險的氛圍下，學生們互相模仿，生怕和別人不一樣。小明一入學就在最短的時間內與師兄們學會了校園BBS上的專用語，哪怕與校外的人交談也要夾雜幾句黑話。他們不是盡力表現自己的與眾不同，而是與「自己人」的相同！

什麼時候考託福、哪個老師的課比較「甜」、考研究所或找工作的各種手續等，BBS上都有詳細的「攻略」。小明對這些進身之道特別清楚，津津樂道，遇到與攻略稍有差異的局面都要上網仔細詢問，不敢越雷池半步。

而看美國，剛入學時，「喬們」被告知耶魯大學是個特別講究多樣性的大學，這些來自五湖四海、不同種族、身懷多項技能的青年才俊將來有無限可能的發展。那麼這些擁有得天獨厚的學習條件的精英學生，會否有很多人去研究古生物學、致力於機器人技術、苦學政治一心救國，或畢業後去了烏干達扶貧呢？

當然不是。學生們慢慢發現真正值得選擇的職業只有兩個：金融和顧問。有統計[83]發現，二〇一四年，七〇%的哈佛大學的學生把履歷投到了華爾街的金融公司和麥肯錫等顧問公司，而在金融危機前的二〇〇七年，更有五〇%的哈佛學生直接去了華爾街工作。對比之下，選擇政府和政治相關工作的只有三·五%。

金融和顧問，這兩種職業的共同點是薪水很高，寫在履歷裡很好看，而且不管你之前學的是什麼專業都可以去做。事實上這些公司也不在乎你學了什麼，他們只要求你出身名校、聰明能幹。

---

[83] 'Why Are Harvard Grads Still Flocking to Wall Street?' by Amy J. Binder. Washington Monthly, August 21, 2014.

別人怎麼要求，他們就怎麼反應。不敢冒險，互相模仿。一群群的都往相同的方向走。這不就是綿羊嗎？

## 假貴族和真貴族

既然是綿羊，那就好辦了。中國學生也許不擅長當超級英雄，但相當擅長當綿羊，只要使用「虎媽」式的訓練法，無論是鋼琴還是小提琴，你要什麼經驗值，他們就能給出什麼經驗值。如果清華大學入學有音樂要求，我們完全可以想見——小明一定會熟練掌握小提琴。

然而近日有報導，華裔學生Michael Wang，以超過九九％考生的SAT成績、全班第二的GPA、十三門AP課程，而且還「參加了全國的英語演講、辯論比賽和數學競賽，會彈鋼琴，在二〇〇八年歐巴馬總統就職典禮上參加合唱團的合唱」[84]，在二〇一三年申請了七所常春藤名校和史丹佛大學，結果被除了賓夕法尼亞大學之外的所有學校拒絕。

這又是什麼道理？華人，乃至整個亞裔群體，哪怕成績再好、才藝再多，還是經常被常春藤大學擋在門外。很多人認為這是針對亞裔的種族歧視。但是讀過《優秀的綿羊》我們就會明白，這些整天立志「爬藤」的亞裔學生根本沒搞明白長春藤名校是怎麼回事。

稍微具備一點知識的人都知道，所謂常春藤名校，最早是一個大學體育賽事聯盟。不過這些大學當初組織起來搞體育賽事，並不是為了促進美國青年的體育運動。常春藤的本質，是美國上層社會子弟上大學的地方。

十九世紀末，隨著鐵路把全國變成一個統一的經濟體，白人盎格魯—撒克遜新教徒（簡稱WASP，又稱「華斯普」）中的新貴不斷湧現，他們需要一些精英大學來讓自己的子弟互相認識和建立聯繫。這些大學錄取學生時要求會希臘語和拉丁語，都是公立高中根本不教的內容，這樣平民子弟就被自動排除在外。

所以，精英大學本來就是精英階層自己玩的東西，是確保他們保持統治地位的手段。自己花錢贊助名校，讓自己的孩子在這些大學裡上學，然後到自己公司接管領導職位，這件事外人幾乎無法指責。哈佛大學是個私立大學，本來就沒義務與普通人講「公平」。

當時「有資格」上哈佛大學的學生，進哈佛大學相當容易，錄取時根本就不看重學習成績。事實上一直到一九五〇年，哈佛大學每十個錄取名額只有十三個人申請，而耶魯大學的錄取率也高達四六%，與今天百裡挑一，甚至千里挑一的局面根本不可同日而語。

相對於學習成績，學校更重視學生的品格養成，搞很多體育和課外活動，以人為本。也許那時候的美國名校，才是我們心目中的理想大學，是真正的素養教育。

然而精英們很快意識到這麼做不行。一方面新的社會勢力不斷湧現，一味把人排除在外，對統治階層自己是不利的；另一方面，這些「貴族」子弟的學業的確不夠好。

於是在十九世紀初，一些大學率先取消希臘語、拉丁語考試，給公立高中的畢業生機會。然而一個立即的結果，就是猶太學生的比例突然增加。精英一看這也不行，趕緊又修改錄取標準，增加了推薦信、校友面試、體育和領導力等要求，才有了常春藤這個體育聯盟。

類似這樣的改革反覆拉鋸。到十九世紀六〇年代，曾經一度只看分數錄取，於是當時在

---

[84] http://www.businessinsider.com/michael-wang-says-ivy-league-discriminates-against-asians-2015-5

校生的平均身高都為此降低了半英寸。最後妥協的結果就是今天這樣，既重視考試成績，也要求體育等「素養」。

而到了這個時候，這些所謂素養教育的本質就已經不是真正為了培養品格，而是為了確保精英子弟的錄取比例。並非所有「素養」都有助於你被名校錄取，你需要的是有貴族氣質，且必須是美式傳統精英階層的素養。這就是為什麼不應該練吉他，而應該練大提琴；不應該練武術，而應該練擊劍；你需要在面試時表現出良好教養，最好持有名人的推薦信；你僅參加過學生社團還不夠，你必須曾經是某個社團的領袖；你參加社區服務絕不能像北京奧運志工那樣一副三生有幸的表情，而應該使用親切屈尊的姿態。

這些事普通人家的孩子很難做到。如果你不是貴族，所有這些素養教育的要求，都是逼著你假裝貴族。

美國名校通常都有對低收入家庭孩子減免學費的政策，比如哈佛大學規定家庭年收入在六萬美元以下的學生的學費全部免費，十八萬美元以下最多只需交家庭年收入的一〇%。這是非常慷慨的政策——要知道如果你的家庭收入是十八萬美元，你已經比九四%的美國家庭富有。但哈佛大學能用上這個減免政策的學生，只有四〇%，因大部分哈佛大學學生的家長收入超過十八萬美元。

上大學花多少錢根本不重要，上大學之前花了多少錢，才是真正重要的。有人統計就連SAT成績都和家庭收入正相關。而獲得貴族素養的最有效辦法是進私立高中。哈佛、耶魯和普林斯頓這三所大學所錄取新生中的二二%，僅來自美國一百所高中，相當於全國高中總數的〇．三%。而這一百所高中之中，只有六所不是私立的。

也就是說，如果你生在一個普通家庭，你什麼素養都還沒比，就已經輸在起跑線上了。但即便如此，仍然有人偏偏不服，再難也要進常春藤名校。那麼在眾多「假貴族」的衝擊下，現在常春藤名校錄取什麼水準的競爭者呢？

《優秀的綿羊》書中透露了一點耶魯大學的真實錄取標準。如果你在某一方面有特別突出的成就──一般小打小鬧的獎項沒用，必須是雷傑納隆科學獎（Regeneron Science Talent Search）這樣的全國性大獎──肯定能被錄取。如果沒有，那你就得「全面發展」。對耶魯大學來說，這意味著七到八門AP課程和九到十項課外活動，即便如此，也不能保證被錄取，還得看推薦信和家庭情況。至於亞裔津津樂道的SAT考試成績，沒有太大意義。

這樣看來，考清華大學似乎比這個還容易一點。這就是為什麼有志於名校的美國高中生其實比中國高考生辛苦得多。

但耶魯大學還有第三個錄取管道──凡巨額捐款者的孩子，一定可以被錄取。

## 名校的商業模式

這樣說來，美國私立名校從來就不是為全體國民服務，而是為上層階層服務的機構。名校之所以時常做出一些「公平」的努力，比如減免學費、優先錄取少數族裔（不包括亞裔），僅僅是出於兩個原因：第一，要為精英階層補充新鮮血液，這樣系統才能保持穩定；第二，只有公平，才能保住自己作為非營利機構的免稅資格。

既然是為精英階層服務，那一定要嚴格要求、精心培育，把大學生培養成真正的未來領袖吧？德雷西維茲卻告訴我們，現在的名校其實並不重視學生教育。

如果你在普通大學有抄襲行為，或者錯過一次期末考試，你可能會有很大的麻煩。而在耶魯大學，這些都不是大問題：截止日期可以延遲、不來上課不會被扣分、永遠都有第二次機會。據德雷西維茲在耶魯大學親眼所見，哪怕你遭遇最大的學業失敗，哪怕你抄襲，哪怕你威脅同學的人身安全，都不會被開除。

一方面名校學生平時的課外活動實在太忙，一方面教授們指望學生給自己留個好評，現在名校的成績標準也愈來愈寬鬆。一九五〇年，美國公立和私立大學學生的平均GPA都是二．五；而到了二〇〇七年，公立大學的平均GPA是三．〇一，私立大學則是三．三〇，特別難進的私立大學是三．四三。到底哪國的大學更「嚴進寬出」？中國的還是美國的？

但這組GPA貶值的資料也告訴我們，過去的美國大學比現在嚴格得多。事實上，在老羅斯福（Theodore Roosevelt）與小羅斯福（Franklin D. Roosevelt）總統上大學的那個年代的這些名校，雖然擺明就是讓貴族子弟上的，其教學要求反而比現在更嚴。老貴族非常講究無私、榮譽、勇氣和堅韌這樣的品德。那時候當學校說要培養服務社會精神和領導力這些東西的時候，他們是玩真的。今日新貴充斥的大學簡直是在折射美國精英階層的墮落。

如果名校不關心教育，那麼它們關心什麼呢？是聲望，更確切地說，是資金。

《美國新聞與世界報導》每年推出的全美大學排名，並不僅僅是給學生家長看的。大學能獲得多少捐款，甚至能申請到多少銀行貸款，都與這個排名息息相關。為什麼在真正的入學要求愈來愈高的情況下，名校還鼓勵更多人申請？是為了降低錄取率。錄取率是大學排名計算中非常重要的一項，愈低愈好。為什麼大學把學生視為顧客，不敢嚴格要求？因為畢業率也是排名標準之一，而且是愈高愈好。

在現代大學裡，教授的最重要任務是研究而不是教學，因為好的研究成果不但能提升學校聲望，還能帶來更多研究經費。在這方面中美大學並無不同，講課好的教授並不受校方重視。但大學最重視的還不是基礎研究，而是能直接帶來利潤的應用研究。德雷西維茲說，名校在這方面的貪婪和短視程度，連與之合作的公司都看不下去了。

校友捐贈，是名校的一項重要收入來源，哈佛大學正是憑藉幾百億美元的校友捐贈基金成為世界最富有的大學。我們前面說過哈佛大學的大部分學生去了華爾街和顧問公司，其實這正是大學希望你從事的工作。

在二〇〇八年美國次貸危機中大肆做空獲利的對沖基金總裁保爾森（John Paulson），捐出四億美元給哈佛大學工程與應用科學學院，為史上最高校友捐款，哈佛大學直接把學院命名為「約翰·保爾森工程和應用科學學院」。另一個更有意思，私募基金黑石集團（Blackstone）的蘇世民（Steve Schwarzman）向耶魯大學捐款一·五億美元，哈佛大學為此非常後悔，因為此君當初曾經申請了哈佛大學而沒有被錄取。所以有人在《紐約時報》發表文章[85]說，哈佛大學應該用大數據的思維更科學地分析一下哪些高中生將來可能成為億萬富翁，可別再犯這樣的錯誤了。

學生職涯發展中心對律師、醫生、金融和顧問以外的工作根本不感興趣。你將來想當個教授或者社會活動家？學校未必以你為榮。大學最希望你好好賺錢，將來捐款給母校。

[85] Harvard Admissions Needs 'Moneyball for Life' by Michael Lewis, June 21, 2015.

為什麼出生在美國的 Michael Wang 被長春藤名校拒絕，南京外國語學校卻有多名學生被長春藤名校錄取？這可能是名校布局未來校友捐款的策略——新興經濟體國家的精英學生未來有更大的賺錢潛力，對名校來說，「金磚五國」的高中生比西歐國家的更有吸引力。

總而言之，美國名校找到了一種很好的商業模式。在這個模式裡最重要的東西是排名、研究、錄取和校友捐款，教學根本不在此列。而許多大學一直把美國名校當作榜樣，甚至可能把這些事實上的問題當成優點去學習，我們希望大學的未來不要如此。

清華大學教授程曜出於對學校種種不滿，曾經以絕食抗爭。[86]德雷西維茲的憤怒可能還沒到這麼極端。他認為大學應該培養學生的人生觀、價值觀和真正的思考能力，推崇博雅教育，甚至號召學生不要去名校。

但如果小明和喬跑來問我，我不知道應該給他們什麼建議。也許大學根本就不是教人生觀、價值觀和思考能力的地方。也許你應該自己學那些東西，也許你根本就沒必要學。德雷西維茲說他有好幾個學生最終決定放棄華爾街工作，寧可拿低薪為理想而活，我想小明未必需要這樣的建議。

但我的確覺得這個世界，哪怕分工再細、專業化程度再高、前人創造的體系再完美，也不太可能完全靠綿羊來運行。何況，綿羊的生活其實並不怎麼愉快。

# 第18章 美國人說的聖賢之道

我曾聽某個海外中文論壇上的人說，他十四歲的兒子有個觀察：周圍所有種族都有人「go for greatness」，只有中國人不「go for greatness」。這句英文的意思大致相當於「追求崇高」，所以又有人形象地把這個觀察總結為「所見華人皆市儈」。

這孩子可能不太了解情況。中國人不是不追求崇高，是因歷史上有過太過強調崇高的時代，湧現太多假仁假義，甚至打著崇高的旗幟辦了壞事，以致當代中國人不願誇談崇高。

事實上，今天的很多人都不談崇高。我們有時候會談到「自控力」和「情商」，但那都是些個人奮鬥的功夫，與老派人物說的「品格」關係不大。

「追求崇高」的對立詞並不是「追求卑鄙」——沒人追求卑鄙——而是「追求成功」。歷史上可能有過很長一段追求崇高的時代，而我們現在生活在一個追求成功的時代。

這個時代是怎麼變過來的呢？現在「品格」還有用嗎？

《紐約時報》專欄作家布魯克斯，二〇一五年出了一本新書《成為更好的你》（*The Road*

---

[86] 《南方人物週刊》，〈清華教授程曜絕食抗議背後〉（http://www.infzm.com/content/82443）。

*to Character*），講了幾個他心目中的英雄人物的事蹟。這些人物大都是美國人，但是他們和我們印象中的美國人完全不同，簡直都是中國古典意義上的聖賢。

布魯克斯說，每個人的天性其實都有兩面，代表著兩種不同的追求。就好像康納曼（Daniel Kahneman）在《快思慢想》（*Thinking, Fast and Slow*）中把人的思維分為「系統一」和「系統二」一樣，布魯克斯把這兩種追求分為「亞當一號」和「亞當二號」。亞當一號追求成功：擔任什麼職位、取得過什麼成就、有過什麼重大發現，這些能寫進履歷表裡的、事關財富和地位的項目。亞當二號則追求崇高：道德、品格、服務，追問人生的意義——那些你的履歷裡沒有，但是在你的葬禮上會進入你的追悼文的項目。

可是據我所知，那些取得了非凡成就的名人的追悼文裡也都是說些職務和成就，與履歷差不多。似乎只有履歷表內容不值一提的普通人的追悼文——如果普通人有追悼文的話——才說些美德之類。

不管怎麼說，亞當一號追求的那些更像是真格的。亞當二號追求的東西雖然也很好，但更像是奢侈品，而不是必需品。再聯想到各種假仁假義，我們最想問的問題是：品格是一種用來標榜自己的廣告嗎？善行是一種行為藝術嗎？道德是沒事找事自我設限的枷鎖嗎？

亞當二號的追求，對世界有實際影響嗎？

品格與思想一樣，其實也是一種精英素質。

## 英雄故事

民權運動領袖藍道夫（A. Philip Randolph），大概是我所知道最有領袖氣質的黑人。藍道夫的長相非常好，但「帥」和「酷」這樣膚淺的詞彙根本不配用在他身上，如果非得用一個詞來概括他，我們只能用一個今天已經很少有人會提到的詞：尊嚴。

藍道夫永遠是這樣的：站得直，坐得直，衣著整潔漂亮，與最親密的朋友說話也一本正經，總是用最純正的發音把每個單詞的每個音節都說清楚。女人們仰慕他，有的甚至會在他巡迴演講的路上做出明確表示，他全不為所動。而且他對錢財也不感興趣，一生樸素，認為任何個人奢華都會腐蝕道德。

當時有專欄作家認為藍道夫是二十一世紀美國最偉大的人。不管是不是，你都得承認一點：像這樣的人是不可能被侮辱的。

如果不是沽名釣譽，人到底有沒有必要活成這樣？

也許想要做成當時的非常之事，就非得有藍道夫這樣的非常之人。作為被壓迫者的黑人並非是純潔的鐵板一塊，人們各有各的想法，各有各的毛病。怎麼把不完美的人組織起來搞一場社會變革？如果成功地把他們組織起來了，獲得了權力，又怎麼能不被權力腐蝕？你的任何缺點都可能導致這個事業失敗！

要把這樣的事辦成，首先得有一個所有人都願意為之努力的共識。黑人領袖們找到的這個共識，是非暴力的街頭運動。為了維護這個共識，領袖必須克制自己的情感，平衡自己的觀點，正所謂「皇帝做不得快意事」。

藍道夫本來是個狂熱的馬克思主義者，但是為了團結大多數人，他放棄了自己的理念。有這樣的妥協精神，再加上完美的個人品德帶來的聲望，他才能確保民權運動能進行下去。這才有了金恩（Martin Luther King Jr.）等個人品德並非無懈可擊的青年一代的成功。

這就是品格的力量。而在幾十年前，人們就是這麼重視品格。

小羅斯福時期的勞工部長，也是美國歷史上第一位女性內閣成員，珀金斯（Frances Perkins）早年是個社會活動家。她對底層婦女的處境非常不滿，以替女工維權為己任。珀金斯不是個愛說的人，她選擇直接做。

當時社會上有很多假的職業介紹所，誘騙移民婦女去賭場工作，甚至賣淫。年輕的珀金斯沒有坐等政府行動，她直接去這些職業介紹所申請職位，用這種冒險的方法揭露了一百一十一個犯罪團夥。

珀金斯曾經參加過一種社區服務——富有的女人們聯合起來，為貧困婦女提供找工作、教育，乃至幫忙帶小孩。你可以想像參加這種服務的志工們肯定個個自我感覺良好，面對救助對象難免會有一種優越感，做完事難免會為自己是個好人而感到自豪。

而珀金斯參加的這個慈善組織，恰恰要求志工學會消除自己的優越感。必須純粹是認為這件事應該做，為了把這件事做好，才來做這件事，而不能是為了滿足自己的情感需求。你必須學會科學地說明別人，而不是根據自己的意氣用事。你得知道授人以魚不如授人以漁，得知道這工作不是扮演救世主。結果這社區服務反而也成了對志工的品格培養！

為了爭取權益，珀金斯必須經常和政客打交道。而她遊說政客的方法也不是怨天尤人玩悲情。她非常務實，作風靈活，樂於妥協，想方設法把事情辦成。因為意識到政客們至少都會尊敬母親，三十三歲、未婚的珀金斯就故意把自己打扮得像個母親！

一個只知道堅持原則的道學家有這個本事嗎？如果珀金斯是在辦事，今天的很多所謂慈善家只不過是在搞行為藝術。

珀金斯還從不居功。成為政府官員後，珀金斯發表講話非常不愛說「我」這個詞，而總是盡量用「one」代替。作為「羅斯福新政背後的女人」，珀金斯從未出版自己的回憶錄，反而寫了一本關於羅斯福的書。

這種低調作風可能恰恰是先前美國政壇的風氣，只是到近年才江河日下。艾森豪（Dwight D. Eisenhower）內閣的二十三人中只有一人出了低調的回憶錄；而雷根（Ronald Reagan）內閣的三十人中有十二人出版了回憶錄，且幾乎都是自誇的。老派人物老布希（George H. W. Bush）競選總統時非常不習慣用「我」這個詞，以致競選團隊得求他用──你競選怎麼能不提自己呢？他說了「我」，結果第二天就收到媽媽的電話批評：「喬治，你又說自己了！」

今天的人可能會認為當時的人的這些「隱忍」，其實只不過是延遲享樂──今天不享樂是為了明天享樂更多，今天不痛快是為了日後更痛快──但事實並非如此。

書中這些人物中，對我觸動最大的，當數一位「不著名」的著名人物，喬治．馬歇爾（George Marshall）。

像麥克阿瑟（Douglas MacArthur）和巴頓（George S. Patton）這樣的美軍將領性格非常戲劇化，以致世人還以為美國人性格就應該這樣，其實馬歇爾和他們完全不同。馬歇爾非常反感戲劇化，崇尚冷靜和邏輯，公私分明，甚至給人感覺不近人情……如果麥克阿瑟和巴頓是關張，馬歇爾就是諸葛亮。

馬歇爾作為人臣的品格，可能還真未必就比不了諸葛亮。馬歇爾在軍中做事，有非凡的管理和組織才能，能遊刃有餘地調動和指揮千軍萬馬。

一戰中，他曾經因為成功安排六十萬人和九十萬噸物資裝備的調動，解決了當時最複雜的後勤問題，而獲得奇才之名。而與此同時，馬歇爾做瑣碎小事從不厭煩，特別注重細節，而且因為做得實在太好，甚至曾經被認為只適合做這些而影響升遷。

二戰中，馬歇爾作為美國陸軍參謀長，在國會和盟國中都取得信任。英國人知道馬歇爾做事並非只為美國利益，而是為了整個戰爭的勝利；美國國會知道馬歇爾和他們說話都是實打實，不是玩政治。這種無可挑剔的行事作風和領導能力給馬歇爾贏得了美名，BBC甚至把他稱為「聖人」。

馬歇爾本來有機會成為「大君主行動」的盟軍最高總司令——就是包含諾曼地登陸的那個軍事行動。這是盟軍在整個二戰中最關鍵、最大規模的行動。指揮這次行動，是青史留名的最好機會，沒有任何一個將領能拒絕這樣的誘惑。馬歇爾當時是眾望所歸：邱吉爾（Winston Churchill）和史達林（Joseph Stalin）都直接告訴馬歇爾他會得到這個職務；羅斯福明白如果馬歇爾開口要，他一定能得到這個職務；艾森豪也認為馬歇爾會得到這個職務。更重要的是，馬歇爾本人很想得到這個職務。

但是羅斯福不想讓馬歇爾擔任這個職務。他希望馬歇爾留在華盛頓幫自己。不過羅斯福也不想讓馬歇爾這樣的人因為錯過這次機會而在五十年後被人遺忘。他找人去試探馬歇爾的反應，馬歇爾的表示是他絕不會讓總統為難。

最後羅斯福乾脆把馬歇爾叫到辦公室，親口問他想不想要這個職務。如果馬歇爾這時候說「是」，羅斯福將別無選擇。然而馬歇爾的回答是總統認為怎麼做最好，就怎麼做。結果盟軍最高總司令的榮譽給了艾森豪。

艾森豪後來當選美國總統。羅斯福終其一生也沒有再給馬歇爾另一個青史留名的機會。馬歇爾的最高職位是在杜魯門（Harry S. Truman）時期擔任了美國國務卿。後來他才終於以「馬歇爾計畫」——儘管他本人從來沒在任何場合使用過這個名詞——被世人熟知。

馬歇爾這個故事最令我欽佩之處，在於他並沒有把「品格」當成通往「成功」之路的工具——如果是那樣的話，他完全可以一直「裝」到羅斯福問他那一刻為止，當仁不讓地拿下盟軍總司令的職位。但是他的品格使他放棄了那個最佳機會。

## 怎樣成為聖賢？

如果你想成為那樣的人物，布魯克斯總結了一個理論，指明了一條通往品格之路。我們很難評估這個理論有多科學，畢竟聖賢的案例太少，而且不可能做實驗。但是我發現這個理論，與中國古人的智慧，很有相通之處。我甚至敢說，這個理論把中國古人沒說明白的地方給徹底說明白了。

有一種成聖人的方法是像康有為。據說[87]他有一次在讀書打坐的過程中獲得了通靈式的體驗，「忽見天地萬物皆我一體，大放光明」，感覺自己是孔子再世，從此狂放不羈。

但布魯克斯說聖人之道的最根本一點，不是狂妄，而是謙卑。謙卑，意思是必須承認自己和所有人一樣都是有缺陷的，思想中有很多偏見，性格中有很多弱點。

---

[87]《經濟觀察報．書評增刊》二〇一二年四月，〈戊戌狂想曲〉，作者白鷳。

這就是西方思想中的「曲木」（crooked timber）傳統。「曲木」這個詞出自康得：「人性這根曲木，決然造不出任何筆直的東西。」只有當你承認自己是有缺陷的，擺正謙卑的態度，你才有可能和自己的弱點做鬥爭，才有可能去完善品格。

這個思想並不等於「人性本惡」。它說的是每個人的頭腦之中都有好的聲音，也有壞的聲音，我們要用好的去壓制壞的。我想現代腦神經科學家會贊同這一點，他們認為人腦的思考從來都不是一個聲音，而是每時每刻都有幾個不同的聲音在爭論，就好像皮克斯（Pixar）電影《腦筋急轉彎》（*Inside Out*）一樣。

其實用「好壞」來劃分人腦中的各種聲音是不準確的，應該說人腦之中有各種情感衝動：憤怒、愛慕、同情、嫉妒等。在不同的情況下，很難說哪種衝動好、哪種衝動壞，事實上，最原始的道德感本來就是感情衝動。

不好的情感衝動如果不加以遏制，不防微杜漸，就有可能形成正回饋，愈來愈大，乃至導致災難。所以哪怕是小事，也不能掉以輕心。有點像中國人說的：「勿以惡小而為之。」

品格的修煉並不是要消除這些衝動，而是要學會控制這些衝動。有點像中國人說的：「發乎情，止乎禮。」

比如憤怒，這通常是一種負面情緒，而且很不好控制。艾森豪是怎麼控制憤怒的呢？他有時候會在日記裡列出所有冒犯過他的人的名單，不是將來要報復他們，僅是為了抒發和控制憤怒。他解恨的方法還包括把自己最恨的人的名字寫在紙上，然後把這張紙扔進垃圾桶！

壓制自己的情感衝動，要形成習慣才好。這就要求我們平時把任何小事都視為磨練品格的機會，不能稍有放鬆。有點像中國人說的：「勿以善小而不為。」

這麼做並不僅僅是為了別人，也不是利益計算，而是為了磨練品格。可是磨練品格又是為了什麼呢？亞當二號到底想要什麼呢？

那當然是「go for greatness」。不過布魯克斯在書中用的是一個更高級的詞，「holiness」（神聖）。這並不是說他勸人信教，而是說要追求品格的完善。為什麼要追求這個？沒有為什麼。人本質上就並不是一個隻知道追求物質生活的動物，總會有點品格追求，希望能找到人生的意義。這樣說來，「崇高」其實並不是一個達成什麼其他目的的手段，崇高本身，就是我們天生想要的目標。

這個從「曲木」出發的聖賢之道，與今天流行文化中默認的品格理論完全不同。現在從中外各種水準的動畫片，到各路名人應邀去大學典禮做的演講，全都是對「你自己」的讚美：你原本就是最好的、你非常與眾不同、你註定能做出一番大事業、你現在要做的就是遵從你的內心！

布魯克斯把這種文化稱為「Big Me」。對今日之「Big Me」來說，人應該先看看自己對什麼東西感興趣，以這份熱情去選擇職業，做事的目的是滿足自己內心的需求。

在這種文化中，如果有一個人不愛工作而愛旅遊，稍微存點錢就去世界各地旅行，錢花完了再找工作，我們通常會對他表示羨慕，認為他比拚死拚活賺錢就為退休之後能去找個海島定居的人活得真實。如果有人不為賺錢也不為旅遊，只為自己的什麼興趣而努力工作，他簡直就是高山仰止的榜樣了。

而聖賢之道，卻和這三種人都不一樣。英雄人物都不是先看自己喜歡什麼，然後選擇去做什麼。事實上，他們沒有「選擇」自己最終從事的事業，他們是被這個事業選擇。他們在人生中的某一刻，因為一些經歷，意識到自己正在被某個事業召喚，然後投入。

珀金斯因為目睹紐約三角地紡織廠大火，決心把勞工權益作為自己的畢生追求。艾森豪生性狂放易怒，在母親的教導下慢慢磨練性格，才成為踏實可靠的軍人，以及在位時低調、身後評價卻愈來愈高的總統。女作家喬治．艾略特（George Eliot）因為愛人的激勵而開始正式寫小說，他把她從一個以自我為中心的尋愛女孩，變成一個以悲天憫人為己任的作家。

這些英雄人物不問「我」想做什麼，他們問世界需要我做什麼。他們不是用做事的方法來滿足內心。他們是為了做成這件事，去不斷打磨自己的內心。

品格修養的追求目標，並不在於成功，而在於成熟。特別可靠，才能辦大事。有點像中國人說的「可以托六尺之孤，可以寄百里之命……」。

## 中庸之道

這些人物在成了聖賢以後，或者說品格成熟了以後，仍然謙卑。我對他們最大的驚嘆在於，艾森豪當總統的領導藝術，有可能是最正宗的「中庸之道」。

長期的軍隊和戰爭生活把艾森豪變成了一個任勞任怨、忠誠可靠、中國士大夫式的人物。他總是壓制自己的感情，完全不浪漫，沒有什麼創新精神，算不上是歷史的推動者。但這樣的品格可能正是盟軍總指揮官所需要的：作為實力最強國家的軍隊代表，他和所有人一樣內心充滿偏見，但他從不將偏見表現出來，總是盡力維持盟軍的團結。他把功勞分給屬下，甚至還能把過錯歸於自己！哪怕按中國古人標準，這樣的人都可以稱得上是「人品貴重」了。

在談到艾森豪的中庸之道時，布魯克斯像所有講中庸的中文書一樣，先聲明中庸（moderation）「不是」什麼：中庸不是面對兩種對立意見採取一個折中的立場，不是盲目地搞平等，也不是對各種不同意見和稀泥。

布魯克斯完全沒有引用儒家經典，但是我看他對此的解釋，可能比任何一本講解中庸的現代中文書都乾淨俐落。

中庸，是你要認識到不同理念、不同情感訴求、不同道德標準之間，必然有衝突。這些理念沒有哪個是完美的，誰也說服不了誰，誰也消滅不了誰，矛盾永遠存在。表現在政治上，就是各路派系集團永遠都在互相鬥爭。

比如說狂熱和自控，就是兩種都可能有用，但互相矛盾的情感。憤怒有可能激勵我們去做好事，不過更有可能讓我們辦壞事。你必須學會協調這兩種天生的情感，這是不是《中庸》中「天命之謂性，率性之謂道，修道之謂教」這句話的最合理解釋？[88]

到底是安全穩妥一點好，還是大膽一點好？到底是放任自由一點好，還是保守克制一點

---

88 補充一些我對《中庸》的見解，我認為目前人們對《中庸》某些篇章的很多「主流」解釋是值得商榷的。比如「慎獨」，主流解釋是要在獨處無人監督的情況下約束好自己。但聯繫上下文：「是故君子戒慎乎其所不睹，恐懼乎其所不聞。莫見乎遠，莫顯乎微。故君子慎其獨也。」顯然其本意是說，君子如要想保持中庸之道，就必須多聽取各方聲音，多訪察實際情況，生怕錯過關鍵資訊，千萬不能自己一個人瞎決斷。「慎獨」其實是要小心，不要因為無知而被自己的偏見左右決策的意思！「獨」是「獨斷」，不是「獨自相處」。在這種高級經典中，怎麼可能還整出「不欺暗室」這種低層次道德來？

好？這裡面充滿各種「tradeoff」，也就是「取捨」。既然是有取捨，你就不能對結果抱有太高的期望。

所以作為最高領導者，就絕對不能像個二愣子一樣全面倒向一種理念，然後打壓其他理念，試圖給個一勞永逸的解決方案。艾森豪的做法是時刻根據當時的局面，做出一些臨時性的安排，去得到不同訴求之間的一個平衡點。等到下一時刻局面變了，再繼續調整。

領導的藝術就如同在風暴中駕駛帆船：太往左偏了就往右調整一下，太往右偏了就往左調整一下。平衡永遠是動態的，這就是中庸之道。

## 品格與現代人

依我所見，領導者的確是非得有點品格不可。那麼普通人呢？為什麼現在普通人都不怎麼講品格了呢？社會文化怎麼從「曲木」變成「Big Me」了呢？

過去的人為什麼特別講究品格，布魯克斯有一個非常合理的解釋。直到不久前，絕大多數人都生活在相當艱難險惡的環境之中。那時候社會生活的容錯能力非常低！如果你懶惰，一年的莊稼可能就沒了。如果你暴食和酗酒，家人可能就會受到傷害。如果你貪慕虛榮，可能就會亂花錢導致破產。如果你私生活不檢點，可能就會毀了一個姑娘。

品行不端的代價如此巨大，人們不得不時刻克制自己的短期情感衝動，乃至形成強制的紀律。為了把品格養成變成日常習慣，這種紀律有時候有點矯枉過正——比如說年輕人打牌、跳舞，都有可能被長輩禁止——因為他們擔心你的自控力弱，經不起誘惑。

所以在艱難時期強調品格修養，如同紡織廠不讓人吸菸一樣，是客觀條件所決定的。

而現在是個物質非常豐富的時代，人們的容忍度愈來愈高，整個社會的容錯能力很強，一個普通人時不時犯點小錯誤根本沒什麼。而且現代的發達商業還指望著消費者有衝動，最好想吃、想買、想玩玩。

在這個時代，任性代表有個性。相親節目「非誠勿擾」裡的相親青年無不以自己是個「吃貨」為榮，控制感情、深藏不露的人根本不受歡迎。

那麼在這個時代，寫一篇談論品格的文章又有什麼意思呢？事實上作者除了感嘆幾句，根本不敢明確地號召讀者去做個有品格的人。他甚至不敢說自己有品格！他只是小心地說我知道有這麼一條通往品格之路。

我的體會是，在現代社會，這條路根本就不是給普通人準備的。普通人的上限是「精緻的利己主義者」——只要根據社會給你的設定，把自己分內的工作做好，對社會給你的各種經濟學刺激做出合理反應就可以了。你左右不了世界，世界也不擔心被你搞壞。

只有那些想要辦大事的人才需要品格。因為這樣的人不能單靠本能反應行事。

他們需要動用自由意志去做決策，而且他們的決策會對世界產生影響。他們不能因為自己恰好不喜歡哪個國家，就不讓哪個國家進入聯盟，他們不能因為自己恰好喜歡哪一派理論，就按該派理論制定政策，他們不能因為這麼做恰好對自己最有利，而不顧整體利益。他們願意為心中的大事犧牲。

這些精英人物知道自己的條件有多麼幸運。他們不敢濫用權力，不敢不為普通人服務，也不敢像普通人那樣生活。他們就如同《易經》中說的那樣：「君子終日乾乾，夕惕若厲。」

你必須在通往品格之路上反覆打磨，與自己的本能反應做各種鬥爭，才有可能成為這樣的人物。

如果一個普通人，沒什麼野心，只想做個安靜的美男子，研讀聖賢之道到底好不好呢？能力不足還妄想當聖賢，會不會把自己變成社會的不穩定因素？生活明明不太悲壯，有沒有必要受這個英雄的傷？

這我不太敢說。但我想，學習這個聖賢理論至少有一個好處：我們知道了當今那些市儈猥瑣的公眾人物，大概不太可能辦出什麼大事來的。

第19章

# 說英雄，誰是英雄？

假設你是美國某大學的學生。如果你是亞裔，不認識你的人通常猜測你數學好。如果你是女性，人們會猜測你數學不好。那麼，如果你是亞裔女性呢？

於是就有了這麼一個所謂「行為經濟學」實驗[89]。研究者在美國某大學招募了一批亞裔女生來測驗。受試者的第一個任務是把一些詞連成句子。這個任務的真正目的其實是心理暗示：一組女生看到的詞彙都是和女性相關的，於是就加強了自己女性身分的認同；另一組女生看到的詞彙都是和亞洲相關的，於是就強烈地感受到自己是個亞裔。

受試者的第二個任務是做數學題。結果非常明顯：事先被心理暗示強調是女性的那組，做這些數學題的成績比較差；事先被心理暗示強調是亞裔的那組，成績比較好。

「女生數學差，亞裔數學好」是有統計證據支持的結論。而社會對這兩個群體的人，就

[89] 此事見於丹·艾瑞利（Dan Ariely）的《誰說人是理性的！》（*Predictably Irrational*）一書。這本書曾經非常流行，但我必須指出這本書中有好幾個實驗，後來被證明是無法重複的，這個亞裔女生實驗可能也不例外……但我還是決定用一次。

是有這樣的預期。如果你說這是性別歧視和種族歧視，那這個心理實驗說明，連亞裔女性自己都認同這個預期，而且還不自覺地符合這個預期。

誰說社會成見沒意義？成見往往是通行的，成見是對歷史經驗的總結，是對未來必然重演歷史的信心。大數據預測，就是用成見預測。

大數據現在已經把人了解得差不多了。大數據可以從你的收入和教育情況判斷你喜歡什麼，也可以從你喜歡什麼判斷你的收入和教育情況；大數據知道你對航班誤點的容忍度有多高，也知道你賭錢輸多少不心疼；大數據能預測你大學畢業之後的收入，能預測你還能活多久，也能預測你是不是快要結婚了；大數據當然能斷定亞裔成績好，女性成績差。

別人預測你會這樣，結果你果然就這樣，你是什麼人呢？

我認為是普通人、俗人、分母。

如果你做事處處符合大數據，你應該被機器人取代。

而世界上有些人是統計模型所預測不了的。「統計」顧名思義，就是指多數人的行為規律。總有少數人的資料因為離主流資料太遠，而被模型視為誤差直接忽略。

這些少數人，就是葛拉威爾說的「outliers」（異數）[90]。他們就是王小波說的、拒絕被生活安置的「特立獨行的豬」；他們就是《駭客任務》（*The Matrix*）裡與機器人對抗的反抗者；他們就是《分歧者》（*Divergent*）裡總能比別人多個心眼兒的分歧者。

平凡的人們沒有給我太多感動。這些不平凡、不能被模型預測的人，才是真的英雄。

## 體制

無論是已開發國家還是發展中國家的現代化教育體制，只要是一大群學生一起坐在教室裡聽一個老師講課，就都屬於工業化流水線的模式。這樣的學校教育，對「最普通」的人最有利。

最理想的教育模式，應該是每個人有一個單獨的老師，完全根據這個人的情況制定教學方案，因材施教，古代有錢人設私塾就是如此。我們看武俠小說裡拜師學藝都是一個師父只教一個徒弟，而主角則更是好幾個師父教他一個。只有全真教是一個師父教七個徒弟，徒孫更是密密麻麻，每次一大幫人一起訓練，把武術變成了廣播操。

葛拉威爾在《異數》這本書中講了一個現在已經廣為人知的觀點。假定入學年齡按九月一日劃分，那麼同一個班級裡八月出生的孩子實際上比九月出生的孩子整整小了一歲，可是他們卻要一起上課。年齡大的孩子早早獲得更多的自信，這種自信會一直持續到他們的大學入學成績高一〇%的可觀測效應。

在體育中這種效應更加明顯。更早些時候，《蘋果橘子經濟學》的兩位作者，杜伯納（Stephen J. Dubner）和李維特在《紐約時報雜誌》發表文章[91]說，看二〇〇六年世界盃球

---

[90] 出自於葛拉威爾的著作《異數》（*Outliers: The Story of Success*）書名，其本意恰恰就是統計中偏離多數觀測值太遠的資料。

[91] http://www.nytimes.com/2006/05/07/magazine/07wwln_freak.html

星檔案，會發現很多球星的生日是一月到三月。難道這三個月有利於足球天才出生嗎？答案是歐洲青少年聯賽的隊員報名年齡按十二月三十一日劃分，教練在選擇隊員時，自然會優先選擇那些在一年當中早些出生的孩子。

每個人的發育程度並不一樣，卻要被放在一起訓練，就是這麼不公平。而且這種不公平是可預測的，實際年齡成了最重要的變數。人的個性在哪裡呢？

從純應試教育的角度來講，學校集體加班、補課、「自習」，也是沒有辦法的辦法，是老師少、學生多的權宜之計。每個人強弱項目不同，有針對性的單獨訓練才是取勝關鍵[92]。在五十人以上的大班級上，老師會按照誰的程度授課呢？大多數情況下是中等偏下學生的程度。如果是一個模範班級，這些中等偏下學生會非常積極地記錄老師說的每一句話，生怕錯過考試的重點。與此同時，最好的和最差的學生都在看課外書、玩手機。

學校有好有差，有的培養工人，有的培養企業家，有的培養科學家，但不管是什麼學校，其心目中都有一個「標準學生」。老師的首要任務是照顧多數人！他對所有學生都按照這個標準學生的標準進行訓練，根本沒有給誰私下「開小灶」的義務。

個性學生從來都不是體制的產物，他們甚至主動對抗體制。

《西遊記》裡，靈臺方寸山菩提祖師是個講課高手，孫悟空聽得手舞足蹈。祖師一看，這似乎是個聰明學生，便與之說：「道字門中有三百六十傍門，傍門皆有正果。不知你學那一門哩？」

孫悟空假裝謙虛，像個最聽話的好學生一樣說：「憑尊師意思，弟子傾心聽從。」

祖師介紹了術字門、流字門、靜字門、動字門，都是修道者的流行科目。

這時候，如果是一般學生，一定要問「考試考什麼」，或者「當前經濟局勢下，學什麼容易找工作」，或者「大多數人學什麼」，可是孫悟空都不想，堅決以「自己想學什麼」為核心。最後，這個有非凡要求的人學會了七十二變和筋斗雲。

具有諷刺意味的是，孫悟空的那幫同學聽說了筋斗雲這門功夫，大開眼界，想到的居然還是找工作：「若會這個法兒，與人家當鋪兵，送文書，遞報單，不管那裡都尋了飯吃！」

不知有多少英雄被這體制生生逼成了俗人。很多家長私下自己教孩子，或者請個高級家教。在我兒子正式上小學之前，我就教了他一點一年級的內容，心中暗自得意。結果學校一開學就出了個摸底考試，我一看，原來很多家長都是這麼幹的，簡直是軍備競賽。

孫悟空是對抗體制的英雄。我們這些家長也算對抗體制嗎？我們只不過是更主動地適應體制……以更好的成績取悅老師而已。

最關鍵的是，如果你從一個學生的角度考慮，學校和家長其實是一體的——兩者都是體制的一部分。至少在基礎教育方面，現代社會中不同階層的家長總是把孩子送去不同水準的學校。

如果這個學校「不適合」你，難道你的家長就適合你？

---

92 我在《萬萬沒想到》、《高手學習》等書中已經詳細介紹過「刻意練習」的方法。

## 三種教育目標

我認為，中國現階段教育的預設生產目標，像是在打磨和挑選「器具」。

下等的器具，是某種實用工具，對應一般家長要求孩子有一個「容易找工作」的學歷和技能。其實如果僅僅是學成賣藝，一個從哈佛大學畢業、做金融工作的人，並不比一個從技職學校畢業、開挖土機的人更值得尊敬。

上等器具，則是工藝品。工藝品未必能用來做什麼，但是具有收藏和升值的作用。工藝品的價值可以用一系列指標衡量，如材質是不是黃金、鑲有多少克拉的鑽石等。工藝品對應中國家長對孩子的期望是各種素養教育：會彈琴之類的才藝、學習成績好、會英語、身體棒、長相漂亮等。你擁有的素養愈多，別人就愈覺得你好、值得擁有。

為什麼說是工藝品，而不是藝術品呢？因為藝術品是不能用任何指標來衡量的。真正的藝術品追求獨一無二，與任何已有的東西都不一樣，根本就沒有標準。而不管是實用工具還是工藝品，都以「符合某種標準」、「和某某一樣」為追求。這種素養教育培養出來的孩子即便會彈琴，也只不過能把曲子彈「對」而已，根本不知道什麼叫彈「好」。

大多數家長並不要求自己的孩子有什麼與眾不同的新穎特性，只求符合各種工藝指標。當他們說「素養教育」的時候，無非是把追求從下等工具提升到了上等工藝品。

人們對教育的根本出發點及整個的內心敘事，就是把自己變成一個「好東西」，以期得到別人的欣賞。這個敘事顯然與現代人常遇到的考試制度有關，對「早熟」的中國人來說，則與科舉制度有關：好生活、好工作並非是我自己創造的，而是誰看我好，賜予我的。所以要做個好的器具，而不是做個好「人」。

這種教育培養出來的人，思維本質上是被動的——外界喜歡什麼，我就變成什麼。永遠是我去適應別人，而不敢讓別人來適應我，一定要進名校、一定要進好公司、一定要得到好工作。人與人之間攀比的，也都是這些外部光環的「加持」。

如果有人憑藉自己的能力開創了事業，則多數人不會對他表示羡慕、與他攀交情，而是把他當成和自己完全不同的一類人，並尋求沾他的光，比如為他工作。

換句話說，現代的流水線教育其實是「奴隸教育」，而古代的貴族教育則是「主人教育」。前者是被動的，後者則是主動的。「古之學者為己，今之學者為人」——你學這個東西到底是為了改變世界、發揮自己、支配別人，還是為了適應世界、打扮自己、吸引別人來支配你？

能從作為一個主人的角度去考慮問題，才是真正的「主人翁」精神。有「主人翁」精神，你才不是一個器具。

日常文化和正統教育中，很少有「怎麼主動選擇、怎麼審美、怎麼根據自己的意圖改變世界」這樣的討論，「主人翁」精神只不過是句漂亮的空話。比如買個房子，應該完全根據自己的喜好去裝修布置，但很多人想的仍然是怎麼裝修看起來更有「面子」。人們取悅世界已成習慣。青年導師最愛說一句話，「做最好的自己」。做最好的自己為的是什麼？是為了等著別人來挑選嗎？

中國因為歷史原因，過去這幾十年人們對「怎麼適應別人」研究得很多，對「怎麼自己做主」研究得很少。網路上一些所謂的「職場經驗」，對工作、對上級、對同事各種小心翼翼的算計，動輒得咎造成的脆弱心態，讓人感覺真是非常可憐。這一代中國人的技術很強，性格也隨和，願意與人合作，但是整體心態相對欠成熟，有主人翁意識的人物不是太多。

在美國矽谷，儘管來自中國和印度的工程師的總人數勢均力敵，但是二者地位其實有一定差別。無論是進入各公司管理層的人數，還是創業的人數，中國人都顯著不如印度人。為什麼海外印度人領先海外中國人很多，難道僅僅是因為英語好？

我想，其中一個重要原因在於中國作為一個國家，很有主權意識，但是中國人作為個人的主人翁意識相對不足，也可能因為印度有一個主流「上層社會」，而中國沒有。

出身於「上層社會」是一個巨大的優勢，使人的心態完全不同。耶魯大學為了讓學生體驗這種心態，學會富有地生活，可以出錢讓學生出國訪問學生，可以出錢讓學生去紐約看百老匯演出。人唯有見多識廣，才能有選擇的能力。

我們大概可以說，現代教育可以簡單地分三個層次，對應三個階層：

一、貧民家庭對教育的期待是培養工具，以找工作為目的。

二、中產家庭對教育的期待是培養工藝品，以提升個人價值為目的。

三、上層家庭對教育的期待是培養主人翁，以欣賞、選擇和改變周圍世界為目的。

現代流水線式的教育只能把人送到第一層；想要進入第二層，家庭必須出力，然後你還得去精英大學；而第三層，則幾乎完全是家庭和個人的事情，學校教育的作用很小。

如此說來，家庭出身實在太重要了。大數據可能搞不清到底是人選擇了教育，還是教育決定了人，但是對這個格局看得一清二楚。多項研究無非是從各個方面驗證一句話：家庭收入水準和父母文化水準，直接決定孩子能達到什麼層次。

人很難突破客觀條件的限制。可是如果人人都按照這個劇本演出，世界就太沒意思了。

## 英雄的套路

人們一般都認為亞洲人的自控能力較強，凡事能延遲享樂；而非洲人則自控能力較差，工作一天賺的錢馬上就買杯啤酒喝了。這個差異是怎麼來的？我曾聽說過一個非常有意思的實驗[93]。

實驗調查的不是成人，而是孩子。實驗者請一些來自印度和非洲的孩子吃巧克力，他給孩子們兩個選擇：你可以選擇現在就把這塊巧克力吃了，也可以選擇等一個星期之後，得到一個價格比這個貴十倍的巧克力。結果很明顯，多數印度小孩選擇等更好的，多數非洲小孩選擇直接吃了。從這個結果來看，孩子們選擇的哪是巧克力，簡直就是自己的命運。

但這個實驗的研究者真正關心的其實是單親家庭。印度家庭通常很穩定，而非洲有很多由母親獨自撫養孩子的單親家庭。研究者發現，如果你把這個因素考慮進去，非洲孩子和印度孩子其實是一樣的！印度單親家庭的孩子大都也選擇「今朝有糖今朝吃」，非洲有雙親的孩子大都也選擇等待拿更好的。之所以從整體上看印度人更能忍耐，只不過是因為印度的單

---

[93] 此事見於《增強你的意志力》（*Willpower: Rediscovering the Greatest Human Strength*）一書，作者為羅伊·鮑梅斯特（Roy F. Baumeister）和約翰·提爾尼（John Tierney）。

親家庭比非洲少。

因此，如果要預測一個孩子能不能延遲享樂，單親絕對是比種族更可靠的變數。

為什麼單親家庭的孩子自控能力更差？更進一步的研究發現，基因是個重要原因，但是環境也很重要——兩個人看孩子總比一個人看有效。

所以，父母雙全的人是幸運的。這就是科學結論，是大數據，也是大勢所趨。如果你不幸出生於一個貧困的單親家庭，這個世界對你沒有太多期待。如果你今天得到一塊巧克力，大數據判斷你會把它立即吃掉；如果你今天買彩券得到一筆意外之財，大數據判斷你會把錢立即花光；如果你今天和某個女孩發生一夜情，還讓她懷孕了，大數據判斷你將會一走了之。如果將來有人用一個機器人代替你存在，這個機器人的程式就是這麼寫的。你的性格和命運都已註定……如果你是普通人的話。

但是無論生在哪種家庭，都有一種人，他們拒絕按照這個劇本走。他們選擇另一個劇本。有人調查了各路成功人士，發現入選百科全書名人錄且能找到家庭背景的五七三人中，有二五%的人在十歲前失去一位家長；有三四．五%的人在十五歲之前失去一位家長；有四五%的人在二十歲之前失去一位家長。六七%的英國首相在十六歲以前變成單親；四十五位美國總統中，有十二位——包括華盛頓（George Washington）和歐巴馬——在很小的時候就失去了父親。[94]

單親是個巨大的困難，但是對這些人來說，單親反而是葛拉威爾說的「可取的困難」（desirable difficulty）——如果打敗我，我就是一般人；如果沒有打敗我，我反而能因此比一般人更強大。

什麼叫英雄？這就是英雄。

所謂英雄，就是超越了階層出身、超越了周圍環境、超越了性格局限，拒絕按照任何設定好的程式行事，不能被大數據預測，能給世界帶來驚喜，最不像機器人的人。

其實我們如果仔細考察歷史上的「聖賢」，會發現一方面他們做事的確不同尋常，一看就知道是個聖人；可另一方面，他們也都是普通人，有很多缺點，小時候可能沒人認為他們將來能有這樣的成就。

家庭出身對這些人來說並不重要，他們的了不起之處，在於能夠超越自己的局限。也許沒有真正「消滅」自己的弱點，但是他們能在關鍵時刻戰勝弱點。

是這些英雄，而不是那些能被大數據預測的俗人，讓這個世界變得有意思。

好萊塢早就發現了英雄的價值。絕大多數好萊塢電影的主人公都是英雄。各種超級英雄電影不論，表現「小人物」的電影也是關於英雄的——可能是一個小鎮上勇鬥歹徒的員警，可以是率領普通中學的校隊奪取冠軍的教練，可以是一個和各種疾病鬥爭的醫生，也可以是面對生活中的不如意決不妥協，最後重新贏回幸福的家庭主婦。

好萊塢甚至發現了英雄成長的套路，而且有一套成熟的「電影劇本配方」。大致結構是這樣的：

---

94 來自葛拉威爾的《以小勝大》（*David and Goliath: Underdogs, Misfits, and the Art of Battling Giants*）一書。

一、交代時間、地點、人物。最初，太平無事。
二、突然發生一個變故、一個危機、一個問題。英雄必須解決這個問題。
三、英雄想了一個計畫。執行計畫過程中發生巨變，局面比他想得更壞，劇情轉折。
四、英雄嘗試新辦法，並且再次失敗。劇情進入深度衝突之中。
五、英雄又一次失敗。這時候他終於意識到，必須改變自己，重新認識這個世界，然後用全新的方式面對。
六、但是這時候局面愈來愈差，英雄情緒低落，連觀眾都快絕望了。
七、英雄獲得家人、導師或者女朋友的精神支持，練就超凡品格。
八、劇情再次反轉，這一次英雄畢其功於一役，一旦失敗就什麼都沒有了。
九、高潮和結局。

我認為這是一個來源於生活的套路，不僅觀眾愛看，人們還在自己的生活中默默地實踐這個套路。真正英雄人物的成長路線可能複雜多變，但是其中的精髓與這個套路並沒有本質的不同。這就是成為英雄之路。

為什麼這個套路就不可被大數據預測？因為它充滿風險。電影表現的和被人記住的都是成功的英雄，而大部分英雄主義的嘗試可能都是失敗的。

大多數人會在第一次或者第二次失敗的時候放棄、認命，然後和周圍其他人一樣過大數據預測好的生活。有的人卻能一直堅持下來，非得從設定好的劇本中解脫出來不可。為什麼這些人能做到？

因為他們有一種不同的動力。

## 使命的召喚

英雄與俗人的根本區別在於，俗人想要適應世界，英雄想要改變世界。

以人們愛說的「成功」而論，我們大概可以把成功分為兩類。第一類成功，是這件事有個標準，然後你達到了這個標準。比如考試，別人設定的考題範圍，我們全部掌握了。再比如在公司裡做事，老闆或者客戶提出一個什麼要求，你把它實現了。

第二類成功，則是這件事沒有什麼標準，甚至根本就沒有先例，你無中生有、非要做這麼一件事，而且還做成了。這是創業者和企業家的成功。你發明一個新產品，甚至開創一個新領域，一旦做成，你可以給後來的人制定標準。

所謂「精緻的利己主義者」，就是第一類成功人士。這個詞的要點並不在於「利己」，而在於「精緻」。精緻，暗示處處精確算計、小心謹慎，不敢有任何差錯。他們做事的動力是非常明確的，這麼做能有升職、加薪等各種好處，所以就這麼做。心理學家管這個叫「外在動力」（extrinsic motivation）。

與之對應的，純粹是出於自己想做這件事而主動做這件事的，則是「內在動力」（intrinsic motivation）。其實一般人，既不是特別純粹的英雄，也不是特別精緻的利己主義者，做事通常同時有這兩種動力。把工作做好固然有金錢上的動力，但也的確是樂在其中，對吧？

關於這兩種動力的研究非常多，整體結論都是內在動力的作用比外在動力大。特別是如果考察短期的效果，外在動力可能非常有效，如用獎金刺激學生更加努力地準備好下一次期末考試。但如果考察長期的效果，那麼內在動力才是最關鍵的。[95]

最近有一項關於西點軍校學生的研究[96]能說明問題。研究者調查了超過一萬名學生，一入學先用問卷調查你為什麼來西點軍校，答案選項包括「免學費」、「將來工作機會」這種外在動力，以及「就是想當一名軍人」這種內在動力。然後把這些學生當初給的答案保存下來，追蹤他們十年以上，看看哪些學生在升職等方面進步更快。結果發現——至少以軍人這個職業來說——兩種動力都有的人，不如那些只有內在動力的人成就高。

這個結果不出意料。外在動力其實就是人對各種刺激的被動反應，如果別人怎麼刺激，你就怎麼反應，那你就是一個高度可預測的人，與機器人無異！內在動力才真正展現了一個人的自由意志。每個人都有內在動力，但英雄有一種更高級的內在動力：使命感。

設想一下人生規畫，一般人可能都是先想想自己喜歡做什麼，然後選擇一個工作。可是世界這麼大，誰知道自己最想做什麼？很多工作根本沒見過吧！英雄人物，最初也是這樣渾渾噩噩地混著，並沒有什麼特別想做的事。

直到某一時刻，突然遇到某些事情，我們有可能會感受到使命的召喚。魯迅本想學醫，是因為在日本看到當時的中國人太愚昧了，才決定棄醫從文；很多仁人志士是看到日本侵略中國，才決心投筆從戎；有的數學家是聽說了某個前輩漂亮地證明了某個數學猜想之後，才決定自己這輩子非做數學不可。

對這些人來說，工作已經不是簡單上下班的事了，而是一項事業。他們做這件事不需要外界的監督和激勵，是自己要求自己，非把這件事做成不可。所以真正了不起的事業應該由使命感驅動，比如一個真正的政治家不應該是為了從政而有政治觀點，而應該是有了政治觀點才決定從政。

可能每一行裡都有有使命感的人。有人調查了[97]美國和加拿大一五七個動物園裡的保育員，發現其中就有很多人是因為保護野生動物這個使命感而從事這個職業的。他們在工作中找到了很大的意義和認同感，把工作視為道德責任，想辦法讓動物園達到更高水準，而且不惜為此做出犧牲。

為什麼英雄是自由的？因為一個人一旦有了使命感，就有了最徹底的主人翁精神。你就不用管他，也管不住他了。

達文西給自己提出的目標都非常高，不在乎當時的其他人能做到什麼，只問自己想做到什麼。年輕時奉命畫天使，結果他自己立下宏願，要畫到最好——達文西作畫本來就以真實感強著名，如他畫的花朵具有科學的嚴謹性——而要畫天使的話，他專注的難點在於怎麼畫才能讓天使的翅膀感覺最自然[98]。他先反覆畫鳥的翅膀，甚至從市場買鳥回來畫。最後畫出來的天使翅膀就像真的長在天使身上一樣，好像真的能飛。

---

95 關於這方面的研究，我在《萬萬沒想到》一書中介紹過。

96 Amy Wrzesniewski et al., Multiple types of motives don't multiply the motivation of West Point cadets, PNAS 111, 10990, (2014).

97 http://asq.sagepub.com/content/54/1/32.abstract

98 此事見於羅伯特・格林（Robert Greene）的著作：*Mastery*。

達文西隨之產生新的想法，他又想掌握飛行的祕密！他總是能從一個想法引發另一個想法，被自己的想法召喚。

像這樣的英雄，就是從必然王國進入自由王國的人。他們只對自己的使命負責，不受任何外力的限制。他們敢問不該問的問題，敢挑戰周圍人的共識，不屑於取悅任何人。

有人說資本主義的本質就是把人變成工具，其實說的不是資本主義，而是工業化時代生產分工的本質。總體來說，現代社會分工愈來愈細，人們愈來愈像螺絲釘，愈來愈不自由。劉仲敬說：「世界的命運和人的命運雖然漫長，關鍵性的節點卻寥寥無幾。四分之三的人生劇本在三十歲以前就寫定了，以後的內容根本不值一看。」

但是作為人，我們的終極目標仍然是自由。那麼現代社會中，什麼人最自由呢？

## 英雄等於創新

現在我們需要討論一個具體的問題：經濟成長是誰推動的？

這個問題現在有非常明確的答案。總體經濟學家索洛（Robert Solow）獲得一九八七年諾貝爾經濟學獎的工作，就是證明：現代已開發國家的主要經濟成長，不是由現有的資本和勞務活動的擴張帶來的，而是由創新帶來的。一個比較近的例子是在ＩＴ行業，幾乎所有新的職位都是由剛剛成立五年之內的公司提供的。

什麼是創新？創新就是打破常規，創新就是意外，創新就是你事先根本沒預測到。根據我們對英雄的定義，這就是英雄做的事情。

寫到這裡，我必須提到一位奇人，人稱「數位時代的三大思想家之一」的美國經濟學家吉爾德（George Gilder）。有人認為，他的書曾經指導過雷根的經濟改革，也曾經引發過網路泡沫。而在二〇一三年，他出了一本書，叫《知識和力量》（*Knowledge and Power: The Information Theory of Capitalism and How it is Revolutionizing our World*）[99]。這本書的重要思想在於，資本主義的精髓並不是一個激勵系統，而是一個資訊系統。

通常人們認為市場經濟是一個激勵系統。哪種商品的需求大，它的價格就會高，生產者注意到這個價格訊號，就會為了多賺錢而去多生產這種商品。但是這種激勵只能維持經濟正常運轉，而不能帶來經濟成長。前面諾貝爾獎得主證明過，創新才能帶來成長。

吉爾德說，資本主義的本質是關於資訊的。

什麼是資訊？根據夏農（Claude Shannon）的資訊理論，資訊是「意外」。你要測量一段話裡有多少真正的資訊，其實是看這段話給你帶來多少意外。如果一切都是套話、廢話，這段話就沒有資訊。工程師寫好一段不含隨機變數的程式，電腦一絲不苟地執行了這段程式，電腦生成什麼新資訊嗎？沒有。那麼，老闆交給你一個任務，而且這個任務的所有要求細節都已經事先計畫好，你圓滿地完成了這項任務，你貢獻新資訊了嗎？沒有。

別人制訂計畫的時候，已經把故事講了一遍。只有計畫在執行過程中出現意外，你做了一些事先沒有人想到的事，又或者根據自己的想法主動改變了計畫，有所創新，你的故事才值得再講一遍，你才算貢獻了新的資訊。貢獻了新的資訊，世界因你而不同，歷史才真的進

[99] 編註，此書名為暫譯。

步了。你不是英雄，誰是英雄？

是因為人有自由意志，我們製造的資訊才會增加，整個經濟的複雜度才會增加，才會有經濟成長。

所以，創新是不能命令和計畫的。除了創新者的自由意志，創新只受技術進步這類客觀規律的限制，此外不應該有別的力量左右。

有些企業家認為創新者應該緊跟市場的需求，揣摩消費者的心理，先問別人想要什麼，再看看自己能給什麼。真正的創新，恰恰相反。汽車大王亨利·福特有句名言：「如果我當初是透過問別人想要什麼才去發明什麼，他們只會告訴你他們想要跑得更快的馬。」[100]

消費者是被動的，企業家是主動的！作為「供給派經濟學家」，吉爾德認為，對創新產品來說，根本不是什麼「需求刺激供給」，而是「供給創造新的需求」。他用一個「學習曲線」理論來說明這個過程：

一、某公司發明一個全新的產品，如電腦晶片。在此之前根本就沒有這個產品，等於是這個產品創造了一個新的市場，很多人還不知道怎麼用它。新產品生產麻煩，價格很貴。

二、隨著公司的生產經驗增加，新產品慢慢變得便宜，市場上數量也多了起來。

三、消費者慢慢學習怎麼用這個東西，而且還搞出各種新的用法。

四、這個產品帶來一波一波新的影響，形成正回饋，往前推動別的產品進步，帶動整個技術圈加速進步。

生產者和消費者都在學習。生產者在學習怎麼能造得更便宜，消費者在學習新用法。這個過程中雙方資訊的交流、新資訊的產生，才是最有價值的，而不僅僅在於造出多少東西。

我們大概可以總結，企業家面對市場有三種態度，正好對應前面說過的三種教育境界：

一、低水準企業家／貧民教育：消費者喜歡什麼，我就做什麼。

二、中間水準企業家／中產教育：我做最好的自己，等著消費者選我。

三、英雄企業家／上層教育：我替消費者決定。

而三個境界的風險則是從低到高。第三境界最大的可能性不是你發明一個東西馬上引起跟風，而是你發明一個東西，別人根本不買帳。每一個成功的英雄背後都是無數的墊背。如果你從未失敗，說明你玩得不夠高級。

這條路失敗的風險極大，一個精緻的利己主義者經過權衡計算之後不會選擇這條路。所以英雄這條路的確是內部而不是外部動力驅動，而是康得式的：我這麼做不是為了什麼好處，而僅僅是因為我認為應該這麼做。

智識分子的智慧加英雄主義的自由和勇氣，是我們這個時代最重要的素質。由家庭出身決定教育水準，再由教育水準決定職位高低，只知道自己的小小領域，設定是什麼性格就永

---

[100] 英文原文：If I had asked people what they wanted, they would have said faster horses。

遠是什麼性格，別人怎麼安排就怎麼做，不需要自由意志的職業，應該全都交給機器人。

在機器人時代，有智識、有勇氣、追求自由，這才是真正的人。這才是人能戰勝機器的根本。

—•—

補充：本書的最後部分講以人工智慧為特徵的未來。我們將研究個人怎麼應對人工智慧的挑戰，然後討論新時代人與人合作的組織形式，並談談用組織的辦法盡可能發揮人的優勢。然而非常有可能的結局是，即便有這麼多辦法，最終多數人還是輸給機器。但這也許沒那麼可怕，本書最後一篇文章正是討論這個局面：人的最重要角色將不再是生產者，而是消費者。

最終，世界面臨兩條路：如果人永遠比機器厲害，那麼我們這裡說的英雄主義和「供給派經濟學」就是管用的；如果人就是不如機器，那麼我們就得依賴本書最後一篇文章介紹的「需求派經濟學」。

那我到底支持供給派經濟學，還是需求派經濟學？我沒有派別。別忘了，我可是個智識分子！

# PART3

# 歷史的定律

第20章

# 大尺度和硬條件：四萬年來誰著史？

二〇一二年七月，當時的美國共和黨總統候選人羅姆尼（Mitt Romney）訪問以色列的時候發表了一場談話[101]，提到他讀過的兩本書。一本是賈德．戴蒙（Jared Diamond）的名著《槍炮、病菌與鋼鐵》（*Guns, Germs and Steel: The Fates of Human Societies*），一本是哈佛大學經濟學家藍迪斯（David Landes）的《新國富論》（*The Wealth and Poverty of Nations: Why Some Are So Rich and Some So Poor*）。這兩本書都試圖解釋為什麼有的國家和地區強盛富裕，有的則貧窮落後。前者強調地理因素，後者則強調文化，尤其是政治制度的影響。

羅姆尼說，靠得這麼近，以色列的人均GDP是二．一萬美元，而巴勒斯坦只有一萬美元，所以地理因素——什麼有沒有鐵礦石之類——不是關鍵，文化決定了這一切。

羅姆尼失言已經不是一、兩次了，他的話一般不能當真。如果較真的話，正如《波士頓環球報》（*The Boston Globe*）指出[102]，以色列的人均GDP其實是三．一萬美元，巴勒斯坦是一千五百美元。而考慮到巴勒斯坦這麼多年局勢不穩，它經濟發展得差肯定不能全怪文化。不過如果我們把「對國家富強來說，地理因素重要還是文化和制度因素重要」這個問題放在一般情況下考慮，答案應該是什麼呢？

戴蒙因自己的書被共和黨的人否定而氣憤不已，乾脆在《紐約時報》發表文章反駁[103]。

戴蒙說，他的書的確強調地理因素，但從來沒說過什麼鐵礦石的重要性，他說的是生物特性和交通條件。就算是那本強調文化差別的書，也沒有忽略地理因素的影響，這兩種解釋並不是互相獨立的。

在我看來，戴蒙的反駁還沒有說到點上。如果你對「國家強盛靠什麼」的回答是列出一二三，各種因素都有作用、都重要，那應該乾脆把所有這些因素都寫在同一本書裡。其實這兩本書之所以給出不同的答案，根本原因是它們看問題的尺度不同。

《槍炮、病菌與鋼鐵》用的是特別大的時間尺度和空間尺度，描寫一整個大陸在千年乃至萬年的歷史中的命運，比如非洲為什麼比歐洲落後。而《新國富論》的尺度則要小得多，談論比如英國在工業革命中的作為。

尺度，是一個重要的思維方式。物理學研究非常講究尺度。計算汽車和火車的運動，只要把地球當成平面就可以了，規畫國際航線則必須考慮地球的形狀，而研究行星運動又可以把太陽都當成沒有體積的質點。

尺度思維的一個要點在於，當你考慮大尺度問題的時候，小尺度的現象常常可以忽略或者簡化。統計力學不追蹤單個分子的個別運動；在電漿物理學中，如果你研究的是離子尺度

---

101 參見 http://talkingpointsmemo.com/2012/romney-israel-s-superior-economy-to-palestinians-result-of-culture-providence。

102 參見 http://www.bostonglobe.com/news/politics/2012/07/30/romney-comments-fundraiser-outrage-palestinians/fnPujdiBDoGpycNcuh9ySO/story.html?camp=pm。

103 參見 http://www.nytimes.com/2012/08/02/opinion/mitt-romneys-search-for-simple-answers.html。

的現象，那麼因為電子品質小得多，它們的運動就可以用某種流體代替。而更重要的是，從小尺度現象出發，往往解釋不了大尺度問題。正如《莊子》裡說：「朝菌不知晦朔，蟪蛄不知春秋。」我們從《史記》這種人物故事類歷史書裡悟出來的道理，並不適合研究大國在百年以上的興亡。

黃仁宇寫《中國大歷史》，一來就先談「十五英寸等雨線」，這個思維與「彼可取而代也」之類的戲劇性開頭完全不同，其講出來的故事也絕對不會用到《明朝那些事兒》中的橋段。研究大尺度問題，必須關注一些長期不變的因素，也就是「硬條件」。一位皇帝的雄心和幾名將領的智勇也許可以在小尺度內左右一個中原王朝的命運，但是改變不了華夷爭鬥這個大局面，因為後者是由華夏雨量充沛而物產豐饒這個硬條件所決定的。

在《中國大歷史》中，這條十五英寸等雨線註定了中國農民在兩千年內不得不和塞外牧人鬥爭的宿命，而在《槍炮、病菌與鋼鐵》中，一個大洲在上萬年內的運數，竟是取決於這個大洲有多少種可供人類馴化的動植物。

有些硬條件構成了歷史發展的種種限制，使人們不能恣意而為，而有些硬條件則又是我們的重大機遇。正因有這些限制和機遇，歷史的演化才成了戴著鐐銬跳舞，反而不平淡了。

如果我們把時間尺度放大到百萬年，把空間尺度放大到整個人類，這個故事和道理又將是怎樣的呢？其實就是戴蒙三十多年前寫的《第三種猩猩》（*The Third Chimpanzee: The Evolution and Future of the Human Animal*）。這本書和《槍炮、病菌與鋼鐵》、《大崩壞》（*Collapse：How Societies Choose to Fail or Succeed*），都出自這位加州大學洛杉磯分校地理學教授之手，由於後兩本的內容其實已包括在第一本中，《第三種猩猩》可以說是代表了戴蒙對人類社會的根本看法。羅姆尼可以胡亂評論以色列為什麼比巴勒斯坦發達，而這本書則能告訴我們人類為什麼比動物發達。但這個看法可能和任何一位傳統歷史學家的看法都不一樣，因為戴蒙並不是歷史學家。他是一個科學家。

科學家考慮問題，不需要人為的浪漫。想像有一群高度智慧的外星人，能夠在幾百萬年的歷史中不定期地前來考察地球生命，那麼在這些外星人眼中，人類在大部分時間內根本談不上是地球的主人，而只不過是地球上諸多動物中的一種罷了。

可能有人認為人之所以異於禽獸，是因為人有道德和感情，而事實是，科學家在一系列實驗中證明猩猩和猴子一樣有感情，有同情心，甚至有正義感。我的老師在國中政治課上說，使用工具是人和動物的根本區別。但現代科學家發現，黑猩猩可以相當巧妙地使用工具。還是因為人有語言？然而綠猴會發出三種不同的警告呼聲，還有各種有意義的咕嚕聲。它們至少有十個詞！綠猴這些聲音並不僅僅是非自主的自然流露，而是有精確意義的，甚至需要從小學習。人有農業生產？最早發明農業及牧業的生物，是螞蟻。

在戴蒙眼中，甚至連藝術也不是什麼人類特有的行為。一隻雄性黑猩猩的塗鴉，居然被心理學家判斷為七、八歲男童的作品。如果你認為動物園裡猩猩的畫作不是自然行為，那麼花亭鳥建造的花亭，是世界上最複雜、裝飾最華麗的動物作品，只有人類的作品才能媲美。關鍵在於，動物也會創造這種沒有直接的實用價值，只是為了美感的藝術。花亭鳥用作裝飾的某些物品本身並沒有用處，只是由於它們難得或者稀少，而被拿來用作炫耀的本錢。當然，你可以說動物搞這些藝術都有吸引異性或炫耀基因的目的，可人類搞藝術的最初目的何嘗不是如此？現代人戴著毫無用處的華麗首飾，又何嘗不是為了炫耀？

至於人類的壞品德就更有動物根源了。動物世界弱肉強食，甚至同一物種內部也會自相殘殺，人也一樣。人類的種族屠殺行為和地盤意識都能在動物世界找到依據，而且人類至今沒有脫離這個性質。

一個特別有意思的問題是：人為什麼會做出吸菸、紋身、吸毒和豪飲這樣明顯對身體有害的事情？這有一個絕妙的解釋。如果一隻特別強健的瞪羚看到一隻獅子正在向它潛行，它最好的策略不是馬上就跑，而是向獅子發出一個「我很強，你肯定沒我跑得快」的訊號，這樣雙方都可以節省體力和時間。而這個訊號必須是高成本乃至有害的，才能讓獅子相信。所以瞪羚的訊號是一邊慢跑一邊彈跳——如果它沒那個本事，做這個動作是找死——它必然有如此的本事。戴蒙提出，吸菸之類的事情，就像瞪羚的彈跳和雄孔雀實為累贅的大尾巴一樣，是一種訊號：我的基因足夠優良，乃至於玩得起損害身體的舉動。

種種不離於禽獸的特徵，構成了人類社會的某些硬條件。比如說，正因為種族屠殺的存在，人和黑猩猩都不得不選擇群居行為，群居有利於防守。

可能有些文藝青年認為為了孩子而維繫婚姻很愚蠢，但人類的婚姻習慣恰恰是為了孩子而存在的。嬰兒一出生不會覓食，父母的負擔極重，而且父親也必須參與撫養，否則嬰兒很難存活，那麼他的基因就無法遺傳。這個特點決定了歷史上最正常的人類婚姻，是接近一夫一妻的「輕微多偶制」：大多數男人只能供養一個家，而少數強人能娶好幾個太太。至於娶幾十個太太，則是有農業以後才出現，因為原始社會時期的男人必須親自參與撫養子女。

相比之下，猩猩世界中，由於父親不必負責養育，雄性可以「射後不理」，或者僅僅提供一點安全保護，也就談不上什麼婚姻。人的婚姻並不獨特，由於雄鳥和雌鳥必須有一個留下照料鳥巢，一個出去覓食，很多鳥類也實行以單偶制為主體的婚姻制度。

如此看來，人在動物世界並沒有多少獨特之處。事實上，人的基因與黑猩猩有九八．四％相同（這是《第三種猩猩》一書的說法，更近期的研究數字是九八．七％），而黑猩猩與波諾波猿（即倭黑猩猩）則僅有〇．七％的差異（最新數字是〇．四％），所以人只不過是第三種猩猩而已。

縱觀「直立人科動物」幾百萬年的奮鬥史，會發現人類絕大部分時間內都在非常低調地生存，並沒有什麼萬物之靈的跡象。黑猩猩偶爾也會使用石器，一直到兩百五十萬年前，東非原人才在使用石器方面取得明顯領先，搞到棲息地遍地是石器。五十萬年前智人出現，他們的大腦雖然較大，但並沒有帶來什麼生活變化，沒有什麼藝術，唯一的亮點是可能使用了人工火。狩獵技術一直到十萬年前才開始出現，但非常低級，而且一直到四萬年前沒有任何創新。

族譜上有許多支系都已滅絕，如南猿的粗壯支系、所謂的「第三種原始人」支系，以及在尼安德塔人生存期間存在的亞洲支系。

然而大約在五、六萬年前，人類中的某一支出現了一個變化。科學家相信這個變化是基因意義上的，但是並沒有在化石骨骼上找到線索。這個變化使人類的發展開始躍進。生活在歐洲的克羅馬儂人的工具和打獵武器愈來愈先進。他們開始進軍全球，到五萬年前就能乘船經印尼，渡過一百公里的海域踏上澳洲。到四萬年前，克羅馬儂人的體貌已經與現代人沒有任何區別。大躍進的證據變得非常明顯，他們可以製造針、鑿子、臼、魚鉤、網墜和繩索等複合工具，發明了遠距攻擊武器以獵殺大型動物，甚至有了遠端貿易和分工。這時候他們擊敗了比自己更強壯的尼安德塔人，而且很可能把後者給滅絕了。

包括戴蒙在內的眾多學者認為這個神奇的變化是語言。是某種舌頭和喉嚨的解剖學改變，使得人類可以發出複雜的聲音。這時候複雜資訊的傳遞才成為可能，而交流導致創新。

關於語言在人類進步史上的意義，我覺得堪稱當代技術思想家的凱文・凱利（Kevin Kelly）的《科技想要什麼》（*What Technology Wants*）書裡說得更好：有了語言，人才能清楚地知道自己在想什麼，有意識的創造才成為可能。其實語言還導致一定程度上的抽象思維——射箭的時候要瞄得高一點或低一點，這樣的知識如果光靠比劃，很難弄明白它的通用意義。

語言能力大概是人類演化史上最後一次重要硬體升級：四萬年前的人已經具備了現代人的一切素質。[104]用戴蒙的話說：只要有條件，你完全可以教會他駕駛噴射機。

我們發現，人類發展史上的各種硬條件並不是努力就能逐漸獲得的，像語言能力這樣的重大機遇也許純屬偶然。動物世界不乏其他偶然進步的例子，比如啄木鳥是一種非常成功的生命形態，想要演化出來也不算難，但並沒有在世界各地都出現。

如果機遇如此偶然，那麼智慧生命的出現就很可能是一個罕見事件，也許就算有適合生命存在的星球，其中也未必能演化出「人」這樣的智慧生命來。

戴蒙並沒有對人之所以為人的所有硬條件進行總結性評估，但我們不難從這本書裡悟出人類發展的兩個制勝法寶。

第一個法寶，當然是創新。創新的一個關鍵是語言，另一個關鍵則是年齡。到大躍進前夕，尼安德塔人幾乎沒人能活過四十歲，而克羅馬儂人卻突然演化到能活六十歲以上。在發明文字之前，老人對知識傳承的意義是決定性的。在採集狩獵時代，即使只有一個年過七十歲的老人，他的知識也能決定整個宗族的命運。但是這個年齡突變是從哪裡來的呢？男人方面並不太了解，但一個重要因素是女人的停經。一般動物過了生殖年齡就會死亡，因為它們的任務就是傳宗接代，基因傳下去，生命就完成了。而女人卻可以在中年停經，並且繼續生活很久。要知道，生育是一種極大的風險，停經顯然是對女人的一種保護，使得她們可以一直活到老年，來完成傳遞知識的任務。

人的第二個法寶是合作。有意思的是，這一點與性行為很有關係。在動物世界中，人的性行為有兩個獨有的特點：隱性排卵和隱性交媾。為什麼女人沒有發情期，排卵沒有徵兆？以致科學家直到一九三〇年才搞清楚女人的排卵時刻，此前以為女人任何時候都可以受孕。也許最好的解釋是，只有這樣才能把丈夫長期留住。更進一步，如果排卵和交媾都是公開的，一旦有個女人正好處在發情期，男人們看到她「腫脹鮮豔的陰部」，勢必彼此爭鬥來奪取這稍縱即逝的交配機會。一個這樣的社群無法進行有效率的合作，可見人的性生理是多麼重要的硬條件。因為沒有控制實驗，這些理論算不上是嚴謹的科學，但是其道理是可取的。

創新與合作，這兩個法寶合在一起，才是人與動物真正的區別。它們給人帶來了無與倫比的優勢，從四萬年前開始，動物在人的發展史中逐漸出局，剩下的劇情變成了人與人的競賽。克羅馬儂人的後代幾乎走遍全球，人群和人群之間已經不存在基因的差異了。但自從一

104 這個論斷現在是有爭議的，很多科學家認為人類在過去四萬年中仍在演化。

萬年前農業被發明以後，各地人的發展差異開始愈來愈明顯。

具體說來，若論技術和政治發展的速度，以歐亞大陸最快，美洲慢得多，而澳洲最慢。這又是為什麼呢？根本原因不再是人種的硬條件，而是各地區的硬條件不同。大約六千年前，西亞人已經馴化了綿羊、山羊、豬、牛、馬這五種家畜，為什麼美洲人做不到？原因是美洲的物種根本就不可能被馴化！就好像在一個設計得不夠均衡的電腦遊戲裡被分配到了貧瘠之地，美洲人缺乏文明發展的戰略資源。能不能引進外來物種？同樣取決於地理因素。

考察人類發展史，我們極少發現「人定勝天」，我們發現的大多是人奈何不了大自然給的各種硬條件。一九四四年，二十九頭馴鹿被帶到了白令海上方的聖馬修島，它們以島上的地衣為食，到一九六三年居然繁殖到了六千頭。然而地衣是一種再生緩慢的資源，根本經不起這麼吃，一年之後正好遇上嚴寒，這些馴鹿幾乎全部餓死了。人類又能如何？為什麼古代西方文明的權力中心，不斷地發生地理位移？為什麼現代超強國家不包括希臘和波斯？因為他們以前依賴的環境被自己破壞了。

眼中盡是這樣的歷史，戴蒙必然是個充滿憂患意識的人，以致後來又專門寫了一本《大崩壞》來提醒人類環境這個硬條件。

也許我們可以比戴蒙樂觀一點。也許有了創新和合作這兩大法寶，人類可以擺脫動物的宿命。二〇一〇年，類似題材的《西方憑什麼》（*Why the West Rules - For Now: The Patterns of History, and What They Reveal About the Future*）這本書提出，過去西方比東方發展得快主要是靠地理因素，而未來將不會如此，因為技術進步已經使得地理差異變得不再重要。換句話說，我們已經在一定程度上突破了這一點硬條件。技術再加上全球合作，也許未來終究能找到解決環境問題的辦法。

我上大學的時候，天文物理導論的老師在課堂上講過一個道理。他說我們不該困擾於自己生活中那點小事，應該沒事多往天上看，想想宇宙之大。考慮大尺度問題的確有利於忽略小尺度的事情，可能這就是戴蒙這本書帶給我們的心靈雞湯吧！

那我們何不把尺度再放大一點？如果時間尺度是一億年的級別，那麼地球上發生過的最重大事件也許不是人類崛起，而是六千五百萬年前一顆小行星撞擊地球，導致全體恐龍突然滅絕。[105]要不是這次撞擊，哺乳動物也許根本沒有出頭之日。智慧生物的出現是由一系列極小機率事件所決定的，有無數重大劫數和重大機遇。恐龍活得好好的，誰能想到突然禍從天降，全體死亡？又有誰能想到，當初像老鼠一般大小的哺乳動物，居然有一天能演化成萬物之靈長？這麼想來，我們現在討論的人類的種種興亡，在更大的尺度上可能根本不值一提，又何必做這般計較？看來思考問題的尺度也不是愈大愈好。

---

[105] 你肯定聽說過關於恐龍滅絕的各種解釋，但目前科學家的共識是因為小行星撞擊地球。參見《科學》（*Science*）期刊上的一篇論文：Peter Schultz et al., The Chicxulub Asteroid Impact and Mass Extinction at the Cretaceous-Paleogene Boundary, Science 5 March 2010: Vol. 327 no. 5970 pp. 1214-1218。

第21章

# 社會為何非得是這樣？

人與人之間的社會關係非得是今天這個樣子嗎？為什麼一定要有等級呢？為什麼一定要一夫一妻呢？為什麼財產是私有的？為什麼世界要分成各個國家，各自為政呢？

每當我們看到人間的苦難、面對壓迫和不公平、思考社會問題的時候，我們總會想到：能不能建立一個更好的社會？

事實上，人類近代史上發生過很多很多次「從第一性原理出發」，直接建立一個新社會的實踐，它們的初衷都是美好的。但它們的結局要不是大規模的失敗，要不就是只能在很小的範圍內存活。一開始都叫「烏托邦」，後來失敗的太多，描寫這種實踐的小說都被稱為「反烏托邦」。

但是人們仍然在嘗試。美國至今有很多這樣的團體，一幫人湊起來找個地方嘗試一種新的社會生活。英國有個電視節目叫《荒島求生營》（*The Island With Bear Grylls*），找了三十六個人一起到荒島上生活，說一切規則都自行建立，觀眾極多。

然而節目開始沒多久，就有七個人離開了。其中有一個人離開的理由特別有意思。他說自己參加節目就是想體驗不同的生活，結果我們在島上制定的規則還是和外面的世界差不多，這太無聊了。

你或許完全能理解他的想法。中國人不一定非得說中文，少數民族也不一定非得穿民族服裝，人都是自由的，對吧？我們理所應當可以換一套社會規則！難道不是嗎？

美籍希臘裔社會學家克里斯塔基斯（Nicholas A. Christakis）在《藍圖》（*Blueprint: The Evolutionary Origins of a Good Society*）一書中告訴你：別想了，人類社會大體上只能如此。

—•—

這可是一個非常強的結論。你要是一個人坐在家裡想，怎麼想都沒法接受這個結論。從邏輯上講，哪怕前面所有建立烏托邦的嘗試都失敗了，也不能證明下一次嘗試就不能成功。要接受這個結論，我們對人性必須有一個根本的認識。

這個認識是——人，不是自由的。這不是一個哲學判斷，而是一個科學認識。可能很多人不知道，今天的科學家對人性有非常強硬的理解和認識。科學家不靠清談空想，他們有兩個最硬的手段。

一個是從腦神經科學入手，考察人的認知能力。這門學問研究大腦的硬體限制。人腦不是可以隨便升級的電腦，它並不神奇，它有各種認知偏誤，容易犯錯誤，它接受不了任意的設定。

另一個是從演化心理學入手，考察人的基因和遺傳。如果人類的遠親，比如猩猩也是這麼做事的，幾十萬年以來的人類也都是這麼做事的，那這件事就很有可能是寫在基因裡的。然後再找到具體的基因編碼。如果事實證明基因就是這麼規定的，你又能怎樣呢？

人其實是一部有出廠設置的機器，是一種有生理限制的動物。

科學家在這方面的認識其實早就開始了，而且出版過相當多本書。三、四十年前就有法蘭斯・德瓦爾（Frans de Waal）的《猩球攻略》（*Chimpanzee Politics: Power and Sex Among Apes*）、戴蒙的《第三種猩猩》；近年來有海德特的《好人總是自以為是》；最近新出的有薩波斯基的《行為》。這些書都是從生理和硬體角度，告訴你人性是怎麼回事。

克里斯塔基斯的《藍圖》延續了這個強硬的解釋思路，告訴我們人類社會為什麼非得是這樣。

—•—

克里斯塔基斯先考察了各種你能想像出來的社會關係，包括歷史上的王朝、烏托邦的實踐、沉船事故之類極端環境下的小社會、偏遠地區的奇特婚姻風俗，還包括他自己參與一些實驗得出的一般規律，簡單來說，成功社會的規則都是相似的，而失敗社會各有各的規則。

這些成功規則一共有八點，克裡斯塔基斯稱之為「社會套件」。它們共同構成了好社會的藍圖：

一、每個人都有自己獨特的身分，可以互相識別。不能所有人都匿名，或都長得一樣。

二、人會愛自己的伴侶和後代。這構成了家庭的基礎。

三、沒有血緣關係的兩個人，也可以結交友誼。

四、整個社會有社交網路，大家連接在一起。
五、社會中有合作。
六、人們總是更喜歡自己所在的群體，有時候還會為此敵視別的群體。
七、存在一個溫和的等級制度，所有人的地位不是絕對，而是相對的平等。
八、這個社會促進學習和教育。

這八點看似平常，但關鍵是不能改。取消家庭可行嗎？絕對平等可行嗎？都不行。那樣就不會是一個長期存在的複雜社會。

這些社會套件是由人類的硬體決定的，它們是人類在演化中經過自然選擇的結果。當然，成功社會不可能都是完全一樣的，西方社會與中國社會就不太一樣，也許和自然環境的差別有關係。但是西方社會和中國社會都符合這八個社會套件的設定。這些套件代表了好社會的共性。為什麼有這些共性？因為不管怎麼自然選擇，各地的人類都有一個環境，而這個環境始終一樣。

這個環境就是，有其他人的存在。只要你是人，你能存活和繁衍，你的身邊就必然有其他人的存在。你要和其他人互動，就得遵守一些固定的規則。

克里斯塔基斯找到了這些套件在人類演化中的邏輯，說明為什麼這些規則能給一個群體帶來演化優勢。然後他又挖掘了人類基因上的硬限制，用邏輯鏈條串起各種蛛絲馬跡，彷彿推理小說，能帶給你思維的樂趣。

我來談談其中幾個有意思的理論。

—•—

為什麼不同地區的好社會殊途同歸呢？其中有個關鍵思想叫「趨同演化」（convergent evolution）。

趨同演化是說，生物演化中所能遇到的好東西，並不是無限多的。比如要讓一個動物能飛，翅膀的「設計」就只有那麼幾種。

最著名的例子是眼睛。人和章魚早在七．五億萬年前就分道揚鑣了，我們和章魚的共同祖先是沒有眼睛的，然後我們和章魚各自獨立地演化出來了眼睛，結果這兩種眼睛簡直是一模一樣的。這種眼睛甚至在不同的物種身上，被獨立演化出至少五十次。

趨同演化告訴我們，好東西會被大家都用上。為什麼各家出品的照相機鏡頭都是圓的、手機都是長方形的？因為這樣的設計最合適，只有這樣的產品才能存活下來。

社會演化也是這樣。人類社會也好，大象的、猩猩的社會也好，只要是足夠複雜、能夠長久存在的好社會，就具備那八個套件，大家殊途同歸。

—•—

再比如說，為什麼非得是一夫一妻制呢？這是一個漫長的故事。

不管是人類中的男性或女性，還是動物中的雄性或雌性，不論你是自由戀愛還是包辦婚姻，只要發生了性關係並生育了後代，彼此之間就會有一種依戀感。這可能是從愛後代引發出來的，也可能是由基因決定的，不管怎麼說，這個依戀感，是客觀存在的。

依戀感決定的兩性關係往往是固定的，不是今天和這個人生活、明天和那個人生活。事實上，從三十萬年前到進入文明時代，人類都是以一夫一妻制為主。人們都是最愛自己的家庭，然後擴展到愛親屬、愛遠親，再到愛社會上的其他人。

你可能會覺得不對，很多靈長類動物都是一夫多妻，人類不也有過一夫多妻制嗎？這和環境和社會有關係。如果環境的生存壓力特別大，雌性都選擇間隔很遠的獨居，那就只能一夫一妻。如果環境適合群居，那的確有一夫多妻，但這時候，社會開始起作用了。

隨著社會愈來愈複雜，有些男性發明了一種新的求偶策略。他們不再像以前一樣透過戰鬥去爭奪女性，而是改為「追求」女性，比如專門給一位女性提供食物和保護。而女性也會覺得受到保護，就產生了依戀感，這樣社會就會往一夫一妻的方向演化。

而到了近代，社會合作變得更加複雜化，必須讓男性之間更加平等，一夫一妻制就是最合理的選擇了。

這裡還有個有意思的點。以前很多學者認為，是因為父親必須參與照顧後代，人類才是一夫一妻制。克裡斯塔基斯的論證則是，因為人類很早就學會了一夫一妻制，父親才會參與照顧後代。

—•—

再比如說社會套件中的第一點，人的身分識別，是怎麼來的呢？

若不是社會學家，可能都想不到這樣的問題。為什麼每個人都長得不一樣呢？這其實對社會有好處。人們能夠互相識別，才能記住誰是好人、誰是壞人，社會才能有回報和懲罰機制，才能促進合作，是個好社會。

而每個人都長得不一樣這件事可一點都不簡單，需要在基因上有特別的布置。負責我們臉部形狀的基因，得有充分的多樣性才行。比如人的鼻子寬度和長度之間的相關性，幾乎是零。也就是說，鼻子寬的人既不一定鼻子長，也不一定鼻子短，寬度和長度沒關係。

這有什麼好處呢？如此一來，人的鼻子才能是多種多樣的。如果鼻子寬度能決定長度，人的相貌就少了一個自由度，長得相像的人就會增多。

反過來說，手的寬度和長度有個明顯的正相關，這意味著寬的手通常也是長的手，很多人的手會很相像。所以我們都是看臉識人，而非看手識人。

這是有代價的：控制手的寬度和長度，可能用一個基因就夠了，而控制鼻子的寬度和長度必須交由兩個不同的基因。付出這個代價，我們收穫的是更好的社交互動。

—•—

這就是科學的手段。人類社會為什麼是現在這個樣子的？哪些是基因，哪些是文化，哪些是環境的因素，哪些是偶然的，哪些是不可改變的？現代學者就是這樣一點一點搜集各方面的證據，無比小心地論證，給你實在的答案。

我們不能說克里斯塔基斯找到的這八個社會套件就是最終答案，你會看到有些推理環節還不夠確切，但這是最值得尊重的答案。

中國社會與美國社會不一樣，民主社會與專制社會、封建社會不一樣，未來的社會肯定也會與現代社會不一樣，你可以去嘗試各種新的組織方式。但是這八個社會套件，從大象到猩猩再到人類的今天，都沒有變過。

當我們試圖變化時，首先得注意哪些東西是不能變的。沒有這個前提就會犯錯誤。很多國家嘗試過絕對的平等或取消家庭；太平天國曾經把人分成男營和女營；美國震顫派烏托邦社區也曾經嚴格禁止男女接觸……這些實驗要不立即失敗，要不只能在極小的範圍存在。為什麼？因為它們不符合人類社會的藍圖。

有時候，了解一個學說能讓人更激進，但當我們談論社會的時候，最好還是謹慎一點。而科學家，可是非常謹慎的。

# 第22章 技術左右天下大勢

我們常常相信歷史前進的冥冥之中存在一些逆之者亡，順之者昌的「大勢」，就好像《三國演義》一開頭說的「分久必合，合久必分」一樣。然而就算真有這樣的大勢，也很少有人能正確地預見。

比如一百年前，一次世界大戰前夕，世界已開發國家的經濟已經形成互相依賴的整體，電話和電報這些通信技術的進步使得各國能夠充分交流，再加上民主制度的廣泛傳播，以致整個歐洲的政治家、知識分子和商界領袖都認為天下大勢是和平。他們在二十世紀之初預言歐洲將不會再出現大的戰爭，結果二十世紀卻是人類歷史上戰爭最慘烈的世紀。

也不能說天下大勢不存在，或者不可預測。實際上，有一個波蘭銀行家，伊萬．布洛奇（Ivan Bloch），曾經幾乎窺破了天機。

作為一個業餘軍事學家，布洛奇在一八九八年出了一套六卷的著作《未來的戰爭》（*La Guerre Future*）。他也許從來沒上過戰場，但他是世界上最了解機關槍意義的人。他說，機關槍的出現使得傳統的步兵和騎兵戰術徹底過時，士兵們只會在戰壕裡作戰。而他計算表明，一個戰壕裡的士兵比地面上的士兵有四倍的優勢。這樣步步為營的壕溝戰會讓快速推進成為不可能，以致任何一個強國攻打另一個強國都不可能速戰速決，所以未來戰爭必然是漫長的消耗戰。

長久的戰爭會迫使參戰國投入百倍於傳統戰爭的兵力，拖垮參戰國的經濟，引發其國內動盪甚至革命，所以沒有哪個大國會愚蠢到在機關槍時代發動戰爭，於是布洛奇結論：機關槍將會給世界帶來和平。事實證明除了和平，其他方面布洛奇都說對了。

布洛奇沒預測到一戰發生的一個重要原因，可能是他高估了世人對新技術的適應能力。這本書的思想如此先進，卻沒有引起各國軍方足夠的重視，當時軍隊仍習慣於傳統的排兵布陣，直到十幾年以後，歐洲戰場上的將領才意識到機關槍的確是一種防守性，而非進攻性武器，而且打仗的時候的確應該待在戰壕裡。即便是這樣，機關槍也沒有帶來最終和平，因為坦克出現了——在布洛奇寫書的時候，這個終極陸戰進攻性武器還沒被發明。但不論如何，從一種新技術的出現判斷天下大勢，這個思路顯然沒有錯。

技術不僅僅對人類生活提供輔助性的幫助，而且可以直接改變人類的行為模式和社會制度，我們甚至可以說技術發展的大勢決定天下大勢。第20章提過凱文．凱利的書《科技想要什麼》就給我們描繪了一幅技術的大勢圖。

凱利提出，技術的發展正在變得愈來愈獨立，就好像有了自己的生命一樣，變成了一個活的東西，以致它「想要」一些東西。而人類對技術的控制能力很弱，我們的角色不是技術的主人，而是「技術的父母」，乃至於「技術的生殖器官」。

並非所有人都認為技術是個好東西。空氣汙染、全球暖化和核輻射，使得某些極端環保主義者認為人類應該放棄技術，回歸原始社會的自然生活。中國常常認為上古是大同社會，人們生活安樂、與世無爭，事實是在農業技術被發明之前的採集狩獵時代，部落間的戰爭比任何文明社會都要頻繁，死於戰爭的人口比例是農業社會的五倍。再加上食物來源不穩定，考古發掘中從來沒有出現過四十歲以上的原始人。

從保護生物多樣性的角度，原始社會生活方式對地球環境的破壞比現在還要嚴重。從原始人走出非洲開始，人類到哪裡，哪裡的乳齒象、猛獁象、恐鳥、犀牛和巨型駱駝就會被滅絕。到距今一萬年前的時候，地球上八〇％的大型哺乳動物物種都因為被原始人屠殺而永遠消失了。

也正是在這個時候，農業技術終於出現。人口開始成長，壽命開始延長，一代人到下一代人之間的知識傳承才變得可能。有氣象學家甚至認為，正是因為八千年前的早期農業帶來大量二氧化碳導致的全球暖化，才使得地球避免了另一個冰河期。

農業技術發展的一個傑作是所謂「軸心時代」。在西元前六百年到西元前三百年之間，各大文明都出現了足以影響後世千年的精神導師，比如中國的老子和孔子，印度的釋迦牟尼，古希臘的亞里斯多德（Aristotle）、蘇格拉底（Socrates）和柏拉圖。之所以會有軸心時代，是因為當時大規模灌溉技術出現，古代農業產生了一定的剩餘，以致可以養活一幫「四體不勤，五穀不分」，一天到晚專門追求精神生活的人。

凱利寫道，人類社會組織方式的每一次大的變革都是由新技術的出現引發的。人類必須先發明文字書寫系統，才能把法律寫下來，才能談得上司法公正；是標準化貨幣的鑄造使得貿易流通更廣泛，鼓勵了經商乃至形成自由的思想；一四九四年，複式簿記的發明使得歐洲的公司第一次可以處理複雜的業務，開啟了威尼斯的銀行業，乃至全球化的經濟；是古騰堡（Johannes Gutenberg）發明金屬活字印刷術，使得歐洲基督徒第一次有機會擺脫教堂，直接閱讀聖經，形成自己的理解，最終引爆了宗教改革。

一個特別有意思而又影響深遠的技術是馬鐙。在沒有馬鐙的時代，騎馬作戰時大部分體力都被用於不讓自己從馬上掉下來，騎兵對步兵沒有速度以外的優勢。而馬鐙讓騎兵可以在馬上從容地使用武器，戰馬更容易控制，甚至人馬一體，從而獲得比步兵大得多的優勢。從此之後，騎兵成為一個專業兵種，一群平民就算組織起來也不可能打敗久經訓練的騎兵。再加上只有貴族才買得起馬，可以說馬鐙技術直接帶來了歐洲騎士制度和封建貴族統治，這才有了漫長的黑暗中世紀。而最後終結這種統治的，是火槍技術的出現，因為訓練一個火槍手比訓練一名騎兵容易得多。

技術不但改變歷史，而且改變人類的思維方式，比如地圖和鐘錶的出現就帶給我們抽象思維的能力。與一個只會看真實風景的人相比，一個會看地圖的人擁有一種高級得多的思維能力，能透過抽象的點和線去感知一種此前的人無法想像的空間結構關係。機械鐘錶則把時間這個原本不可分割的自然現象變成可計量的單位，而滴滴答答前進的時間感則開啟了人類探索科學的序幕。

技術甚至改變人的基因。人類今天的演化速度是擁有農業技術之前的一百倍，其中一個重要原因是農業出現以後，人類由小部落的遊獵變成大規模群居，每個人有了更多的可選伴侶，導致自然選擇加速。另一方面，因為人學會了飼養家畜，新的食物也在改變人的體質，比如我們今天對牛奶的消化能力就比遠古時代強得多。

可能有人會認為，雖然技術改變了人，但這些技術不都是人發明的嗎？所以追根究柢還是人改變人。這種說法很難說是對的，因為我們將會看到，人基本上控制不了技術。

考察技術的進步史，我們會發現它與生物演化非常類似：兩者都有從簡單演化到複雜，從一般到特別，從一元化到多元化，從單打獨鬥到種群間合作共生等特點[106]。如果說一個生命種類就是一堆基因的排列組合，那麼一項技術也是一組想法的排列組合。

從這個角度，凱利認為我們甚至可以說技術是一種生命，他把所有技術的總和稱為「科技界」（technium），與原生生物界、原核生物界、真菌界、病毒界、植物界、動物界等其他六個生物界並列，號稱是生命的第七個界。有意思的是，要想真正理解技術演化的歷史，我們需要一點關於生物演化的最新研究成果。

傳統教科書中的自然選擇說認為基因突變完全隨機，演化是為適應環境以決定哪種變異被保留。而在過去三十年，科學家開始使用非線性數學和電腦類比的手段來研究演化論，其得出的最關鍵思想，就是演化不是完全隨機的。

所有動物的視網膜上都有同一種叫「視紫質」的特殊蛋白質，它的作用是把眼睛接收到的光能變成電訊號傳輸給視覺神經。在所有可能處理光訊號的蛋白質分子中，視紫質的性能最好，生物演化早在幾十億年前就發現了這個完美分子的結構，而且從沒有變過。如果演化是完全隨機的，那麼在所有可能的蛋白質分子中找到這麼一個完美分子，就好像在茫茫宇宙中找到一顆特定恆星一樣困難。這還不是最可怕的。分子生物學的研究表明，視紫質是在古細菌和真細菌這兩個演化路線上完全獨立的分支上分別演化出來的。也就是說，演化不但找到了這個分子，而且還找到了兩次！從統計角度看，完全隨機的演化絕對做不到這一點。

所以有些最新的演化論學說認為，生物細胞的新陳代謝之類的過程，存在一個自組織的機制，使得基因變異有一個特定的方向。而這種學說的關鍵證據，在於生命組織的形成方法是有限的。比如說翅膀，世界上可能只有一種形成翅膀的方法，所以蝙蝠、鳥類和翼手龍雖然獨立演化，其翅膀結構卻是一樣的。

理論上，組成生命所需大分子的元素只有碳和矽，矽的性能比碳要稍微遜色一點，結果我們這個星球上儘管矽比碳儲量豐富，但所有生命都是基於碳。科學家用電腦類比無數種可能組成生命的大分子，發現只有一種組合方式性能最好，真實生命的DNA正是這種結構。

我們可以說，沒有哪個物種是真正新的，無非是對有限的可能性進行排列組合而已。將來哪怕真找到外星生命，我們也會毫不驚訝地發現其組成方式和我們一致。所以生命演化的內在方向，就是在這些有限的可能性中跳躍，正如非線性系統的演化往往是收斂的一樣。

技術的演化也是如此。外行的科幻小說作家喜歡天馬行空的想像，認為科技的發展是「一切皆有可能」，但事實是技術的可能性也是有限的，人遠遠不能從心所欲。

如果我們考察幾個大陸上相對獨立發展的各個古文明，會發現儘管它們之間因為缺少交流而進步的先後不一致，但其技術發展的路線是相同的。先有石器，才學會控制火，才出現刀，才有染料、漁具、石像和縫紉技術。最新的考古發現表明，農耕技術並不是在一個地方先發明然後傳播到世界各地，而是各個古文明獨立發明的。結果用於農耕的各種工具，乃至

---

106 注意，嚴格說來並不是生物「想要」按這個趨勢演化，只是宏觀趨勢如此。我打個比方，打開一瓶香水，宏觀上，香水分子會慢慢布滿整個房間——你可以說這個過程是從簡單到複雜——但是單個香水分子的運動沒有特定方向，也沒有變複雜的意願。

於不同家畜的馴養，都是按照同樣的順序被各文明發明和掌握。在技術進步的任何階段，都不是你想要什麼就能研發什麼。技術不聽我們的，我們得聽技術的。

人不能控制技術的另一個證據是，一項技術如果到了「該出來」的時候，它就一定會出來。因為它會被好幾個人同時發現。現在公認貝爾（Alexander Graham Bell）發明了電話，實際上以利沙．格雷（Elisha Gray）幾乎同時完成了這項發明，兩人甚至是同天申請專利，貝爾僅僅比格雷早了兩個小時！達爾文（Charles Darwin）和華萊士（Alfred Russel Wallace）同時發現演化論，牛頓（Isaac Newton）和萊布尼茲（Gottfried Wilhelm Leibniz）同時發現微積分。有人在一九七四年對一七一八個科學家進行調查，結果表明其中有六二%的人曾經在研究中被別人搶了先，這還不算沒有報告的同時發現。

在外行眼中，科技突破都是由英雄的科學家和發明家做出來的，而事實則是就算你把這個科學家殺了，別的科學家也能在幾乎相同的時間把它做出來。統計結果顯示，一個科學家要想多研究出一點東西，不被別人搶了功勞，最好的辦法是……多研究一點東西。

這是因為技術的進步不可阻擋。技術不僅僅是被人類需求或者人類天才的創造推動，它自身就是自身的推動。正如生物演化一樣，每一次技術突破都孕育新的技術突破，整個的技術進步是一個自組織和正回饋過程。有了文字就會有書，有了書就會有圖書館。有了電力就會有電話，有了電話就會有網路。有了圖書館和網路，就會有網路上的圖書館，維基百科就不可避免。任何正回饋過程都會導致演化加速，而技術進步正是加速進行的。以摩爾定律為代表，微電子技術的發展速度成指數成長。在一九〇〇年到二〇〇〇年這一百年內，我們的科學論文總數和技術專利總數的成長，也完美地符合指數曲線。如果這個趨勢保持不變，到二〇六〇年，地球上將會有十一億首不同的歌曲和一百二十億種不同的商品可供選擇。

作為一個電腦遊戲愛好者，我發現《文明帝國》（*Civilization*）和《世紀帝國》（*Age of Empires*）這樣的戰略遊戲中，有三個設定相當符合人類歷史。第一，你必須先研發出來某種特定的技術，才能去做某些事情。第二，你不必擔心自己不夠聰明，只要你的經濟達到相應的程度，該出來的技術就一定會出來。第三，你無權選擇什麼樣的技術「該出來」，它們的種類和次序都是設定好了的。借用Google前研究員吳軍的話，技術革命就如同大潮，我們只不過是弄潮兒，而我們中的幸運者將處在浪潮之巔。

評估當前技術的影響，預測下一個技術突破，正在成為政策制定者的重要課題。比如，如果未來二十年內人工智慧技術取得突破，使工業機器人的能力超過現在的生產線工人，那麼窮國的勞動力優勢就將不復存在，全世界都得面臨高失業率。今天我們並不知道這種突破能不能實現，但將來一旦實現，就會有識時務者在新聞出來的當天啟動應對方案。

一個遺憾是，我們不知道目前技術發展帶給我們下一個天下大勢是什麼，但很多技術就算出來了，我們也很難立即看到它真正的影響。愛迪生（Thomas Edison）發明留聲機，他設想的最重要功能是播放有聲書，怎麼也沒想到錄音技術的最大用武之地居然是音樂市場。

凱利熱情地歡呼技術進步，認為技術總是帶給我們更多的選擇，而更多的選擇是幸福生活的最重要標準。從大時間尺度上講這當然不錯，但在小時間尺度內，某些特定技術的出現未必對所有事情都是好消息。比如網路對世界和平是個好消息嗎？如果布洛奇能一直活到今天，他也許會有一個比凱利和自己一百多年前那本書中的觀點都更不樂觀的看法。

哥倫比亞大學教授傑維斯（Robert Jervis）曾經在一九七八年提出一個關於技術進步與

人類和平的理論。這個理論非常有意思。傑維斯發現歷史上進攻性武器技術和防守性武器技術是交替進步的：每當進攻性武器取得主導地位，戰爭就會變得更頻繁；而當防守性武器更強大，戰爭就會減少。

比如歐洲在十二世紀和十三世紀因為廣泛修築堡壘而相當和平，但十五世紀大炮的出現使得戰爭增加。十六世紀因星形要塞的發明，使威尼斯這樣的城市幾乎不可攻破，歐洲重回和平，一直到十八世紀，擁有更長炮管的自走炮出來才打破僵局。這種武器的交替上升包括一戰和二戰中機關槍對坦克，直到冷戰時代終極防守武器，也就是核武器帶來恐怖平衡下的和平年代。

根據這個理論，喬舒亞·庫珀·雷默（Joshua Cooper Ramo）在其著作《不可思議的年代》（*The Age of the Unthinkable*）中提出這樣一個問題：網路是進攻性武器還是防守性武器？他認為是進攻性武器，因為網路使得組織恐怖襲擊比阻止恐怖襲擊的成本低得多。

技術想要變得更高級，想要變得更無處不在，它有時候也想要幫助我們，但更重要的是，它想要獨立地發展。

你愛，或者不愛它，技術就在那裡，不悲不喜。

第 23 章

# 放諸古今皆準的權力規則

十九世紀末的比利時國王利奧波德二世（Leopold II）完全有理由成為一些人心中的偶像。他大力推動民主自由，在四十多年的任期內，成功地把比利時從一個專制獨裁國家變成了一個西方現代民主國家。他賦予每個成年男子選舉權，甚至比美國提前半世紀立法允許工人罷工。他對婦女兒童的保護領先於整個歐洲。比利時一八八一年有普及的基礎教育，確保每個女孩都能上中學，並且在一八八九年通過法律禁止十二歲以下兒童工作。在利奧波德二世治理下，國家的經濟也獲得了大發展，他比羅斯福更早採取建設公路和鐵路基礎設施的手段來減少失業和刺激經濟。

然而在非洲剛果自由邦（現在的剛果民主共和國）這個比利時殖民地，確切地說是利奧波德二世本人的殖民地，他完全是另外一個形象。剛果人，包括婦女和兒童，在利奧波德二世的統治下沒有任何人權，完全是奴隸。他們在員警的強制下勞動，動輒被施以斷手之類的酷刑，有超過一千萬人被迫害致死，而這一切都是為了保證利奧波德二世在橡膠貿易中獲得巨額利潤。

為什麼同一個人可以在一個國家推行西方式民主，卻在另一個國家施行最殘暴的獨裁？有人可能會說這是制度問題。但「制度」在這裡，與其說是答案，還不如說是問題本身。為什麼比利時的制度愈來愈民主，同一時期、同一領袖的剛果，卻愈來愈獨裁？難道是因為利奧波德二世只愛本國人或者有種族歧視？但後來剛果自己「選」出來的領袖並沒有比他做得更好。在《預測工程師的遊戲》（*The Predictioneer's Game: Using the Logic of Brazen Self-Interest to See and Shape the Future*）這本書裡，史丹佛大學胡佛研究所和紐約大學的政治學教授梅斯吉塔（Bruce Bueno de Mesquita）指出，真正原因是在剛果，利奧波德二世只需要讓少數人高興，就足以維持自己的統治；而在比利時，他必須讓很多人滿意才行。我認為這個答案與「制度論」的區別在於必須讓多少人滿意，這個人數不是制度「規定」出來的，而是實力的展現。

梅斯吉塔和合作者研究多年，得出了一個能夠相當完美地解釋很多政治現象的理論。這個理論認為不管是國家、公司或國際組織，其政治格局不能簡單以「民主」和「獨裁」來劃分，得用三個數字來描述。以國家為例，這個「三圍」就是層層嵌套的三種人的人數：

一、名義選民：在名義上有選舉權和被選舉權的全體公民。然而他們中的很多人，可能對誰當領袖根本沒有任何影響力。

二、實際選民：那些真正對誰當領袖有影響力的人。對美國來說，這相當於選舉這天出來投票的選民；對沙烏地阿拉伯王國這樣的君主國來說，是皇室成員。

三、勝利聯盟：領袖維持自己權力而須依賴的人。對美國總統來說，他們是在關鍵選區投出關鍵一票、促成當選的人；對獨裁者來說，他們是在軍隊和貴族內部的核心支持者。

看一個國家是不是真民主，關鍵並不在於是否舉行選舉，而在於勝利聯盟（以下簡稱「聯盟」）的人數。其領導者工作的本質是為聯盟服務，因為聯盟對領導者有推翻權——如果領導者不能保證人們的利益，那麼人們有能力隨時換一個。如果聯盟的人數比例很大，那麼這個國家就是我們通常所說的「民主國家」；反過來，如果聯盟的人數比例很小，那麼不管這個國家有沒有選舉，它都是事實上的「獨裁國家」。

這個理論看似簡單，其背後必須要有大量的數學模型、統計資料和案例支援，它們首先出現在政治學期刊上，然後被總結成了一本學術著作《政治生存的邏輯》（*The Logic of Political Survival*），並在二〇一一年又形成一本通俗著作《獨裁者手冊》（*The Dictator's Handbook*：*Why Bad Behavior is Almost Always Good Politics*）。

人們經常透過通俗史書和影視劇作來研究權術，驚異於為什麼像慈禧和魏忠賢這種文化水準相當低的人，能夠把那些飽讀詩書的知識分子玩弄於股掌之間。難道政治鬥爭是一門需要特殊天賦的非常學問嗎？現在梅斯吉塔的「三圍」理論，可以說是抓住了政治的根本。

西方國家領袖，不論什麼體制，做事的終極目的只有兩個：第一是獲得權力，第二是保住權力。

其實，即使最厲害的獨裁者也不可能按自己的意志為所欲為，他們必須依靠聯盟才能實施統治。為此，領袖取悅的對象不是全體人民，而是聯盟。這就是為什麼那些一心為民或者能從長遠籌畫國家發展的領袖即使在民主國家中也常常做不久，腐敗透頂的獨裁者卻常常可以穩定在位幾十年。

從這個根本出發，「三圍」理論可以回答我們對政治鬥爭的種種不解之處。朱元璋為什麼要殺功臣？變法為什麼困難？為什麼美國民主黨歡迎非法移民，卻反對給高技術移民提供特別管道？天天講民主的美國為什麼會推翻別人的民選政府？為什麼往往一個國家的自然資源愈豐富，它就愈難民主化？為什麼經濟發展並不一定能帶來民主？所有這些問題都可以用領袖和聯盟的互動來解釋。三圍理論能把種種帝王之術解釋得明明白白，可以說是學術版的「厚黑學」和現代版的《韓非子》。

政客制定政策，常常從意識形態出發，為自己找理由。比如美國共和黨經常談論家庭價值，反對同性戀和墮胎。這些所謂的自由或保守思想都是說給老百姓聽的。真正重要的是不同政黨各自代表一部分選民的利益，並都爭取中間派。政客，是一種比老百姓理智得多的動物，他們並不從個人好惡出發做事，背後完全是利益算計。《獨裁者手冊》提出了五個通用的權力規則。不管你是獨裁者還是西方民主國家領袖，還是公司的執行長，哪怕你對如何治理國家和管理公司一無所知，只要能不折不扣地執行以下規則，你的權力就可保無虞。

一、要讓聯盟愈小愈好。聯盟人數愈少，收買他們要花的錢就愈少。

二、要讓名義選民愈多愈好。名義選民多，一旦聯盟中有人對你不滿，你就可以輕易替換掉他。

三、控制收入。領袖必須知道錢在哪兒，而且必須能控制錢的流動。

四、好好回報聯盟對你的支持。一定要給夠，但是也不要過多。

五、絕對不要從聯盟口袋裡拿錢給人民，這意味著任何改革如果傷害到聯盟的利益就很難進行。凱撒（Caesar）大帝曾經想這麼做，結果遇刺身亡。歷史上變法者常以失敗告終。

這也就是說，領袖要做的事情其實非常簡單：透過稅收、賣資源或者外國援助拿到錢，用一部分錢把聯盟餵飽，剩下的大可自己享受。當然，如果是好的領袖的話，也可以拿來為人民謀點福利。

一個有意思的問題是，既然聯盟必須拿到回報，而員警又是一個重要的聯盟力量，為什麼獨裁國家的員警薪水反而都比較低？答案非常簡單：因為對領袖來說，縱容員警腐敗是比直接給他們發錢更方便的回報辦法。

聯盟是領袖的真正支持者，但由於其掌握推翻領袖的手段，他們也是領袖的最大敵人。領袖對付聯盟，除了收買，還有一個用外人替換的手段。路易十四（Louis XIV）繼位初期，聯盟裡的貴族都不是自己人，他的做法是擴大名義選民，給外人進入政治和軍事核心圈子的機會，用新貴族來替代舊貴族，甚至把舊貴族關進了凡爾賽宮，使這幫人的富貴只能依靠他。

對領袖來說，聯盟成員的能力並不重要，甚至反而有害，忠誠才是最重要的。朱元璋為什麼要屠戮功臣，就是要削弱聯盟的能力，同時證明聯盟成員是可替換的。我們完全可以想像中國皇帝的統治之所以相對穩定，一個很大原因就是透過科舉制度擴大了名義選民，讓功臣和貴族始終保持一定的不安全感。

而聯盟和名義選民的相對大小關係，是政治格局的關鍵。有無投票選舉，有無自由媒體，有無三權分立，有無監督機制，都是細節而已。只有聯盟人數足夠多，成功的民主政治才有可能實現。如果聯盟人數少，哪怕在西方民主國家，也會發生獨裁式腐敗。美國加州貝爾市人口不足四萬，經濟很差，市長卻發給自己七十八萬美元的高年薪，其市政委員會成員年薪也有十萬美元——洛杉磯市長年薪才二十萬美元，美國總統才四十萬美元，其他地方的市政委員會薪水不過每年幾千美元而已。貝爾市長能做到這些，恰恰是因其成功設計了一場參加人數很少的投票，把貝爾市從普通城市變成「憲章城市」。這意味著很多事情可以關起門透過少數幾個聯盟成員自己做。

西方國家的上市公司雖然有很多小股東（名義選民），但是董事會往往只有十幾個人，聯盟人數極少，這對執行長來說是一個容易形成「獨裁」的局面。

一般人可能認為執行長的薪水應該和他的業績密切相關，而據《經濟學人》（*The Economist*）二〇一二年報導的最新統計[107]，執行長薪水和業績根本沒關係！事實上，執行長的最佳策略不是搞業績，而是搞政治。他們必須在董事會安插自己的人馬。研究表明，愈是在董事會有親信的執行長，他們在位的時間就愈長。比如惠普（Hewlett-Packard Company）執行長菲奧莉娜（Carly Fiorina）因為行事高調和錯誤收購康柏電腦（Compaq Computer Corporation），現在已經成了ＩＴ史上的笑話，但是她在任內做的每個決策都符合權力規則。一上臺就不斷在董事會排除異己，減少聯盟人數。而她不顧市場反對，堅決收購康柏，正是為了擴大名義選民，進一步沖淡董事會中的反對勢力。然後她為新的董事會加薪，正是為了收買聯盟。當然最後因為惠普的業績實在太差，股價一跌再跌，任職六年後被迫在二〇〇五年下臺。即便如此她仍然得到一筆巨額遣散費。

其實菲奧莉娜被趕下臺的關鍵還是董事們都有股票，他們對股價的關心最終勝過了對菲奧莉娜的「喜愛」。我們完全可以設想倘若惠普不是一個公司而是一個國家，也許菲奧莉娜就會在領袖的位置上一直做下去。

那麼在人民享有廣泛的投票權，聯盟人數理論上可以達到全體選民的一半的西方民主國家，權力規則是否還起作用呢？答案是西方民主國家領袖與獨裁國家領袖並無本質區別：他們都必須優先保證自己鐵杆支持者的利益。

梅斯吉塔提出，當我們談論民主政治的時候必須了解一點：所謂「國家利益」，其實是個幻覺。國家作為一個抽象概念，並沒有自己的利益，是國家中的不同人群有各自不同的利益。政客們無非是代表一定的利益集團進行博弈而已。因為聯盟人數太多，西方民主國家領袖沒有辦法直接用錢收買聯盟，但是可以給政策。

以美國大選為例，歐巴馬的鐵杆支持者就是窮人、以西裔和黑人為代表的少數人種、年輕人和女人。那麼他當選後就一定要把大量稅收用於社會福利，加強醫療保險和社區服務。羅姆尼敗選後就此大加抱怨，但是羅姆尼當選也得回報自己的支持者。美國政界常見的「專項撥款」（earmark）和「政治分贓」（pork barrel）現象，就是政客回報自己選區的特定選民的手段。

《獨裁者手冊》列舉了權力規則在美國的種種展現：集團投票（block voting）、國會選舉要劃分選區，就是為了減少聯盟人數；民主黨傾向於增加移民，並給非法移民大赦，就是要擴大名義選民；兩黨都特別重視稅法，就是要控制錢；民主黨搞福利、共和黨支持把大量研究經費投入到往往只對富人有利的研究，就是為了回報各自的聯盟；共和黨反對增收富人

---

107 http://www.economist.com/blogs/graphicdetail/2012/02/focus-0

稅和醫療保險改革，就是因為絕對不能動自己聯盟的利益。

在美國以外，各國種種選舉中的政治手段也是屢見不鮮。

有這麼一幫人，他們相信西方民主國家的領袖真心熱愛民主，希望能借助外國力量推動國內的民主。這幫人太天真了。西方民主國家領袖的確要取悅人民，但僅限於其本國的人民。事實上，西方民主國家領袖在國內處處受限，但在對外政策上卻可以像獨裁者一樣行事。美國總統愛說美國要在世界範圍內推進民主，在梅斯吉塔眼中，這全是胡扯。美國對外政治的唯一原則是確保美國人的利益。為此美國要求外國政府施行有利於美國的政策。這有兩個辦法，不常見的辦法是戰爭，常見的辦法則是對外「援助」。

二〇一〇年，經濟學家丹比薩．莫約（Dambisa Moyo）出了一本書，《援助的死亡》（*Dead Aid: Why Aid Is Not Working and How There Is a Better Way for Africa*），列舉了大量事實證明西方已開發國家對非洲的種種所謂援助，根本沒有起到任何正面作用。實際情況是絕大多數援助資金和物資被當地獨裁者占有，他們正好可以用這筆收入回報聯盟。

然而明知援助無效的情況下，為什麼西方已開發國家和國際組織仍然要繼續提供援助呢？因為援助本來就是為了收買獨裁政府，其實是個幌子。美國曾經透過對埃及援助來促成埃以和談，埃及政府拿了錢辦事，卻未在本國宣傳美國的好，埃及老百姓反而更恨美國了。

梅斯吉塔使用一個簡單的數學模型證明，愈是聯盟人數少的國家，它的政府就愈容易被收買，因為收買少數人花不了多少錢。同樣一筆錢投給西方民主國家可能什麼問題都解決不了，投給獨裁國家卻可以立即讓該國政策發生一個改變。梅斯吉塔介紹了一個很有意思的研究，發現那些當選聯合國安理會成員國的國家，在其任期內，經濟發展和政治自由都變得更落後了！為什麼？因為更大的發言權可以換來更多援助！很明顯，這個安理會效應在獨裁國家更強。

儘管梅斯吉塔在書中對美式民主的弊端多有披露，有人對此書的一個批評仍然是其大大美化了美國的民主，而且高估了美國勝利聯盟的人數。有研究表明很多美國選民的意志並沒有在獲勝後展現。但不論如何，這樣的基礎論述是可取的，在我看來只是用一個有點憤世嫉俗的態度告訴讀者，獨裁體制收買少數人，西方民主體制收買多數人，本質都是收買。

我們甚至可以說，西方民主制度就是一種以滿足公眾短期利益為目標的福利制度。一個最能說明問題的現象就是幾乎所有政府都樂於借錢，因為借錢可以自己花，還錢則是下屆政府的事。而且就算你不借錢，你的競爭者也會借錢，還不如你借。政府借來錢不必生利，直接分給聯盟用於收買人心就行。唯一能限制獨裁政府借錢的是，別人願意借給它多少錢。唯一能限制西方民主政府借錢的是，萬一還不了債會被降低信用等級。本來經濟成長的時候正好還債，但西方政府並沒有這麼做。當一個政客批評別的政客不顧國家長遠利益借錢花，他的實際意思是說怎麼這錢不是我借的！

儘管民主有很多弊端，它仍然比獨裁強得多，絕大多數人恐怕還是寧可生活在民主國家裡，我的一個突出感受是民主的本質就是讓老百姓過好當前的小日子。有人認為民主是一個手段，其實民主本身就是目的。書中列舉好幾個研究資料，說明在相似經濟發展條件下，民主國家的教育與醫療水準都明顯優於獨裁國家，民主國家的地震等自然災害死亡人數都明顯少於獨裁國家。

那麼到底怎樣才能成為真正的民主國家呢？民主的一個先決條件是，政府必須由人民納稅養活。如果這個國家擁有豐富的石油之類的自然資源，獨裁者只須把這個資源控制在自己手裡，那麼他在任何時候都不需要什麼民主。只有在國家收入必須依賴稅收的情況下，獨裁者為了獲得收入才有可能給人民更多自由，經濟發展才有可能。

實行民主的另一個條件是最好在這個國家的建政之初，聯盟的人數就比較多。有人把華盛頓施行民主而不稱帝歸結於他的個人美德，這大錯特錯，其實華盛頓哪有稱帝的資本！美國建國靠的軍事力量本身就是各州組成的一個聯盟，根本不是誰一家獨大的局面。

那麼現在世界上的獨裁國家，怎樣才能過渡到民主呢？一個常見的論點認為，經濟發展會帶來民主。這個邏輯是說，經濟發展必然會讓人民變得更加自由，而富裕和自由的人民必然會要求更多的民主權利。梅斯吉塔對這個論點不屑一顧。當一個國家的經濟成長，政府的收入也會上升，領袖手裡有足夠的錢可以安撫聯盟，日子過得好好的，為什麼要搞民主？

歷史的經驗表明，反而是一個國家經濟出現嚴重問題，乃至於領袖沒錢、「按不住」聯盟的時候，這個國家更有可能突然實行民主。從這個角度說，經濟危機的時候借給獨裁者錢等於幫他維持統治。為什麼十多年前埃及發生了革命？此書提出這是因為軍隊沒有像以往一樣鎮壓上街遊行的群眾。而軍隊之所以旁觀，是因為總統沒錢了。總統之所以沒錢，則是因為正好在經濟不行的時刻，美國減少了對埃及的援助。

追根究柢，西方民主的本質不是選舉，而是聯盟人數多。所以其民主化的根本辦法就是增加聯盟人數。但是這一點不能指望領袖，因為根據權力規則，領袖在任何情況下都希望減少聯盟人數。另一方面，名義選民則在任何情況下都希望增加聯盟人數。而真正能讓聯盟人數增加的，其實是聯盟本身。

獨裁國家的聯盟成員本來是不希望聯盟擴大的，因為聯盟人數愈少，每個人能得到的利益就愈大。然而人數少也意味著存在不安全感，領袖可以隨時替換他們。這時候，聯盟才有可能會願意以增加人數來換取安全感。

《獨裁者手冊》進一步使用了一個相當簡陋的數學模型來說明，如果聯盟人數繼續增加，反而會因此得經濟上的好處。這個模型是這麼算的：聯盟人數增加意味著國家更民主，於是稅率會降低，人民會更加努力工作，經濟成長，於是每個人的收入都增加。在我看來，這個模型相當不可靠，光是說「民主國家稅率低」這個論點，就讓歐洲那些高福利國家情何以堪？

我想，經濟發展帶來民主這個論點還是有道理的。正如二〇一一年出版的《世界，沒你想的那麼糟！》（*The Rational Optimist: How Prosperity Evolves*）這本大肆鼓吹商品交換給人類帶來一切好處的書所論證的，所謂民主和法治這些東西，並不是哪個強人自上而下賜予人民的，而是人民在市場交換過程中互相磨合和演化出來的。隨著經濟的發展，國家中會湧現出愈來愈多的敢於要求更多權利的人來。這些人如果足夠多，他們將是所有政黨都必須爭取的對象。

他們想加入勝利聯盟！

# 第24章 該死就死的市場經濟

我想講兩個關於演化的故事和一個關於壟斷的故事，聽完你可能會發現，一般人對市場經濟的理解是錯的。

演化生物學家約翰·恩德勒（John Endler）拿南美洲的孔雀魚做過一次特別有意思的實驗。他以十個魚池來養這種長度只有兩毫米的小魚，每個池子底部有不同的鵝卵石或者碎石圖案，並在一些池子中放入強弱不一的捕食者。結果僅僅過了十四個月，各魚池的情況就變得很不同。沒有捕食者的魚池中，孔雀魚多有漂亮多彩的花紋，而那些生活在有捕食者的魚池中的孔雀魚都長得非常平庸，沒什麼色彩，身上的紋路也與池塘底部的石頭相一致，就好像為了自我保護故意長成這樣似的。[108]

從外人眼光看來，寬鬆的環境有利於文藝青年，長有彩色花紋的雄魚更容易獲得交配機會；而如果連生存都受到威脅，那還是低調點好。

除了速度特別快，恩德勒的實驗與一般生物演化並無區別。我們可以藉由這個簡單實驗體會一下演化的智慧。

其實魚生育的時候，並不能主動選擇自己的後代長什麼樣，遺傳變異完全是隨機的。面對自然選擇，魚與魚之間並非互相廝打競爭，而純粹是各自分別和環境對賭，誰賭對了誰就生存和繁衍下去。表面上看，盲目的變異和賭博似乎是一種落後的「生產」方式，但這其實是適應各種複雜多變環境的最佳辦法。

如果根本不知道未來會怎麼變，你最好還是什麼樣的後代都隨便生一點。

關鍵字是「不知道」。與一般人的直覺相反，演化其實是沒有方向的，自然選擇並不考慮物種的意見，物種能不能適應純屬偶然。演化看似盲目，卻可能是在複雜世界中找到答案最有效率的辦法。事實上，科學家從二十世紀六〇年代就已經開始用模仿演化的辦法尋找各種問題的答案。這個做法叫「遺傳演算法」。

設想一個十乘以十，總共一百個格子的棋盤，每個格子代表一個房間，其中一半的房間被隨機放置一個易開罐作為垃圾，而有一個只能看到自己當下與前後左右臨近房間的機器人的任務是收集這些易開罐。你能否給機器人編一個策略，讓它根據自己看到的不同情況採取不同動作，從而在規定的時間內撿到最多的垃圾？

這是聖塔菲研究所的電腦科學家梅拉妮・米歇爾（Melanie Mitchell）用來研究遺傳演算法的一個例子。[109]米歇爾自己先設計了一個盡可能智慧的策略。這個策略不太難，比如說，作為一個視力有限且沒有記憶力的機器人，如果所在房間內正好有一個易開罐，要做的顯然是把它撿起來；如果沒有，就往別處找。在理論上的最高分是五百分的情況下，這個人

---

108 引自提姆・哈福特的《迎變世代》（*Adapt: Why Success Always Starts with Failure*）一書。

109 引自米歇爾的著作，《複雜》（*Complexity: A Guided Tour*）。

圖 24-1 右圖是個不太好的策略，左圖是個比較好的策略。[110]

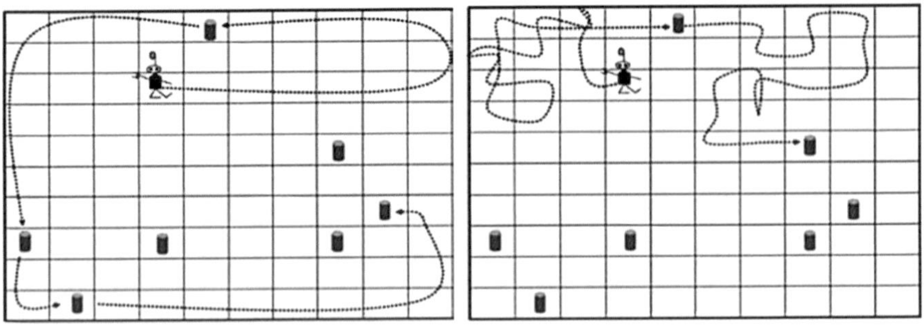

為設計的策略得了三四六分。可是米歇爾用遺傳演算法，讓電腦類比演化出來一個策略，得了四八三分。

遺傳演算法的演化過程是這樣的：

第一步，隨機生成兩百個策略，當作兩百個生物。這些策略可能是非常愚蠢的，也許一動就撞牆，但是別管那麼多，演化的要點是人完全不參與設計。

第二步，計算這兩百個生物的適應度。用很多個有不同垃圾布局的遊戲去測試這些生物，看最後哪些生物的得分更高。

第三步，選出適應度高的生物，讓它們兩兩隨機配對——適應度愈高的生物獲得的交配機會也愈多——以此來生育下一代。每一個孩子，都從其父母那裡各獲得一半基因。別忘了變異，也就是給每個孩子隨機地再改變幾個基因。這樣得到下一代又是兩百個生物。

第四步，對新一代的生物重複第二步。

這樣過了一千代之後，你得到了兩百個非常優秀的策略生物。其中最強的策略做到了什麼程度？如圖24-1，在缺乏全域視角的情況下，它居然能讓機器人自動從外圍繞著圈往裡走，進而能在有限的時間內遍歷更多的房間。

如果我們把面對每種具體情況採取的動作作為其所在策略的一個基因，最佳策略的最驚人之處，還不在於這個策略中某個具體基因特別高明，而在於其基因之間的配合。有一個基因居然會做出反直覺的事情——比如在自己當前房間有易開罐的時候不撿——這是為了配合別的基因，給未來的行動路線做一個標記！

讓人設計一個基因也許容易，可是讓人設計出不同的基因相互配合，則是非常困難的事情，你甚至很難想明白為什麼這麼配合對提高適應度有好處。遺傳演算法已經被廣泛應用到很多實際領域。工程師經常用遺傳演算法演化出來一個新的設計，比如說一個有怪異形狀的天線，它非常管用，可是人類工程師解釋不了它為什麼管用！

所以演化論者對「智慧設計論」者的一個最好反擊，也許就是生物世界實在太神奇，我無法相信有什麼智慧能把它設計出來。演化出來的東西比設計出來的東西更厲害。你既不知道未來環境會怎麼變化，也沒有那個智慧去設計，所以與其操心給什麼東西指引方向，還不如坐等演化的驚喜。

如此說來，演化竟可以被視為一種創新手段。事實上，演化也許是實現大規模創新的唯一手段。想想，如果採用遺傳演算法來促進國家在某一領域的創新，先隨機生成兩百個小公司……是一種什麼景象。

人們對比計畫經濟和市場經濟，經常說計畫經濟下商品的品質和服務的態度不夠好，因

---

[110] 圖片來自《複雜》一書。

為計畫經濟是大鍋飯，人們幹活不為私利就沒幹勁。但市場經濟更明顯的好處其實不是商品的品質好，而是商品的種類之多！五花八門無所不有，各種層次的需求都能滿足。這其中的原理當然是因為市場經濟本質上是去中心化的，任何人有任何想法都可以立即付諸實施，而不必向上級請示，更不必等著上級指導。

市場的關鍵字不是「為私利」，市場的真正關鍵在於「不知道」。政府計畫不行，並不是說政府不夠聰明或政府的電腦不夠快，而是政府不知道未來會怎麼變——沒人知道未來會怎麼變。市場經濟，深得生物演化之道。

第一，隨機變異。任何人開公司都是冒險，而有限責任公司制度的好處是你可以拿別人的錢冒險。沒有人知道哪個方向一定對，但如果所有方向上都有人嘗試，最後該出來的好東西必然能出來。

第二，自由交配。有性生殖是生物演化的一個神來之筆，它的效率比無性生殖高出太多了。好東西要互相結合來產生更好的東西。賈伯斯說蘋果的DNA就是從來不單靠技術，而是讓技術與人文藝術結合。實際上大部分所謂新發明都是把舊的想法連接起來。關鍵還在於，有些東西你單獨看它可能不是什麼好東西，可是一旦與別的東西結合就不得了。

第三，無情淘汰。如果環境永遠不變，我們絕不可能看到這麼多新物種；而當環境改變，我們歡呼新物種出現的時候，別忘了有無數舊的物種因為適應不了而被淘汰。歷史上不知有多少顯赫一時的偉大公司已經不復存在。談演化不談滅絕，談市場不談破產的，都是文藝小清新。

所以要參與市場得有這樣的精神：想生就生，該死就死。凡是能做到這個八個字的系統，不論參與者較量的是商品、體育、藝術還是學術，不管其中有沒有價格訊號，都能繁榮創新。如果一個系統做不到這一點，恪守傳統抱殘守缺，那就別想繼續發展壯大。

創新，也許是堅持自由市場的唯一理由。一般人以為市場經濟的最大好處是有競爭，其實是高估了競爭。考察歷史上的著名壟斷公司會發現，壟斷在某些階段發揮了它的優勢。

「AT&T」壟斷美國電話業務的時代，不管對該公司還是對美國人民來說都是一段美好時光。[111] 二十世紀初 AT&T 總裁西奧多・牛頓・魏爾（Theodore Vail）非常反感無序競爭，認為公司最好壟斷，而且壟斷公司有義務為國家服務。他的理念是公司不應該把股東利益放第一位，而應該把「為人民服務」放第一位！

魏爾治理下的 AT&T 把電話線路鋪設到了不能帶來利潤的偏遠地區，確保全國用戶享受最高品質的通話，而且把電話業務的定價權直接交給政府！即使因為壟斷產生了利潤，這些利潤也沒有直接分給資本家享受，而是在相當程度上被用於資助貝爾實驗室的科學家搞基礎研究！貝爾實驗室為美國帶來七個諾貝爾獎，其偉大成就包括電晶體、雷射、太陽能電池、電腦程式設計語言和作業系統，甚至還有天文學。

如果故事一直按這個方向走下去，那麼結論就是公司做大後變成壟斷公司，與國家合作，甚至乾脆收歸國有，是一條利國利民的必然之路。但是，故事還有一個轉折。

貝爾實驗室曾經搞出過很多足以改變電話業務的創新。可是這些創新，都被 AT&T 扼

---

[111] 引自吳修銘（Tim Wu）的《誰控制了總開關？》（*The Master Switch: The Rise and Fall of Information Empires*）一書。

殺了。比如錄音磁帶做的電話留言機，早在二十世紀三〇年代就被貝爾實驗室發明，可是ＡＴ＆Ｔ卻下令所有相關研究停止，資料封存，包括錄音帶技術！這僅僅是因為公司擔心人們有了電話錄音會更少打電話。這顯然是個非常愚蠢的想法，事實證明有了電話留言機後，人們仍然打電話。然而結果就是美國最後是從德國進口的磁帶錄音技術！類似的被扼殺的技術還包括數位用戶線路（ＤＳＬ）和免持聽筒功能等。

這就是為什麼有些創新被稱為「破壞性創新」。一個東西出來就破壞了別人的業務，誰不希望自己做得好好的業務能夠永遠這麼做下去？而ＡＴ＆Ｔ這個例子說明，哪怕這個新東西對業務的可能影響其實沒那麼大，哪怕它是自己公司發明的，也不行。所以大多數人談創新都是葉公好龍，在局面很不錯的情況下沒有人真的喜歡改變。

歷史證明ＡＴ＆Ｔ對新技術的畏懼很有道理。有家公司做了個可以給電話加上靜音和免持功能的外部裝置，這個設備一直被ＡＴ＆Ｔ以影響通話品質，甚至危害維修人員安全的理由打壓。打了八年官司之後，法院裁定個人在家裡給電話加上外部裝置是合法的。以此為開端，很多新的設備進來，電信業進入百家爭鳴時代。

這是ＡＴ＆Ｔ衰落的開始。

但那也是網路興起的開始。至今仍然有很多人為ＡＴ＆Ｔ這麼一個偉大的公司後來被以反壟斷為名分拆而深感遺憾，可是我們得把這當成是創新的代價。

世界上沒有白給的好東西，創新也是有代價的。創新的代價除了燒錢冒險，還包括讓偉大的公司死亡，還包括容忍壞東西出現。

效法演化，這個智慧是隨便嘗試，等東西出來以後讓市場選擇，而不是讓某個政府部門先行選擇，因為也許你眼中的某個壞東西，將來和別的東西結合以後能產生特別好的東西。

在網路界，這個智慧叫「先發表後過濾」。你怎麼可以僅僅因為自己覺得它可能會造成傷害就禁止它出現，為什麼不等它已經造成了傷害再行動呢？

如果要成為領先者，建設一個創新型國家，就得想想我們願意為創新付出多大代價。

第25章

# 技術、國家、生物和公司的存活率問題

我們說一個生死攸關的大事：存活率。這裡我們舉個例子，比如說一家公司，它現在活得滿好，如何判斷它在未來是否能夠繼續存活呢？我累積到幾個有意思的說法和研究結果，我認為這裡面有高級的道理。

不同類型的東西的存活規律是不一樣的，我們先說無形的東西。

## 技術和思想

塔雷伯在《反脆弱》這本書裡有個說法，這麼多年過去了還被人記得，我相信這個說法是有道理的。

你打開一個賣書網站的年度圖書暢銷排行榜，會發現上面有些是新書，有些卻是出版許久的書。比如其中一本是余華的《活著》，一九九二年出版，它已賣了三十多年。

那麼塔雷伯會說，我們可以估計，《活著》大約還能再賣三十年。這本書已經用時間證明了自己的「強韌性」，它既然這麼強韌，就有理由繼續活下去。

反過來說，排行榜上有些特別新的書，出版不到一年，雖然也賣得很好，塔雷伯會估計是它還能再賣一年。這是因為它可能是個偶然的流行，來得快，去得也快。

當然這一切都只是機率判斷。也許十年之後沒人再讀《活著》了，也許我今年寫的書成了經久不衰的經典，但那都是小機率事件。

塔雷伯的判斷方法是，像書、技術、思想等，這些不像人一樣會變老、不會自然消亡的事物，它未來的預期壽命和它當前的壽命成正比：它已經存活過的時間愈長，未來繼續存活的可能性就愈大，壽命就是它實力的證明。

塔雷伯這個說法提醒我們，新東西大多會很快消亡。比如說某個新型手機，一般來說過幾年就被淘汰了；而喝水用的杯子，因為其中沒有新技術，反而會一直存在，不會被淘汰。

但如果是別的東西呢？

比如說國家，是不是也能用壽命證明實力呢？

## 國家

作家馮敏飛二〇一九年出了本書叫《歷史的季節》，其中他提出了一個有意思的理論，叫「七十年的坎」。馮敏飛統計了中國歷史上歷代王朝的壽命，發現其中有個有意思的規律。

如圖25-1所示，在六十二個王朝之中，壽命在七十年以下的多達四十六個，占七四%；超過七十年的只有十六個。但是只要能超過七十年，比如達到一百年，那麼這個王朝的壽命就很可能不止這麼多年，會達到兩百年，甚至三百年。整個曲線呈現M形。

這也就是說，七十到一百年好像是中國王朝的一個瓶頸。大多數王朝過不去這道坎，但只要過去了，就能贏來一個很長的發展時間。馮敏飛說，七十年節點對於短命王朝來說是絕望的天花板，而對於絕大多數長壽王朝來說「輕舟已過萬重山」，發展前景廣闊。

▍圖 25-1 中國歷史朝代積年分析圖

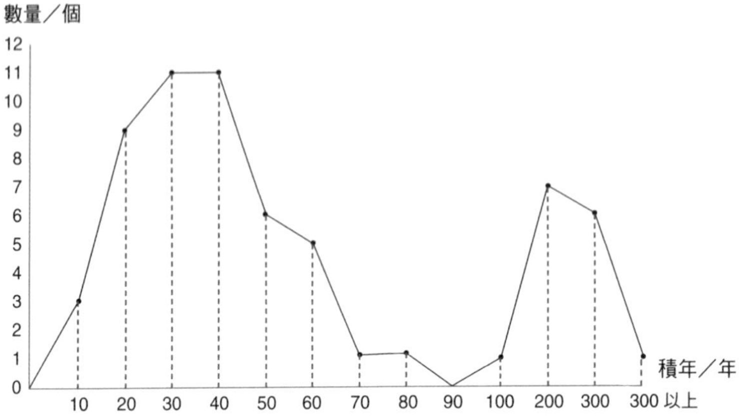


馮敏飛這本書有深意。他發現的一般規律是一個王朝哪怕在開國前後做了很多極端的事情，只要在七十年節點成功實現轉型，就能把天花板變成喇叭口，打開未來；不能轉型，就有危險。比如元朝就沒轉型，曾經那麼強大，九十多年就滅亡了；清朝開國做過很多壞事，結果康熙大搞「永不加賦」之類的仁政，取得了人民的認可，成功轉型。

我不知道這個理論是否正確。為什麼是七十年呢？是不是因為開國者的影響力正好持續這麼長的時間？這個理論對外國也適用嗎？

但我們能夠欣賞馮敏飛這個理論。與塔雷伯只論一個壽命變數相比，馮敏飛相當於是把國家的存活分成了「創業」、「轉型」和「守業」三個階段：轉型像創業一樣難，甚至可能比創業還難。但只要轉型成功，守業似乎比較容易。

那公司也是這樣嗎？這可不一定。在此之前我想先說生物，生物演化就不是這樣的。

## 生物

二十世紀七〇年代，芝加哥大學生物學家范華倫（Leigh Van Valen）搞了一項在那個年代來說絕對是大手筆的「大數據」研究。他考察了各種生物物種在漫長的演化史上的存活時間。有的物種剛一出來沒多少年就滅絕了，有的物種卻能不斷繁衍，存活幾百萬年、幾千萬年才滅絕。范華倫想知道的是，如果一個物種已經存在了很長時間，那是不是說明它具有某種超出一般水準的演化優勢，是不是能保證它繼續存活很長時間呢？

我們可以想像從古生物化石中收集這些資料有多麼不容易，而且資料必定有各種誤差。范華倫畫了很多張圖，這些圖表現出相當一致的結論。

圖 25-2 物種數與存活時間關係圖[112]

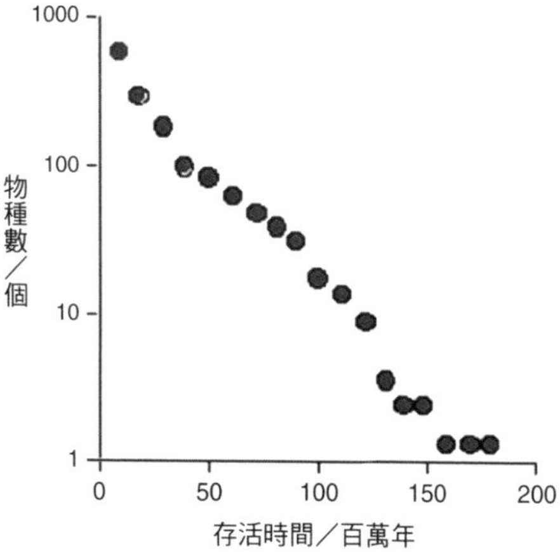


圖 25-2 橫坐標是物種存活的時間（百萬年），縱坐標是有多少個這樣的物種的對數座標。這條曲線是近似的直線，說明物種每年滅絕的機率是一樣的。沒有哪個物種有長期演化優勢。剛出來的新物種也好，已經存活了一千萬年

[112] 根據范華倫的結果重繪。

的舊物種也好，不管是什麼物種，未來這幾年內滅絕的可能性，是完全一樣的。滅絕機率與物種的年齡無關。

請注意，這裡說的物種滅絕，與人類活動可沒關係，並不是人類這個超級力量在無差別地消滅物種——人類在地球生物演化史上沒有多少年，化石證據研究的都是幾千萬年尺度上的故事。

這也就是說，演化不管你是誰。你是老資格也好，新貴也罷，這場比賽誰輸誰贏的機率是一樣的。繼續活下來的物種不是因為發現了什麼一勞永逸的演化優勢，只不過是運氣好沒遇到滅絕它的環境而已。這個結論叫「滅絕定律」（Law of Extinction），也叫「范華倫定律」（Van Valen's Law）。

為什麼是這樣呢？范華倫提出了一個假說。我們設想有個物種，突然因為基因突變獲得一個演化優勢。它在一段時間內可以活得不錯，但是別忘了別人也在演化。它的捕食者，也會演化出新的優勢來，抵消它的那個優勢。所以演化中沒有一成不變的絕對優勢。再者，這個優勢也不會僅僅是優勢，與一利必生一弊，優勢換個場合就是劣勢。所以物種永遠都面臨這樣的挑戰：要不突變，要不滅絕。

這個說法現在被稱為「紅皇后假說」（Red Queen Hypothesis），用的典故是《愛麗絲夢遊仙境》（*Alice's Adventures in Wonderland*）裡紅皇后對愛麗絲說的一句話：「你必須盡力地不停地跑，才能使你保持在原地。」

這是一個比「逆水行舟，不進則退」更嚴酷的法則：不變則死。以前的所有成就在演化面前都不管用，你得一直「發明」新的優勢才行。

公司，也是這樣的。

## 公司

公司的故事，得分兩個階段。首先是初創公司。因為大家創業開公司常常是一腔熱血，過度自信，初創公司的存活率是比較低的。

圖25-3說的是美國的公司從成立之日起，每一年的存活率曲線。

圖25-3 一九七七至二〇〇〇年美國創業公司的五年存活率[113]

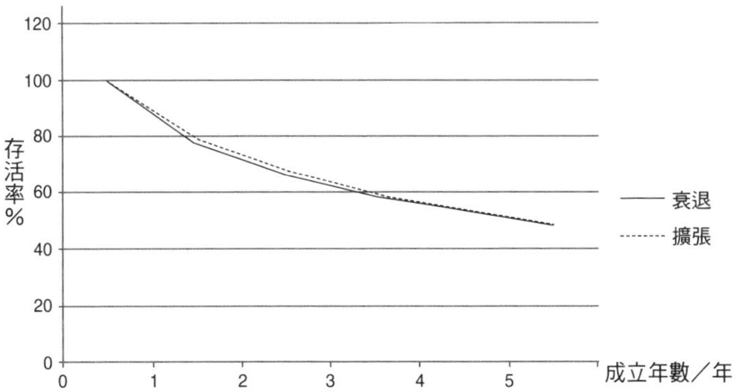


可以看出，這些公司從創立第一年就倒下了二〇%，但以後倒下的機率會慢慢變小。換個角度，我們還可以從圖25-4看創業公司拿到各輪融資的情況[114]：

從第一筆投資，堅持到拿到A輪融資的公司，只有四〇%。到B輪就只剩下了近二〇%，此後逐漸減少，最終能成功上市的少之又少。

所以公司創業之初是個大坎。但是如果能堅持五

[113] 引自 Scott A. Shane, Failure Is a Constant in Entrepreneurship, boss.blogs.nytimes.com, July 15, 2009。

[114] 圖片來源：https://techcrunch.com/2017/05/17/heres-how-likely-your-startup-is-to-get-acquired-at-any-stage/

圖 25-4 二〇〇三至二〇一三年美國創業公司存活曲線

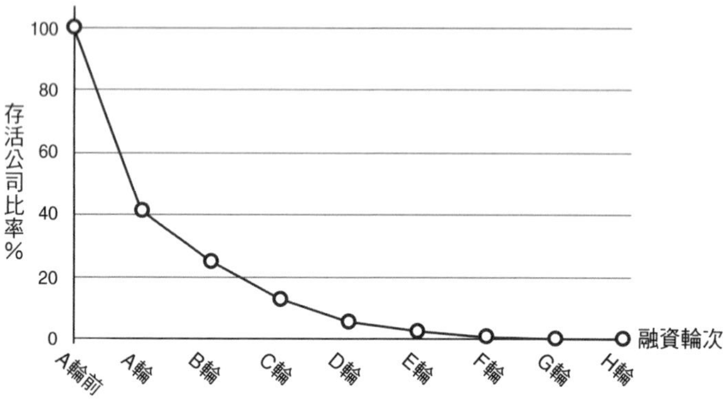


年，存活到十年以上，甚至已經成功上市了，你的存活是不是就穩了呢？也不是。

美國合作基金會學者摩根．豪瑟（Morgan Housel）專門把存活了十年以上的公司和生物物種做了類比，發現兩者面臨的死亡風險局面是一致的[15]。圖25-5說的是存活時間從十年到二十五年之間的公司每年的死亡機率。

這些公司存活的機率幾乎是一樣的，已經成立了十年也好，二十五年也罷，存活機會是一樣的。正如演化不管你是誰，市場不尊敬老公司。

只要熬過最初幾年，你就獲得了上場正式與人競爭的資格。而在這個正式的市場上，公司的年齡就沒意義了。年齡既不是優勢，也不是劣勢。

所以公司也遵循紅皇后假說。和生物演化一樣，沒有哪個公司能找到絕對的、一勞永逸的競爭優勢。必須不斷發明新的優勢，不停地跑，才能活下去。

「羅輯思維」的羅振宇總愛說「存量」如何，「增量」又如何——這就是關於公司的存量和增量的現實：公司根本就沒有存量，市場只認增量。

圖 25-5 公司倒閉機率與企業年齡的關係

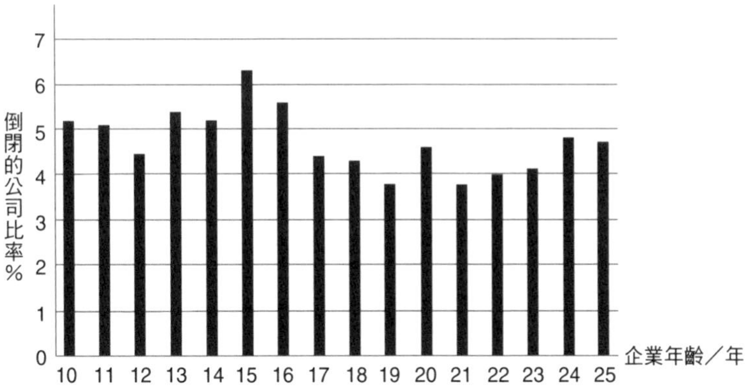


⑮ Morgan Housel, Keep Running! collaborativefund.com Jun 30, 2020.

總結一下四種事物的年齡和存活關係：

一、年齡能證明技術和思想的強韌性，已經存在多長時間就意味著以後還會繼續存在那麼長的時間。「老」意味著經久不衰，「老」意味著真厲害。

二、國家有個瓶頸期。如果過不了這個瓶頸期就會滅亡，過了就能長期存活。老牌的國家沒有那麼容易失敗。

三、生物物種不分新舊，存活機率都一樣。物種必須不斷演化出新的優勢才行。

四、公司集中了國家和生物物種的「缺點」：前期有個瓶頸，後期也不能放鬆。

乍看之下，這些規律都和個人很不一樣。個人只要攢夠了錢，就可以保證這輩子衣食無憂，弄幾套房子，還可以搞個「睡後收入」。但是這也僅限於攢錢。

攢錢之外，你還有很多別的追求。只要你想出來和別人比劃一番，你就需要一個競爭優勢，你就會受到「紅皇后假說」的詛咒。

小時候聽說考上大學就好了，考上大學又聽說工作了就好了，然後是結婚買了房子就好了，然後是孩子大了就好了……其實永遠都「好」不了。這就是大自然的設定，認命吧！

# 第 26 章 到底什麼叫「內卷」？

「內卷」是近幾年來網路上特別流行的一個詞，一般用於形容某個領域中發生了過度的競爭，導致人們進入了互相傾軋、內耗的狀態。典型的內卷現象比如大考，大學錄取的名額有限，家長又都希望孩子上好大學，大家只好都沒日沒夜地備考。

「內卷」這個詞如此流行，以致現在只要看起來是讓人難受的競爭，就被稱為內卷。而個詞之所以這麼流行，主要是「鍵盤政治家」的功勞。這些活躍在網路上的「國師」們認為，人多空間小是中國最大的問題，必然導致內卷。如何解決內卷呢？「鍵政界」在「內卷學」之後，又搞出一個「入關學」：我們必須擴張，像明朝末年滿洲人進入山海關一樣，用中國產品強行占領全球市場……

我要說的是，這個內卷和入關理論沒有任何新意，其實是三個老東西：一是囚徒困境，二是馬爾薩斯陷阱，還有一個是我們中學課本上那一套帝國主義擴張論，都是非常簡單的。

這幫人辜負了「內卷」這麼一個好詞。「內卷」的本意，是一個特別有意思的現象，是個很別致的觀察，可惜被誤讀了。

最早把「內卷」這個詞引入中文世界的，是一位從海外回國的歷史社會學家黃宗智。他一九八五年出了一本書叫《華北的小農經濟與社會變遷》，其中提到中國的小農經濟，勞動力過多，土地又有限，形成了「過密化成長」。特別是黃宗智發現，單個勞動力的產出已經出現邊際生產率遞減的情況。也就是說，投入土地勞動的人愈多，平均每個人就愈窮，可以說已經是內耗了。黃宗智把這個現象叫「內卷」。

但是這個用法是對的嗎？

—•—

「內卷」，英文是「involution」，與它對應的詞是「evolution」，也就是演化。直觀地說，內卷就是「向內演化」。

北京大學社會學系的劉世定和邱澤奇，二〇〇四年專門寫了篇論文[116]，考證「內卷化」這個概念的流變。

「內卷」作為一種現象，最早是由美國人類學家亞歷山大・戈登威澤（Alexander Goldenweiser）從藝術角度提出來的。比如重複圖樣的裝飾藝術。特點是特別精細，看起來相當複雜，有各種細微的層次。可能是手繪的，一看就知道花了很多工夫。

但這個複雜是一種單調的複雜，是幾種模式不斷地重複，沒有什麼創造力和多樣性。從事這門手藝的人，我們只能稱之為「匠人」，不能叫「藝術家」。因為精細，會讓人覺得挺厲害，這錢花得值，但是這種藝術其實沒有太多欣賞價值。對吧？

這就是內卷——向「內」演化，愈來愈精細，愈來愈複雜，其實都是幾個固定模式的重複，沒有能跳出模式的創造力。戈登威澤說，哥德式建築藝術其實也是內卷。乍看很震撼，真是花了大工夫！愈弄愈複雜，每一個小地方都要精雕細刻，但是總是這麼幾下子。

—•—

一九六三年，美國文化人類學家紀爾茲（Clifford Geertz）出了本書叫《農業的內卷化》（*Agricultural Involution: The Processes of Ecological Change in Indonesia*），把內卷這個概念引入了社會生活的領域。

紀爾茲借鑑了戈登威澤的概念，他總結內卷是「某文化達到某最終形態後，無法自我穩定，也無法轉變為新的形態，只能使自己內部更加複雜化」。

紀爾茲發現了印尼農業的內卷化。印尼有個爪哇島，土地條件很好，適合種植水稻，但是人口眾多，又沒有資本進來，只能讓愈來愈多的人耕種這有限的土地。請注意，人多地少並不意味著內卷，內卷有個關鍵特徵。

隨著爪哇島上勞動力的增加，人們對土地的耕種變得更加細緻了。紀爾茲說，「對土地的使用變得更加錯綜複雜，租佃關係變得更加複雜，合作性的勞動力安排變得更加複雜」，正是這種變著法地精耕細作，「一種過分欣賞性的發展，一種技術哥德式的雕琢，一種組織上的細化」，才叫內卷化。

---

116 劉世定、邱澤奇，「內卷化」概念辨析，《社會學研究》，二〇〇四年五期。

而精耕細作是起作用的！爪哇島在人口增加的同時，每個人的生活水準並沒有顯著下降，「能夠穩定地維持邊際勞動生產率」。爪哇島上的人並沒有陷入馬爾薩斯陷阱。

這和黃宗智說的事情正好相反。黃宗智在《華北的小農經濟與社會變遷》一書中明確引用了紀爾茲，但是他把自己描寫的那個因為人多地少導致邊際生產率下降的現象叫「內卷」，恰恰是對紀爾茲的誤讀。黃宗智說的那個意思應該叫馬爾薩斯陷阱，是馬爾薩斯人口論的核心論點，是一種對人口成長速度超過土地產出成長速度的擔心。黃宗智在此後的著作中多次使用「內卷」這個詞，都是誤讀。

你可能會說這不公平！語言本來就是自由演化的，很多詞彙一開始都是誤讀，現在既然大家都說「內卷」是這個意思，為什麼就不能是這個意思呢？

事實上，黃宗智和鍵盤政治家心目中的內卷——也就是馬爾薩斯陷阱，為了方便區別，後述我稱為「內耗」——在真實世界中很少發生。劉世定和邱澤奇論證，黃宗智對整個中國農業歷史的評估——所謂「沒有發展的成長」——是有問題的。即便在古代，中國農業的種植結構、產業結構、分工深化也一直都在發展。

其實這個道理很簡單，內耗式的危機不會長久存在。如果你覺得這裡已經開始內耗了，沒希望了，那直接出走不就行了嗎？如果你說大家都走不了，那這個社會肯定是不穩定的，會出大問題。

而內卷，卻是一個能夠長期穩定存在的現象。我們來看幾個例子。

內卷並不一定降低生活水準。內卷的關鍵不在於有競爭，而在於「向內演化」，是精細化，是低水準的複雜。內耗是危機，內卷卻是一種無聲的悲哀。陷入內卷的人很可能樂在其中，都不覺得那是悲哀。

中國高考的確是內卷，但這並不是因為它的殘酷性。彩券、諾貝爾獎、奧運冠軍、電影明星，這些都是「中獎者」極少而「炮灰」極多的項目，但是這些項目並沒有內卷化。高考的內卷之處在於考試內容呈現低水準的複雜。

如果人多名額少，選拔優秀人才的直觀辦法是增加難度。美國名校錄取的一個重要項目是在高中開設大學課程——這有點囚徒困境的意思，但是因為優秀人才可以盡量發揮，所以不能叫內卷。

然而中國高考受到大綱的限制，題目如果超出大綱就對不起偏遠地區的考生，可是又要能把人淘汰掉，結果只能向大綱之「內」發展，把題目出得很怪。

「紅學」，也就是對《紅樓夢》的研究，在我看來是內卷。這就這麼一本小說，一兩百年來無數學者翻來覆去地發掘，還能整出什麼來呢？但是研究仍然在深入，精細還能再精細：現在已經有人拿紅樓夢研究管理學、經濟學、食譜。你不能說這種研究是胡扯，它的確是個學問，但這是「鼻菸壺」學問，是低水準的複雜。

請注意，紅學是內卷，可不是內耗。紅學家有著很好的聲望，整天寫書做報告，日子過得很不錯。曹雪芹一本書，養活了多少人。

一些政府部門辦手續，大企業走流程，也是內卷。這麼簡單的一件事，系統會把它搞得愈來愈複雜，你得蓋很多章，有時你還得為你的證明提供更嚴格的證明。個別辦事的人看似一本正經，給人感覺專業又正規，其實什麼都不是。他們不是在內耗，他們過得也很好。

截至清朝末年，中國人累積下來的諸多封建禮教、各種規矩、各種講究、禁忌和迷信，形成了內卷。諸如正月不能剃頭、風水如何、搬家應該怎麼做等，都是因為人們沒有新思想、新事情可以琢磨，一天到晚只能把平淡的日子過得愈來愈精細，搞低水準的複雜。

現代人的婚禮、生日、一些節日的儀式也愈來愈複雜，特例變成慣例，慣例變成規矩。可昇華出什麼新的精神來了嗎？沒有，不妨說正在走向內卷。

我兒子在美國上學，我才知道美國小學沒有班級幹部。當然中學有學生組織，你可以競選一個學生會主席之類的職位，名額很少，但那不是內卷。而我在中國內上小學的時候，那個班級幹部系統卻是內卷。全班總共才五十多個人，竟然有「少先隊」和「班級」兩套領導班子——有班長、大隊長、中隊長、小隊長、小組長、學習委員、體育委員、生活委員、各科的課代表等，恨不得一半學生都是幹部。

再比如文藝，大型春晚、抗日神劇，包括有些好萊塢類型片都是內卷化的產物。就這麼幾個類型可以拍，愈來愈精細化，愈來愈花錢，其實都是低水準重複，沒有新東西。

—•—

內耗是迫在眉睫的危機，內卷是更長期的憂患。內卷給我們的教訓是複雜不等於高級，更不等於先進。現在並不是一個馬爾薩斯陷阱局面，而且就算是，解決方案也不是「入關」。不論是內卷還是內耗，真正的解決辦法都是創新。你是要「出關」：你得跳出當前這個發展模式。如果到了S形曲線的平臺區，你就要尋找第二曲線，你要積極探索藍海。

而且我們都應該不斷學習真正的新思想才行。把幾百年的老思想用新詞包裝一遍再拿出來用，這也是一種思想上的內卷。

第27章

# 暴力在邊緣

我們說一個有關「帝國和暴力」的歷史規律，也許這個規律能對你有所啟發。

因為中國歷史是讀書人、特別是儒家讀書人寫的，而儒家讀書人都喜歡秩序，所以我們作為老百姓的視角都是譴責暴力，我們想的都是怎麼限制暴力。每當讀到歷史上中國被野蠻人侵犯，我們都是代入角色到中國百姓這一邊。但是這裡，我想請你換一個視角。

想像你是一個掌握暴力的野蠻人。你站在中國周邊，看到中國這麼好，這麼富裕。請問你有什麼想法？

當然不是現代中國，也不是特指中國。我們這裡談論的是農業時代的那種「帝國」，比如中國從秦到清兩千年間的那些大大小小的帝國、羅馬帝國、波斯帝國、拜占庭帝國等。不論中外，這些帝國有三個共同特點：

第一，有稅收。這個稅收不是現代國家的稅收。在現代國家，公民繳稅是一種義務，是購買公共服務，也是政府搞福利與建設的必要手段。而帝國的稅收，則更多地是征服者對被征服者的汲取，更接近於土匪收保護費。征服者大可自己享受，老百姓無權過問。

第二，有暴力。帝國的稅收是靠暴力實現的。和平時期的老百姓常常忘記這一點，把官員稱為「父母官」，但帝國的最核心業務就是暴力收稅。馬克思・韋伯（Max Weber）說：

「國家是一個要求獨占合法暴力的集團，不能以別的方式來定義它。」

第三，有疆界。前現代化國家沒有現代國家這樣精確的領土意識，但是帝國都有邊疆。哪裡是能直接收稅的地方，哪裡是有影響力的地方，哪裡是管不到的地方，帝國心裡有數。

這三個特點就足夠我們推出有關帝國的一個重要規律了。

—•—

這個規律最早是十四世紀至十五世紀的阿拉伯穆斯林學者伊本·赫勒敦（Ibn Khaldun）提出來的。我們知道中世紀伊斯蘭世界的文明程度相當高，出了很多智者。赫勒敦原本是個大臣，他親身經歷過政治，懂得東、西方的歷史。四十五歲這一年，赫勒敦突然離開政治，專心寫歷史書。他寫的書叫《殷鑑書》，書中有一部分叫《歷史緒論》，就講述了帝國興亡的規律。

赫勒敦的思想一直流傳到現代，被一個法國歷史學家，馬丁尼茲－格羅（Gabriel Martinez-Gros）發揚光大，系統性地用歷史上世界各地的帝國情況印證他這個規律，寫成了一本書，叫《歷史上的大帝國》（*Brève histoire des empires: Comment ils surgissent, comment ils s'effondrent*）。

這個規律並不複雜，其實也有很多人感受到了，只不過沒有人像赫勒敦那樣把它說得那麼直白和系統。

這個規律是，帝國的暴力，只能來自帝國的邊緣地帶。

帝國的興亡過程，差不多是這樣的：

第一，一個最強暴力集團掃平所有抵抗者，取得了天下。這個集團的人，就是帝國的統治者。

第二，統治者對老百姓徵稅。古代帝國是以農業為主，沒有那麼多商品交換，沒有什麼「雙贏」、「投資」的概念，這個財富被人拿走，就不是你的了。所以在赫勒敦看來，繳稅是一種屈辱，是對暴力的屈服。

而為了維持徵稅能力，同時也是為了保護「自己的」百姓不被外人徵稅，帝國必須維持一支強大的軍事力量。

第三，軍事力量會和納稅的百姓分開。這是關鍵的一步。

也許一開始的時候，古代帝國還有一些既是農民又是戰士的人，但是到了一定時間之後，戰士和農民將會分開。帝國會讓納稅人解除武裝。

這首先是為了帝國的安全。有武裝的老百姓不容易壓榨，萬一惹毛了百姓，容易出事。帝國將會逐步安排納稅人老老實實地從事生產、服務、經商、讀書考試這樣的和平事業。帝國的主流文化將是厭惡武勇、崇尚文弱的文化。

而這個分工會極大地促進帝國的經濟繁榮。現在社會有良好的秩序，只要你老老實實繳稅就能得到充分的安全保障。你不需要練武也不需要操心和周圍哪個勢力的關係好壞，你當個良民就行。

帝國中心的日子愈過愈好，但是帝國仍需要暴力，那暴力從哪來？只能從邊緣得到。

第四，帝國向邊疆部落購買暴力服務。

古代帝國的統治力度親疏有別，對於邊界以內，但地處邊緣地帶的人們，帝國並沒有那麼強的控制力。帝國不向他們徵稅，他們也享受不到帝國的繁榮。然而他們仍掌握著暴力。

其實，「自然」條件下，古人都應該掌握暴力。中國的漢人並不是不能打，三國、南北朝時期的漢人都是驍勇善戰的。後來不能打了，並非因為失去「尚武精神」，也不是因為沒有馬匹，而是帝國生活導致的。古代戰爭，如果是一個平時沒有任何訓練的人，不可能上陣就變得能打。等到帝國需要能打的人，就只能在邊緣地帶找。

有時候是邊緣部落的人以個人身分加入帝國武裝，有時候是直接組成自己的武裝。漢武帝打匈奴的部隊裡有很多匈奴人。後來匈奴人更成了漢朝的重要防衛力量。唐朝後期也是大量使用少數民族的人。

宋朝的情況很特殊。北宋名義上是和遼結盟，但是宋年年給遼進貢，遼事實上等於給宋提供了遮罩北方暴力的服務。同樣，金事實上是被南宋收買了，如果搞得好，原本應該幫著南宋遮罩蒙古。這樣的安排使得宋的經濟高度發達。只是宋沒有堅持購買暴力服務的政策，一次聯金抗遼，一次聯蒙抗金，都是自己作死。

清朝的情況更特殊，本身就是少數民族統治中華，而這個少數民族保留了自己的暴力功能，與漢族人分開。

第五，帝國統治者自己的暴力能力逐漸消亡。

根據赫勒敦的說法，暴力消亡只需要三代人，一代四十年，總共一百二十年。第一代靠的是馬上得天下，自然重視暴力。第二代堅持重視暴力只是為了不辜負第一代的重託。到第三代人，就已經失去暴力能力了。那麼，這就必然迎來帝國的滅亡。

第六，邊疆的暴力集團升級，奪取帝國的天下。

明朝的政策是在邊疆讓少數民族互相打，有時會專門扶植一個代理人，讓他打其他所有人。努爾哈赤的建州女真原本就是大明扶植起來的。

邊疆部落的問題原本在於沒有統一的領導，而努爾哈赤的崛起恰恰給了他們一個領導。於是邊疆暴力集團形成了。

而這時候，因為帝國內部已經沒有暴力能力，邊疆攻打帝國會非常容易。同時打敗了波斯帝國和拜占庭帝國的阿拉伯人，總人口還不到五十萬人。蒙古人征服歐亞大陸，他們征服的人口是他們自己人口的一百倍到兩百倍。

然後故事將會回到第一步，重新開始輪迴。

—•—

這個帝國興亡迴圈不是精確的，取決於各個帝國具體的措施和條件，有時候快一點，有時候慢一點，但是大體上都是類似的過程。

如果農民不掌握暴力，元朝為什麼被朱元璋的農民起義給滅了？因為那不是「農民」起義——義軍的主力有船工、採鹽工和走私犯：他們原本就是帝國的邊緣人士，他們至少在思想上沒有被帝國完全馴化。明朝把首都直接放在靠近邊緣的地方，一定程度上「延長」了自己的暴力能力。

這個道理是，帝國的暴力，總是在邊緣。

這是和平的代價。

—•—

不過馬丁尼茲－格羅特別提出，西方——也就是歐洲大部分地區——的歷史，不適用這個規律。十一世紀以後的歐洲不存在中央集權的帝國，政府並不能把一個地方的稅賦收上來運到千里之外的首都享用。

當時歐洲是封建國家，也就是有貴族、城堡的分權制。這使得歐洲精英從未放棄武裝，沒有把暴力職能交給蠻族，也沒有讓人民徹底解除武裝。

當然，讓這個規律徹底不適用的還是工業革命。工業革命使得武器在戰爭中的作用遠遠超過了人的體力，讓生產者拿起槍就能成為戰士，邊疆野蠻人就再也沒有暴力優勢了。

其實宋朝就有點這個意思。宋軍雖然缺少馬匹，但是對契丹人作戰其實是勝多負少，只是受到馬匹限制無法追擊，不能把擊潰戰變成殲滅戰而已。而宋軍的武力優勢來自技術，特別是神臂弓、火槍和火炮。只可惜那些裝備的作用還是不夠大。

—•—

暴力出在帝國邊緣，這個規律對今天的我們有什麼啟示呢？今天沒有帝國也無暴力，但是我們可以做類比。

我們可以把帝國想像成一種秩序，暴力是秩序的打破者和建立者。

如果帝國是一個企業，暴力就是創新和顛覆的力量。如果帝國是一個經濟體，暴力就是這個經濟體的活力所在。如果帝國是一個產業，暴力就是淘汰這個產業的新科技。

這個規律就是，創新和活力來自邊緣地帶。科技創新總是發生在技術的邊緣。一個公司內部，對公司格局顛覆式的創新也常常是從邊緣發起的。

為什麼我們把帝國和暴力的定義都改變了，暴力在邊緣這個道理仍然適用呢？因為這裡說的其實是對秩序的適應和打破。

身處帝國中心的人是秩序的受益者，他們最關心的是如何更好地適應這個秩序，是如何讓自己從這個秩序中獲取最大的利益。沒有打破秩序的意願，也就沒有打破秩序的能力，受益者不掌握暴力。如果帝國只依靠這樣的人，那就終將滅亡。

而處在秩序邊緣的人，因為無法從秩序中受益，他們自然就想建立自己的秩序，最起碼無視當前的秩序。他們一心想要占領帝國的中心，他們充滿進取精神。而因為他們不折騰就沒有福利，他們非常願意使用暴力，所以他們擁有暴力。

—•—

創新在邊緣發生是個很普遍的現象，不過我們還可以把暴力類比成別的。

比如說自主和冒險的能力。美國開國元勳約翰・亞當斯（John Adams）有句話：「我必須研究政治和戰爭，這樣我的兒子們才會擁有研究數學和哲學……的自由，他們的孩子們才有研究繪畫、詩歌……的權利。」

這句話聽著挺好，可是用帝國和暴力這個視角看，這說的不就是擁有暴力的統治者的後代一代不如一代嗎？

老一輩企業家充滿狼性、敢打敢拚，他們的兒子輩只想守成，到孫子輩對企業根本沒興趣了。這很值得慶賀嗎？

再比如領導力。革命者充滿領導力，可是他們給下一代規定的教育內容全是服從力。那接下來讓誰領導呢？

如果你身處帝國的中心，你固然會享受各種特權，你的各方面條件，包括受教育的條件都是最好的，可是你得居安思危：你不掌握暴力。

# 第28章 美國社會的主要矛盾

中國有個特別有意思的說法叫「社會的主要矛盾」。我們認為在每個歷史時期，中國社會都有一個主要矛盾。比如說，現在的說法，當前中國社會的主要矛盾是「人民日益成長的美好生活需要，和不平衡、不充分的發展之間的矛盾」。

當前美國社會的主要矛盾是什麼呢？兩黨並沒有定期發布官方版的「當前社會主要矛盾」，我們要講的只是學者的認識。我想藉這個話題，探討如何認識「歷史趨勢」。

—•—

歷史是怎麼前進的呢？

這個問題有兩個簡單的答案。第一個答案是歷史存在某種浩浩湯湯，順之者昌，逆之者亡的「天下大勢」。就好像黃河的水一定是自東向西流向大海，每一水滴都被裹挾著前進，就算偶有抵抗，也是螳臂當車。

這個答案的毛病在於事後說總是很有道理，但是在事前，你不能利用它準確預測任何事情。試問一九四五年的中國人，有誰能想像到今天的中國能發展到這個程度？同樣道理，一九四五年的美國人民——包括經濟學家在內——也完全沒想到今天的美國是這個樣子。

英國歷史學家湯恩比（Arnold Joseph Toynbee）認為世界各個文明的發展都符合一些宏觀的規律，他希望別人能把他總結的這些規律當作歷史定律，就好像物理定律一樣，但是他失敗了。今天的歷史學家都不買湯恩比的帳，甚至還有人把他當作「確認偏誤」這個認知誤區的典型案例。

第二個答案是認為這個世界根本就沒有什麼必須遵循的天下大勢，所謂歷史，不過就是一系列偶然事件的集合。這個答案是客觀的，絕對不會犯科學方法的錯誤。

但這個答案的缺點是它沒有用處。我們不但不能預測未來，而且也不能解釋過去已經發生的事。那學歷史還有什麼用呢？

我有個想法：也許一個更好的答案應該是介於二者之間。我們不承認歷史有必然規律，但是我們承認歷史上有各種趨勢。

比如說，技術進步是一個趨勢，人口成長是一個趨勢，生活改善是一個趨勢，貧富差距的擴大或者縮小，都是可能的趨勢。

這些趨勢就是歷史賽場上的參賽選手。有的趨勢會在一段時間內占據主導地位。有的趨勢一直進不了決賽，但也是一個角色。有的趨勢輝煌一陣子就消亡了。趨勢與趨勢可以合作也可以對抗，互動的結果還可以孕育新的趨勢。

那什麼叫預測呢？我們無法預測比賽的結果。但是我們可以看出來一段時間之內，賽場上都有哪些參賽選手。最厲害的足球專家也不知道下屆世界盃冠軍是誰，但是專家至少知道當今世界的強隊都有哪些、球星有誰、最先進的打法是什麼。你不知道劉邦和項羽誰能奪取天下，但你至少知道這兩個人是爭霸天下的主角，別輕易得罪他倆——這就比什麼都不知道強得多。

所謂「主要矛盾」，就是現在正在對抗的兩個大趨勢。

美國合作基金會學者豪瑟有一篇文章[117]，回顧了美國經濟從二戰結束到今天的歷史。他的思路很清楚，綜述和援引了學界的認識。我們用這個視角看看美國過去這幾十年都有過哪些大趨勢。

—•—

一九四五年，美國取得了二戰的勝利，但是國家面臨一個巨大的問題。當時美國有八百萬名士兵在海外參戰，其中六百五十萬名將在十八個月之內回國並且退伍，請問國家應該怎麼安置這些人？這些士兵的平均年齡是二十三歲，他們想成家立業。國家讓他們住哪裡？做什麼工作？

在當時的人看來，士兵的安置問題是個影響國運的大趨勢。經濟學家普遍很悲觀，當時的美國沒房子、沒工作機會，國外一片廢墟也不能靠出口貿易拉動經濟，人們以為大蕭條可能就要來了。

當時美國聯邦準備理事會（簡稱「聯準會」）還不是一個非常獨立的機構，美國總統可以干預聯準會的政策。結果他們搞了一個長期的低利率政策，讓士兵們能以極低的利率借錢買房、借錢買大型家用電器、借錢生產和做生意。士兵貸款買房，每個月要還的房貸，比租房的房租還便宜。

結果房產市場起來了，經濟繁榮了，工作機會多了。不但士兵安置的問題解決了，連整個社會都欣欣向榮。

這個趨勢，孕育了新的兩個大趨勢：

第一，借貸消費成為主流，美國家庭負債率節節升高。

第二，社會各階層變得更加平等。

但要理解這個轉變，還得知道一個前傳。

—•—

為什麼士兵安置問題這麼容易就解決了呢？難道都歸功於民主黨的政策好嗎？不是。關鍵因素是在此之前，甚至在整個二戰之前，美國還有一個更大的趨勢，是技術進步。

一提起一九三〇年代的美國，人們馬上想到的是大蕭條。關於大蕭條發生的原因有各種各樣的說法，我更喜歡加圖研究所的經濟學家阿諾德·克林（Arnold Kling）在二〇一六年出版《分工與貿易》（*Specialization and Trade: A Reintroduction to Economics*）這本書中的解釋，大蕭條本質上是由技術進步引起。新技術實現了很多工作的自動化，一時之間大量藍

---

117 Morgan Housel, How This All Happened, collaborativefund.com, Nov 14, 2018.

領工人被淘汰，於是經濟蕭條。但蕭條是暫時的，新技術將會帶來很多的新工作，只是需要時間。

一九三〇年代的美國，新技術、新事物不斷湧現，電力迅速普及，工農業生產迅速機械化，電冰箱、洗衣機、洗碗機，甚至電視機等都是那個時候冒出來的。技術累積已經到了那裡，只是因為戰爭而沒有普及開來。

一方面有需求，一方面有低息貸款，而更重要的是，生產這些產品恰恰需要很多工人。而且當時國外一片廢墟。美國人消費、美國人借錢、美國人生產——美國經濟豈能不繁榮？

繁榮的結果是全社會上上下下達成共識：

第一，消費刺激成長。借貸消費不但不丟人，而且是理所應當的，存錢是老土行為。

第二，人與人之間應該平等。富人開凱迪拉克（Cadillac），窮人也能開個雪佛蘭（Chevrolet），而且富人與窮人喝的可樂、看到的電視劇都是完全一樣的。

經濟成長真的讓階層更平等了。美國普通家庭的收入成長比富人快很多，以致家庭負債率漲到一定程度就停止了，借貸消費並沒有導致什麼問題。二十世紀五、六〇年代，美國女性得到了解放，美國黑人的權益得到了保障，美國人民自信十足。當然也有越戰和民權運動的痛苦回憶，但那都是插曲，不是大趨勢。

所以，兩個舊的大趨勢——技術進步和士兵安置——帶來了兩個新的大趨勢：要借債消費，要階層平等，而且新的大趨勢運行得挺好。

進入一九七〇年代，又出現了一些新趨勢，使得「要階層平等」這個大趨勢出了一點問題。豪瑟沒有展開討論，經濟學家也有很多爭論，但這個問題是，貧富差距縮小停止了——現在的實際趨勢是貧富差距在拉大。

我認為一個原因必定是全球化。以前國外是一片廢墟，現在外國更廉價的工人開始爭奪美國工人的飯碗了。還有一個原因則是老的一輪技術進步的紅利已經吃完了，而新的技術進步是資訊技術，資訊技術暫時不需要很多工人。

雷根和柯林頓（Bill Clinton）時期，美國經濟繼續成長，但成長方式和以前有本質上的區別。以前的成長惠及所有階層，擴大了中產階級。可現在的成長，主要是富人的財富在增加。

總而言之，現在的趨勢是，階層經濟地位正在變得更不平等。

但是，人的期望值變化，總是比事實的變化要慢一些。事實是美國人的經濟地位已經愈來愈不平等了，人們的期望仍然是我們就應該愈來愈平等。

在這種期待之下，「要平等」和「要消費」這兩個趨勢繼續左右美國。

—•—

你年收入九十萬美元，我年收入八萬美元。你兒子上大學，難道我兒子就不應該上大學嗎？你住大房子、開休旅車、去國外度假，我為什麼就不能？我至少可以借貸消費。結果就是美國家庭負債率進一步增加，最終導致了二〇〇八年的金融危機。

金融危機之後，很多債務被抹掉了，再加上利率低，家庭還債占收入比一下子降低到了三十五年來的最低水準——這就是爆發危機的一個好處，有問題實在解決不了，可以抹掉。

現在美國社會的兩個大趨勢已經變成了：

第一，各階層愈來愈不平等。

第二，人們在心理上，仍然認為各階層就應該是平等的。

這兩個趨勢的矛盾，就是當前美國社會的主要矛盾。川普能被選上臺，美國非得與中國打貿易戰，拜登想讓製造業回美國，要搞基礎建設，要發福利，都是為了這個矛盾。

—•—

這一切都起源於二戰前的技術進步趨勢和二戰後的士兵安置趨勢。歷史沒有必然的規律，只有此起彼伏、互相影響和對抗的各種趨勢。

考察這段歷史，我們會有一些感悟：

第一，經濟規律是我們必須服從的東西。要借貸消費，就要面對債務問題。這不是哪個政府說了算的事。規律是趨勢的定律。

第二，有這個趨勢，可不是說命運就被這個趨勢定死了。因為除了此趨勢，還有別的趨勢。如果借貸消費的同時，收入也在成長，那規律雖然還是規律，但已不對你構成威脅。

第三，有些變數純粹是不可控的。技術進步什麼時候出現？它會帶來什麼樣的需求？它又需要什麼樣的工人？國外有沒有你的競爭對手？這些只能被動接受。如果美國運氣好，因為某一項特殊技術，高科技產業突然開始大量雇用普通工人，那問題就自然解決了。

第四，人仍然有可能做出一定的選擇。比如說當年美國政府為了應對士兵安置趨勢，而選擇維持低利率。

再比如現在美國兩黨的爭論。是由政府採取措施讓各階層更平等一點，還是乾脆改變人們對平等的期望？

你只能看見參賽選手，你很難預測誰取勝。洞見歷史趨勢並不能保證讓你做出正確的選擇——正如足球專家並不能透過買足球彩券賺大錢——但是總比一無所知要強一點。

第29章

# 突破輝格史觀

我們說一種歷史觀，也可以說是「歷史感」。有些道理你想不到就想不到，一旦想到了就會發現它簡直到處都適用，這一章說一個你以後可能會經常用的名詞。

歷史觀其實是個大問題。我們都說「以史為鑑」、「讀史使人明智」、「欲亡其國，先滅其史」、「忘記歷史就意味著背叛」，但是也有的人說「歷史是勝利者書寫的」、「歷史是個任人打扮的小姑娘」，還有「一切歷史都是當代史」。前者說我們要尊重歷史，後者則說歷史都是主觀的，可能根本都不真實，又何談尊重呢？

歷史學家看歷史與老百姓非常不一樣，我們學一點現代歷史學家的眼光。這個眼光的關鍵是，你要突破執念。

我先說一個場景，看看你有沒有執念。

—•—

在某個研究所成立六十周年的紀念大會上，所長徐先生動了真感情。他回顧了研究所在老首長的安排下如何建立，在特殊時期如何保護了人才，在改革開放初期如何力排眾議，引進了國外的先進儀器，在後來的建設中如何頂住壓力，擴大對外交流，如何立軍令狀，拿下最難的課題，如何給國家做出一個又一個重大成果……他說，我們研究所一定會繼續取得更大的成績！

徐所長說得真摯，臺下眾人也是頻頻點頭。可是研究員秦先生的神態，徐所長怎麼看就怎麼彆扭。秦研究員聽得不是很認真也就算了，還時而露出一個有點怪的笑容，時而搖頭，時而直撇嘴。

會後，徐所長找到秦研究員，說怎麼著？你認為我是在誇耀嗎？我說的可都是事實，你不認同嗎？秦研究員說沒有沒有，你說的都是事實，而且這其中你的功勞我最服氣，你是我們所史上最強的領導。我笑是因為我最近正好聽說一個歷史觀，你這篇講話完全符合那個歷史觀，就叫「輝格史觀」。

—•—

什麼是輝格史觀呢？現在英國一個主流政黨叫自由黨，前身叫「輝格黨」（Whig）。輝格黨從一六八八年光榮革命時期興起，長期支配英國政治。輝格黨的理念是要自由、要限制王權、要進步等，都是今天的主流意識形態。現代英國之所以是現代英國，輝格黨可以說是功勞巨大。

到了十九世紀，英國歷史學家總結英國光榮革命以來的歷史，幾乎寫成了一部輝格黨的黨史。在這些人筆下，輝格黨是英國進步的力量，英國在輝格黨的帶領下不斷走向進步，是歷史的必然，而當初那些反對輝格黨的力量則都是落後勢力，他們的失敗是不可避免的。

你看這和徐所長作報告的思路是不是很相似？我們早就習慣了這種歷史敘事——很多人甚至會以為歷史就應該這樣寫。這些確實都是事實，英國確實在進步，落後勢力確實失敗了，但這麼寫歷史，有什麼毛病？

一九三一年，英國歷史學家赫伯特·巴特菲爾德（Herbert Butterfield）出了一本書，叫《輝格史觀》（*The Whig Interpretation of History*），對這種歷史觀提出了強烈質疑。簡單來說，巴特菲爾德認為輝格史觀是作為勝利者的、現代的、我們的……執念。

「輝格史觀」這個詞就是巴特菲爾德發明的。此前的歷史學家一直日用而不知，但是巴特菲爾德這麼一說，歷史學家們立即就意識到了這是個毛病。

現在「輝格史觀」是個毫無爭議的貶義詞，代表一種原始落後的、不夠現代化的歷史敘事。如果有個歷史學家寫一本《哈爾濱人民的奮鬥史》，你要說他這是輝格史，他肯定會感到強烈的冒犯。

—•—

輝格史觀為什麼是個毛病呢？

首先，它讓你覺得今天的一切都是歷史的必然。

這種寫法，就如同讓你講講二〇一八年世界盃足球賽的歷史，你以法國隊為主人公，描寫法國隊如何如何奮鬥、遇到了怎樣的強敵、如何戰勝強敵，最終奪得冠軍。你的字裡行間把法國隊寫成了天命所歸的主角，把強敵都寫成必然失敗的配角。這樣寫歷史好嗎？足球是充滿偶然的運動，法國隊只是世界盃其中的一支球隊而已，別的球隊也有機會奪冠，不是來當配角的。

其次，輝格史是用今天的價值觀去評價歷史上的人物和事件。

舉個最簡單的例子，岳飛。曾經有一段時間，中國有人說「岳飛不是民族英雄」——為什麼？因為第一，岳飛抗擊的是金國，而金國現在已經是中華民族大家庭的一部分，那個抗擊只能算內戰，必須「降級」；第二，岳飛曾經鎮壓農民起義，而農民起義是好的，所以要再降一級……這就是輝格史觀。

輝格史把一切歷史都寫成當代史，是被今人「打扮的小姑娘」，是勝者書寫的歷史。

巴特菲爾德反感這種寫法，他主張歷史學家要學會用歷史上的人的視角看歷史。說輝格黨的自由主義是進步，放在當時可真不一定，保守有保守的道理。要想理解岳飛，就得把自己想像成當年那個真正的岳飛。「重返歷史現場」，就是這個意思。

—•—

你可能會說，任何敘事都是主觀的，世界上根本就沒有絕對客觀的視角，我們為什麼不能採用輝格史的視角呢？沒錯，輝格史也是一個視角，而且還是勝利者的視角，這個視角能讓你迅速找到歷史事件的意義，這是一個好處。

但如果只有這一個視角，你的歷史觀就很幼稚。特別是如果想從歷史中吸取經驗教訓，想要把歷史的經驗用於自己做事，或者預測未來，那就一定要跳出輝格史觀。

法蘭西斯・福山（Francis Fukuyama）一九九二年出了本書叫《歷史之終結與最後一人》（*The End of History And the Last Man*），論證全世界都會走向自由民主，現在已被當笑話講。福山這個說法聽起來就是輝格史觀。但現在的福山好像有點醒悟了，他在二〇一一年出版的《政治秩序的起源》（*The Origins of Political Order: From Prehuman Times to the French Revolution*）這本書裡還特意批評了輝格史觀，提醒讀者，自由、繁榮和代議政府，進步肯定是進步，但並不是人類制度無可阻擋的進步。

福山舉了個例子。一九二二年，匈牙利的皇家侍從階層，曾經迫使匈牙利國王安德魯二世（Andrew II）簽署了一個「金璽詔書」，被譽為是東歐的大憲章。你要根據輝格史觀，這件事可以和英國大憲章相類比，應該讚美吧？應該代表進步吧？但是並沒有。

匈牙利這個大憲章只是把統治權從皇帝轉移到了貴族集團手裡，不但對普通人沒好處，而且還「阻礙了強大中央政府的出現，以致國家無法抵抗外來侵略……到了一五二六的摩哈赤戰役，匈牙利完全喪失自由，成為鄂圖曼帝國的戰利品」。

要是認準了輝格史觀，像這樣的事件就會讓你無所適從。

事實是各國有各自的發展路徑，並沒有哪條路徑是必然的。

—•—

用今天的價值觀評價古人，你不但不能從古人身上學到東西，而且根本就不能理解古人。美國歷史上有很多英雄人物，有的是建國的國父，有的為自由民主做出了卓越貢獻，可是現在就有很多美國大學生要把他們的雕像給推倒。為什麼？因為他們曾經是奴隸主，擁有過黑人奴隸！

要是按這個標準的話，中國古代歷史上可能沒「好人」。事實是，當時的人沒有現在這種價值觀！

真正研讀歷史，我們應多注意古代與現代的不同之處。看看在當時那種限制條件之下，人們是如何應對的，然後再舉一反三。歷史規律不能生搬硬套，應該抓住實質，靈活運用。

所以我們看現在的——特別是西方一些歷史背景下的——影視劇，常常描寫那些公認的好人的缺點，描寫公認的壞人的優點，有時候把「反動勢力」寫得有血有肉，這其實恰恰是歷史觀的「進步」。如果你不知道後來的大結局，不知道誰會是勝利者、誰會是失敗者，你在現場看，其實很難看出來誰是「好人」誰是「壞人」——好人壞人與歷史前進方向沒有必然聯繫。

—•—

而在現代歷史學家看來，歷史到底有沒有一個明確的前進方向，都是個問題。

輝格史學認為歷史有一個至少是大致的方向，比如說自由、民主和進步。當然歷史在前進過程中總會遇到阻力、有些曲折，但那都是小插曲。用我們話來說，就是「螺旋式上升」、「前途是光明的道路，都是曲折的」。

但是現代歷史學認為這個觀點至少是不一定正確——就算正確，也沒什麼用。因為你永遠都不知道這一次遭遇的阻力會阻礙多少年、這一個曲折會拐到哪裡去。進步最多只能算是一種信念。

甚至就連老百姓心目中最沒有爭議的進步——科學的進步，到底應不應該是一部輝格史，在歷史學家那裡都有強烈爭議。[118]

你可能會說，政治和文化，進步或退步可能不好說。但對於科學來說，進步難道不是顯然的嗎？現代化學是進步，鍊金術是落後，這有什麼可說的？

如果你的目的不是讚美科學，而是想要學習如何做科學研究，想從科學史裡獲得一些啟發和心法，那就很有可說的。我們今天的學術爭論和過去的學術爭論其實沒有本質區別，將來的人看我們可能也會像我們看古人一樣。今天一些人堅持的學說，比如精神分析，會在未來被新的學說取代；今天令人痴迷的理論，比如說股票技術分析，將來會被當作鍊金術。

我們要向古人學的是如何參加比賽，而不是如何相信自己這一派必勝。

—•—

一個有意思的事實是，誰也不可能完全避免輝格史觀。只要想講一個故事，就難免會設定一個主人公、一個主題，並且對故事中的人和事做出評判，而評判的標準一定會被今天的價值觀所影響。

巴特菲爾德是第一個批評輝格史觀的人，但是他寫了一本講科學史的名著，叫《現代科學的起源》（*The Origins of Modern Science*），也被人批評是輝格史觀。這本書把科學史寫成了「正確的科學」的革命史，把古代那些鍊金術、巫術之類的東西都忽略了。

你不能完全避免，但是你應該有一個突破輝格史觀的意識。[119]

這個意識能讓你理解事情是複雜的。每一場勝利都是當時的人拚命努力取得的，沒有哪個事業會必然勝出，沒有哪個英雄知道自己是天命所歸，也沒有哪個價值觀絕對不會變。

歷史教給我們的不是什麼必然性，而恰恰是可能性：過去的人其實看不到今天的樣子，正如今天的人看不到未來的樣子；過去的某些人可以實現他們的任意想像，正如今天的我們也有可能實現我們的任意想像。

害怕時候的勇敢才是真的勇敢。不知道天命在不在我們，不知道歷史在這一刻能否往我們想的那個方向轉折，但是我們非得這樣做下去，這才是真英雄。

—•—

徐所長聽得一臉茫然，說，我不這麼講，又該怎麼講呢？

---

[118] 吳國勝，《科學史筆記》；大衛．伍頓（David Wootton），《科學的誕生》（*The Invention of Science: A New History of the Scientific Revolution*）；方文，《轉型心理學》。

[119] Rebekah Higgitt, Why Whiggish Won't Do（https://www.theguardian.com/science/the-h-word/2012/oct/03/history-science）

秦研究員說，今天這種慶典場合講輝格史很恰當，但如果要給下一任所長傳授經驗，可就不能這麼講了。你看今天臺下聽得如醉如痴的人，都不適合當所長。

徐所長點點頭……突然又說：誰說要選所長了？我退休還早著呢！

# PART4

# 未來的謎題

第30章

# 我們對人工智慧可能有點想多了

隨著AlphaGo在圍棋上輕易戰勝人類世界冠軍，近年來有關AI的話題愈來愈熱。有一陣子媒體似乎得了「人工智慧恐懼症」，做一些誇大的報導，讓人感覺AI對人類的威脅已經迫在眉睫。

事實是，離毀滅人類的AI誕生還遠著呢！沒錯，現在的AI已經在圍棋上超過人類，已經能在某些情況下做出更好的醫療診斷、能在一定程度上實現機器翻譯、能開車……但是距離對人類產生威脅還有本質上的差距。

新東西往往是這樣，剛開始時人們不大重視，一旦重視了就會過分重視。學術界大概除了當年的霍金（Stephen Hawking），沒幾個人相信AI對人類有迫在眉睫的安全威脅。

學術界的確曾有很多人擔心AI會導致人類大規模失業。我想根據我所了解的情況，為你梳理一下學者們——特別是經濟學家——對AI取代人類工作這個問題的認識演變。

關於機器取代人類工作的擔心，從工業革命以來一直都有，但是歷史給人類的一直都是同樣的教訓，那就是別擔心——人類總會發明新的工作。藍領工作被機器取代，於是大量的人轉去做白領工作。本來嚴肅學者並不在乎什麼人工智慧對工作的威脅。

然而大約從二〇一〇年開始，問題變得嚴肅了。

二〇一二年，麻省理工學院的兩個管理學教授，艾瑞克．布林優夫森（Erik Brynjolfsson）和安德魯．麥克費（Andrew McAfee）合出了一本書，叫《與機器競賽》（*Race Against the Machine*），從經濟學的角度，把人工智慧取代人類工作這個問題嚴肅地擺在世人面前。二〇一四年，他們又出了第二本書，叫《第二次機器時代》（*The Second Machine Age: Work, Progress, and Prosperity in a Time of Brilliant Technologies*），這本書還被認為是近年以來最重要的一本商業管理類書籍。

讓這兩個人變得這麼嚴肅的，主要有兩個原因。首先是以前機器取代人，都是取代簡單的勞動——比如說自動化生產線取代藍領工人，或者自動提款機取代銀行職員之類——而這一次，人工智慧要取代的是放射科醫生、翻譯，甚至是律師這種「高級」工作。

第二點，也是最重要的一個證據，是當時美國居高不下的失業率。兩人發現，二〇〇八年金融危機導致的經濟衰退，其實到二〇一〇年的時候就已經結束了，美國公司的利潤率幾乎已經是歷史最高水準，只有失業率沒有好轉。所以兩人判斷，這是因為自動化！資本家用機器把工作完成了，不再需要那麼多工人了。

這就是一個有點可怕的局面：自動化的確在幫助經濟成長，但是大多數人享受不到，因為你的工作被人工智慧搶走了。但是那是二〇一二年。

今天再看，以我之見，這兩人的話說得有點太早了。圖 30-1 是金融危機後截至二〇二一年二月底，美國失業率的變化情況：

圖 30-1　美國聯準會自金融危機至新冠肺炎疫情時期之失業率統計

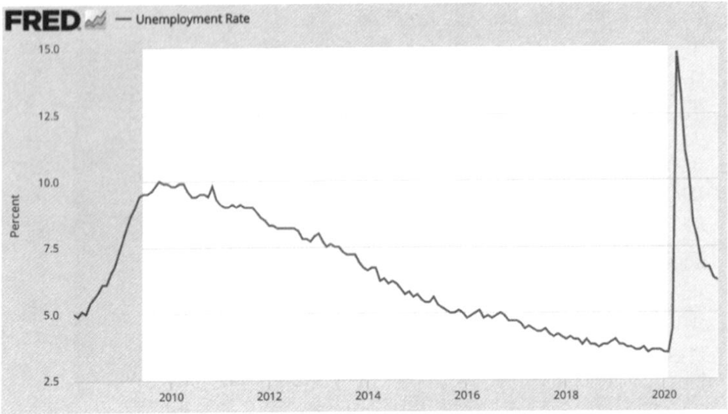


二〇二〇年三月以後那個失業率的暴漲是因為新冠肺炎疫情，我們暫時不論。單論之前的「正常曲線」，如果站在二〇一二年看，失業率接近八%，那的確是很高，而當時美國經濟的整體成長早就已經復甦了。所以布林優夫森和麥克費當時寫書判斷「機器搶走了人的工作」，的確是一個合理的猜測。

可是誰能想到，此後失業率竟然是一路下降呢？在疫情之前的二〇二〇年二月，美國失業率只有三．五%，那可是一九七〇年以來的最好成績。要不是新冠肺炎疫情，二〇二〇年三月以後的現在也許是已開發國家就業狀況最好的時期！人類的工作哪裡被搶了？

但是經濟學家的擔心並沒有停止。

—•—

故事還在繼續。到了二〇一六年，經濟學家都承認當時失業率已經很低了。不過羅格斯大學的經濟歷史學家詹姆斯．利文斯頓（James Livingston）有個說法[120]。他說現在雖然失業率低，一般人都能找到工作，但是找到的都不是什麼好工作。普通人的薪資水準太低了。

造成這個局面不一定是因為自動化，更可能是因為全球化，美國工人面臨發展中國家低薪工人的競爭。但這個局面與人工智慧威脅論的邏輯是一致的，因為人工智慧的確是取代某些辦公室工作比較容易，但是取代園丁、餐館服務員這樣的體力工作反而比較難。

所以從長期看來，人們有理由繼續擔心人工智慧。比如哈拉瑞（Yuval Noah Harari）在二〇一七年出版的《人類大命運》（*Homo Deus The Brief History of Tomorrow*）一書中就提到一項研究，列舉了一系列高級工作，說這些工作終將被機器取代。

與此同時，喬治梅森大學的經濟學家泰勒．柯文（Tyler Cowen）貢獻了另一種擔心。柯文在二〇一七年的《自滿階級》（*The Complacent Class: The Self-Defeating Quest for the American Dream*）[121]一書中有個重大觀察。他說過去這幾十年以來，美國的技術進步都是一些小型、讓生活更方便一點的東西，而不是真正能帶來重大改變的突破。要是這麼看的話，現在問題根本就不是應該擔心ＡＩ太厲害了，而是應該擔心ＡＩ進步太慢了。

對低失業率的另一種解釋是，人類已經適應了ＡＩ目前為止的衝擊，人類已經找到了新工作。柯文有一篇專欄評論是這麼說的：「在一個機器人主導的經濟裡，人類都成了市場行

---

[120] James Livingston, Fuck work, aeon.co, Nov. 25, 2016.
[121] 編註，此書名為暫譯。

銷者。」[122]他認為現在人工智慧的確沒有大規模取代人的工作，但是人工智慧改變了人的工作結構。人類工人正在從生產領域，向市場行銷領域轉移。

比如說，自動提款機剛出來的時候，人們擔心銀行是不是要裁掉很多服務人員？結果發現根本沒有。現在滿大街都是自動提款機，可是走進銀行，還是有很多笑容可掬的服務人員等著為你服務。但是他們的角色變了——現在更多的是提供一種更人性化的服務，其中最重要的一項，可能是為你介紹理財產品。

機器更適合生硬的操作，市場行銷需要理解人，所以人類在這方面似乎不用擔心很快被機器取代。這聽起來似乎挺不錯，但是裡面有個問題。

柯文注意到，現在一個企業用於市場行銷的成本愈來愈高，等於說生產東西不重要，能賣出去最重要。工程師研發設計、工人生產都不怎麼賺錢，大部分錢都被市場行銷人員賺去了，那這麼一來，真正的技術進步、真正的經濟成長又在哪裡？難道人類從此只能做「軟」活了嗎？

—•—

可能不至於。同樣在二〇一七年，幾個德國經濟學家發表了一篇論文[123]，重新評估了「自動化危險」，認為人工智慧取代工作的能力其實沒那麼可怕。

這篇論文說，以前經濟學家估計人工智慧會占領多少種人類工作，用的方法太粗糙了。前人動不動就算出來說各個領域會有一半的工作被自動化取代，但是這些計算方法沒有考慮到，每種工作中都有一些任務是自動化不好取代的。

比如說財務人員、會計這些工作，他們所做的大部分事情似乎是電腦演算法很容易取代的。但是如果你仔細觀察一個財務人員的日常工作，你會發現他也要靈活解決一些突發性的、出乎意料的小麻煩；他還可以發揮個人的影響力，助人做些決策——這些事情都是機器所不擅長的。

還有，以前經濟學家說年薪三十萬美元的放射科醫生會被ＡＩ取代，這件事情也沒有發生。事實是，放射科醫生並不僅僅會閱讀Ｘ光片，他們還有研究和創新的任務，而ＡＩ可沒有這種能力。

考慮到這些，德國人計算，真正會被人工智慧取代的工作種類比例，從原來有些人估計的三八％，下降到了九％。

——•——

此刻，我們看到了ＡＩ在更多真實場景中的商業應用。ＡＩ在現有的技術框架內已經相當成熟，但是我們更看到了ＡＩ的局限。

---

[122] Tyler Cowen, In a Robot Economy, All Humans Will Be Marketers, Bloomberg, Jul 26, 2017.

[123] M. Arntz et al., Revisiting the risk of automation, Economics Letters, July 2017.

一個重要的例子是ＩＢＭ公司的人工智慧項目，華生（Watson）。華生是一個大規模的智慧專家系統，它號稱讀過一個領域所有的論文，擁有無比強大的知識和經驗。它二〇一一年一出道就在一個電視綜藝比賽節目中打敗人類選手，獲得冠軍。幾年之前，它就在醫療診斷方面取得了超過人類醫生的準確率。人們曾經對華生寄予厚望，甚至認為它將會徹底改寫醫療行業……

而二〇二一年二月，卻傳出ＩＢＭ有意把華生項目整體出售的新聞。很多以前對華生充滿熱情的醫療機構現已終止和ＩＢＭ的合作。現實是，華生遭遇了幾乎無法克服的困難。

什麼困難呢？就拿腫瘤診斷來說，如果是清晰的、定義明確的醫療診斷，華生的準確度非常高，往往比人類醫生高，確實是又快又好。但是對於非結構化的、簡略的、通常是主觀的病患資訊——比如說醫生寫的治療筆記或者出院總結——華生很難做出好的判斷[124]。事實上，它連看懂那些資訊都很難。

而那樣的資訊，恰恰是醫院裡最常見的資訊。那種資訊占到了醫療資訊的八〇%。那你說，華生怎麼可能搶走醫生的工作呢？

華生的問題非常典型，這是一個當前所有ＡＩ項目都有的困難。AlphaGo下圍棋很厲害，但圍棋恰恰是個「清晰的、定義明確的」專案，圍棋有簡單而明確的規則，再怎麼下，也下不出花樣來——圍棋，不代表真實世界。

真實世界裡的問題不是圍棋。要理解當前ＡＩ的困難，我們先要了解它的原理。

第31章

# 人工智慧除魅

大多數人並不真的理解人工智慧究竟是什麼，人們對這個技術有太多神話般的期待。這裡我想用盡可能簡單的語言，談談現代人工智慧技術的基本原理，希望你能夠就此理解它的種種局限性，這樣也許就能做出更好的應對。

人工智慧是什麼？簡單說，是讓機器去做需要一定「智慧」的事情。那麼機器到底得有多智慧，才能叫「智慧」呢？

你一點火爐子就開始燒，一開排油煙機就開始轉，一按碼錶就開始計時，爐子、排油煙機和碼錶都在為你做事，但是沒有人覺得它們有智慧。它們只是聽命於你，它們做的是最簡單枯燥的動作，它們自己沒想法。

一個小學老師把六十名學生的期末考試成績輸入電腦程式，一個命令之下，程式立即就幫她把學生按照總分排出了名次。這個工作如果讓人做，可能又費時又容易出錯，如果沒受過教育的人可能根本就不會做，可電腦程式做得又快又好。那這個可以叫人工智慧嗎？

---

124 Sylvia He, The Hype of Watson: Why Hasn't AI Taken Over Oncology? Technologyne-tworks.com, Apr 17, 2020.

語言名詞都是社會約定俗成的，而按照當今學術界的約定，這不叫人工智慧。這叫「演算法」。排序演算法是最簡單、最初級的電腦演算法，只是一些機械化的、固定的、簡單枯燥的操作。這種操作與平常的機器沒有本質區別，如果有足夠的耐心、資源和時間，我們在理論上可以用木頭製造一部靠水力驅動的、能完成排名任務的機器。

那你可能會感到疑問，要這麼說的話，人也沒有「智慧」。難道人腦就不是一部機器嗎？人腦與機器有什麼本質區別？難道說，人有靈魂嗎？

人腦的確也是一部機器。當前科學認為人腦與排油煙機沒有本質的區別，最底層都是一些物理上的操作，與「靈魂」沒關係。這裡的意思是，「智慧」是個連續光譜：這一頭是排油煙機，那一頭是人腦，排序演算法位於距離排油煙機比較近、距離人腦比較遠的位置。我們說人腦有智慧而排序演算法沒有智慧，這只是一個約定俗成、沒有太多道理的說法。

但是，「AI」這個約定俗成的名詞可不是泛指，而是特指。現在它特指某一種類型的計算智慧。

廣義的AI，比如像科幻作品裡那種像人一樣什麼都會、甚至各方面都比人厲害的智慧，我們稱之為「人工通用智慧」（artificial general intelligence，簡稱AGI）。而我們現在常說的、形成了各種商業應用的、被創業者和風險投資人熱烈追隨的AI，都是特指一種方法。有時人們把這個方法叫「大數據」，有時叫「深度學習」，有時叫「機器學習」，有時叫「神經網路」，有時叫「模式識別」……其實在數學上，所有這些名詞對應的都是同一個意思——統計方法。所以有個業內笑話說：用Python程式設計語言寫就叫「機器學習」，用PPT演講稿寫就叫「AI」。

我們先談談AI的基本原理。

圖 31-1 何者為男人？何者為女人？[125]

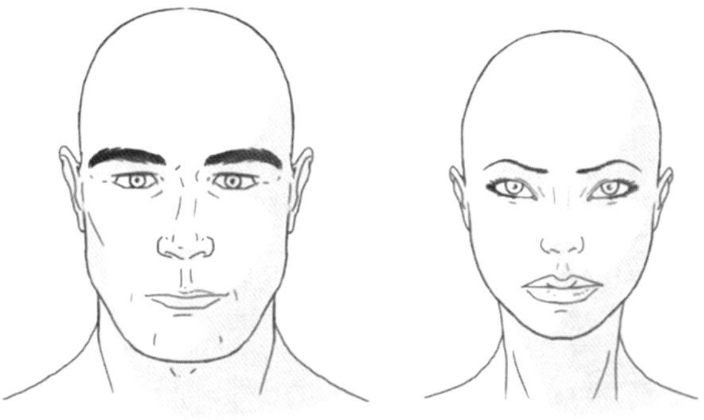

[125] 圖片來源：design.tutsplus.com

## AI與數據

AI並不能模擬人腦所有的功能，因科學家尚不知道人腦所有的功能。現在AI所能模擬的，是人腦的一種特定的功能，也就是模式識別。這是個你可能日用而不自知的功能。

比如給你一張有小貓或者小狗的照片，我們一眼就能識別出來其中那個貓或者狗，對吧？可我們是怎麼識別的呢？能給「貓」這種動物下一個精確的定義嗎？再比如說，圖31-1中這兩個人，你一眼就能看出來，左邊是一個男人，右邊是一個女人。你是怎麼看出來的呢？你可能會說女性長得更秀氣一些——什麼叫「秀氣」？是說眉毛比較細嗎？是輪廓比較精緻嗎？

體會一下，這是一個非常奇怪的感覺。你明明知道貓長什麼樣，明明一眼就能區分男性和女性，可是你說不清自己是怎麼看出來的。

這就是模式識別。現代ＡＩ就有這個「雖然說不清我是怎麼識別的，但我就是能識別」的能力。這個能力通往非常強大的功能。ＡＩ能看照片認人，能在各種路況中開車，能把語音轉換為文字，能把文字翻譯到另一種語言，能發現Ｘ光片中的疾病特徵，能下贏圍棋，能自己寫文章……本質上都是靠模式識別。

就拿開車來說，或者直行，或者左轉，或者右轉，或者減速，或者剎車……其實可以操作的行動就那麼幾種。行動是簡單的。真正的ＡＩ問題是在這麼多可能的行動之中，選擇哪一個——選擇來自對局面的判斷，判斷局面就是模式識別。

現在ＡＩ的模式識別能力非常之強，有時候簡直不可思議。為何能這麼強呢？因為它類比了人腦的神經網路。

—•—

神經網路方法符合人腦的原理，但一開始並不符合電腦科學家的直覺。以前想讓電腦識別一個圖形，科學家想到的直觀方法是設定一些明確的規則。比如三角形是有三個邊、三個角的幾何圖形。什麼是「邊」、什麼是「角」呢？又要進一步定義，還得先定義「直線」是什麼。必須把這些定義、定義的定義等都用電腦能聽懂的語言表述清楚，作為判斷規則，才能教會程式去識別三角形。

科學家很快就意識到，這條路走不通。一個是規則實在難以都說清楚，一個是規則好像是無限多的。到底什麼樣的圖形可以判斷為是一隻貓？貓和狗、貓和老虎有什麼區別？能全面說清嗎？而且就算能說清什麼是三角形，你說的也是抽象的概念，電腦如何能判斷照片中的一塊不規則的蛋糕是三角形的呢？這實在太難了。

另一方面，人類從小就會識別各種物體，而我們可沒用過什麼明確的規則。我們一看就知道哪個是貓、哪個是狗，對三角形能舉一反三，不需要說清楚什麼規則。

二十世紀八〇年代，電腦科學家泰倫斯．索諾斯基（Terrence Sejnowski）等人開始推廣神經網路的思想。[126]有一次他去麻省理工學院訪問，臨場以一隻蒼蠅為題，發表了一段特別引人思考的講話。

索諾斯基說，這只蒼蠅的大腦只有十萬個神經元，它消耗的能量那麼低，但是它能看、能飛、能尋找食物，還能繁殖。麻省理工學院有部價值一億美元的超級電腦，消耗極大的能量，有龐大的體積，可是它的功能為什麼還不如一隻蒼蠅？

在場的教授都未能回答好這個問題，倒是一個研究生給出了正確答案。他說這是因為蒼蠅的大腦是高度專業化的，演化使得蒼蠅的大腦只具備這些特定的功能——而我們的電腦是通用的，你可以對它進行各種程式設計，它理論上可以做任何事情，但實際上什麼複雜事情也做不好。

這個關鍵在於，大腦的識別能力，不是靠臨時弄一些規則、臨時程式設計發揮作用的。

---

[126] 詳情請見索諾斯基的《深度學習：智能時代的核心驅動力量》（*The Deep Learning Revolution*）一書。

圖 31-2 兩種神經網路[17]

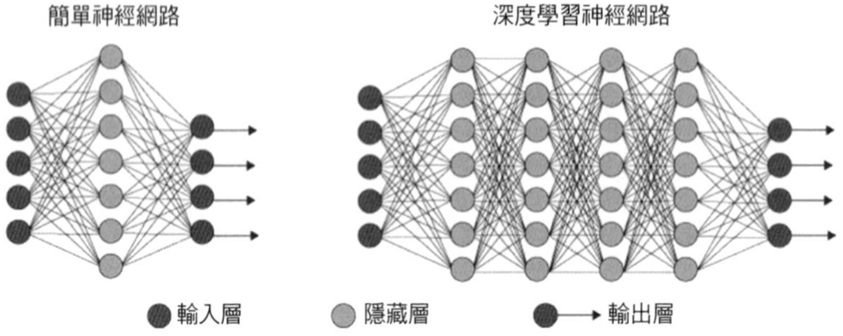


大腦的每一個功能都是專門的神經網路長出來的。那電腦能不能效法大腦呢？

索諾斯基說，大腦已經給電腦科學家提供了四個提示。

第一個提示是，大腦是個強大的模式識別器。人腦非常善於在一個混亂的場景之中識別出你想要的那個東西。比如你能從滿大街的人中，一眼就認出你熟悉的人。

第二個提示是，大腦的識別功能可以透過訓練提高。

第三個提示是，大腦不管是練習或使用識別能力，都不是按照各種邏輯和規則進行的。我們識別一個人的臉，並不是與一些抽象規則進行比對。我們不是透過測量這個人兩眼之間的距離來識別這個人。我們只要一眼看過去，就知道他是誰了。

第四個提示是，大腦是由神經元組成的。我們大腦裡有數百億個神經元，大腦計算不是基於明確規則的計算，而是基於神經元的計算。

這就是神經網路計算要做的事情。正是這個思路拯救了後來的ＡＩ研究。我們現在所有的實用ＡＩ，都是基於神經網路計算發揮作用的。

圖31-2表現的就是電腦用的兩個神經網路。圖中每個圓點代表一個神經元，神經元組成了從左到右若干層。兩個神經網路都由輸入層、隱藏層和輸出層組成。左圖只有一個隱藏層，是簡單神經網路，右圖有多個隱藏層，就叫「深度學習」神經網路。

神經網路有大有小，有的用上幾百萬個神經元，分為好幾十層，但是結構都差不多。決定一個神經網路識別知識的，是其中各個神經元的參數。

怎麼調節那些參數呢？你要做的是「訓練」。

比如我們要做一個能識別手寫阿拉伯數字的神經網路[128]。給出一個固定大小、有幾百個像素的圖形，你如何知道其中的內容對應於〇到九之中的哪個阿拉伯數字？你如何判斷，圖31-3是個數字「5」呢？

我們談談大致的思路。首先，你要把圖形用一系列像素數字代替，作為神經網路的輸入層。比如這張圖的解析度是「28×28」，那

圖31-3 如何判斷圖中為數字「5」？

[127] 圖片來源：Towards Data Science

[128] 關於這個例子的詳細操作，麥克．尼爾森（Michael Nielsen）曾經做了一個深度學習的線上教學（http://neuralnetworksanddeeplearning.com/chap1.html）。另見「精英日課」第三季：學習一個「深度學習」演算法。

圖 31-4　神經網路的輸出過程

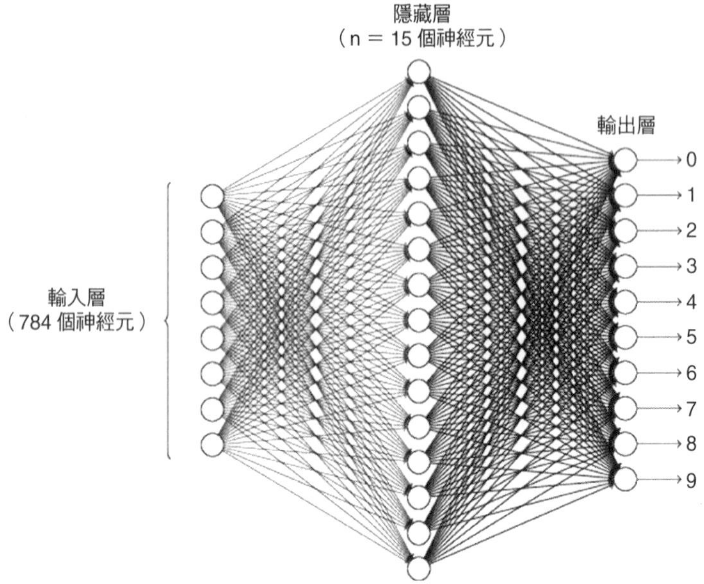


我們就用「28×28＝784」個像素值代表這個圖。那麼我們的神經網路的輸入層，就有七百八十四個神經元。

將神經網路的輸出層設定為十個神經元，代表數字〇到九。整個神經網路如圖31-4。

輸入一張圖形——也就是一組像素值——神經網路會經過中間層的傳導計算，通過輸出層發出一個訊號。如果輸入圖形中是數字「5」，我們希望輸出層代表數字「5」的那個神經元的數值最大。

首先，我們隨機選定每個神經元的參數。如果輸入圖形「5」，結果輸出的不是「5」，怎麼辦呢？這裡有個關鍵技術叫「誤差反向傳播網路」，也就是通過輸出值和正確答案之間的誤差，反過來修改各個神經元的參數。

輸入一次，與正確答案對比一次，把各個參數修改一次，就完成了一次「訓練」。

而數學家可以證明，隨著訓練的次數愈來愈多，你對參數的調整幅度會愈來愈小：那些神經元的參數會慢慢收斂到穩定的數值。此時，這個神經網路就算練成了。

於是再來一個圖形，你就能用這個網路算出來它代表哪個數字——而不再需要別人給的正確答案。這就是「機器學習」的最基本原理。

對於複雜的圖像，比如要從一張照片中找到一隻小貓，或者識別房子的門牌號碼，我們需要更複雜的神經網路。你需要增加很多中間層，還可能需要在層上再加層，使用所謂「卷積網路」[129]。隨著層數的增加，訓練會變得愈來愈困難，以致現在包括華為、Google、輝達（Nvidia）在內的一些公司都開發了專門用於神經網路計算的AI晶片。

但是萬變不離其宗，所有AI都是模式識別，所有模式識別的方法都是機器學習，所有機器學習都是訓練神經網路，所有訓練都包括四個步驟：

一、輸入資料

二、用神經網路計算資料

三、把計算結果與正確答案進行對比

---

[129] 關於卷積網路演算法的一個詳細介紹見於 Timothy B. Lee, How Computers Got Shockingly Good at Recognizing Images, arstechnica.com, December 18, 2018。

四、根據對比結果修正神經網路的參數

其中「正確答案」可以是明確的，也可以是不明確的，學習方式可以分為「有監督的」和「無監督的」，但是基本原理都是用大量的資料訓練神經網路。

這就是現在我們所謂的「ＡＩ」。

## 數據是深度愚蠢的

了解了ＡＩ的基本原理，我們就可以討論它的兩個關鍵性質了。這兩個性質也正是現在ＡＩ的兩個致命缺陷。

第一個性質是，ＡＩ其實並不理解它自己在做什麼。

一切都只是神經網路的參數而已。為什麼這樣的一組參數識別的就是阿拉伯數字，那樣的一組參數識別的就是幾何圖形？這個特定神經元的具體參數有什麼意義？我們不知道。這就好像你用眼睛能識別到這本書中的文字，可是具體的識別過程是眼睛和大腦非常非常多個神經元配合的結果，我們不知道那些神經元是怎麼一點一點地把眼睛裡的光電訊號轉化為思想。細節沒有意義，我們只知道結果。

正因為細節沒有意義，我們才能在不掌握任何明確規則的情況下，自動識別各種物體。你不需要知道自己是怎麼看出來這個東西是個三角形的，你只需要能看出來就行。

這不是很好嗎？人腦不就是這樣嗎？人腦是這樣的，但人腦不僅如此。我們下圍棋不僅僅靠模式識別，我們使用了一些棋諺，比如「金角、銀邊、銅肚皮」、「立二拆三，立三拆四」、「二子頭必被扳」。我們是模式識別結合理解和推理，並非純粹的模式識別。

但ＡＩ則是純粹的模式識別。AlphaGo下圍棋，只會告訴你走在這裡的勝率會更大一些，但是它不會告訴你為什麼這裡勝率大：它判斷勝率大是因為它的神經網路輸出了這麼一個結果，它並不真的理解圍棋。

神經網路本質上是個「黑盒子」。當神經網路判斷這個圖形代表數字「7」的時候，它利用了「7的左下角都是空白」這個規律嗎？你不知道。各種規律和規則都已經展現在了神經網路的無數個參數之中，可是沒人知道哪些參數代表哪個規律。

這是神經網路的妙處，但這也是一個大麻煩。這意味著你沒辦法和ＡＩ講理。ＡＩ說你應該這麼做。你說自己不想這麼做，而想那麼做。ＡＩ說不行，你必須這麼做。你問為什麼非得這麼做？有什麼理由能說服？ＡＩ說我不知道，反正你就得聽我的……你能接受這樣的ＡＩ助手服務嗎？

—•—

第二個性質是，ＡＩ的行為本質上是由訓練它用的資料決定的。

訓練ＡＩ需要資料。不是任何資料都能用，必須是有內容、有答案的資料才能作為訓練素材。圖31-5是史丹佛大學電腦科學家李飛飛組織的「ImageNet」，其機器學習圖形識別競賽提供給參賽隊伍的訓練用資料。圖中用彩色方框標記了四個物體：一個人、一隻狗和兩把椅子。這個標記工作是由人類完成的。

圖 31-5　人為標記的圖像資料

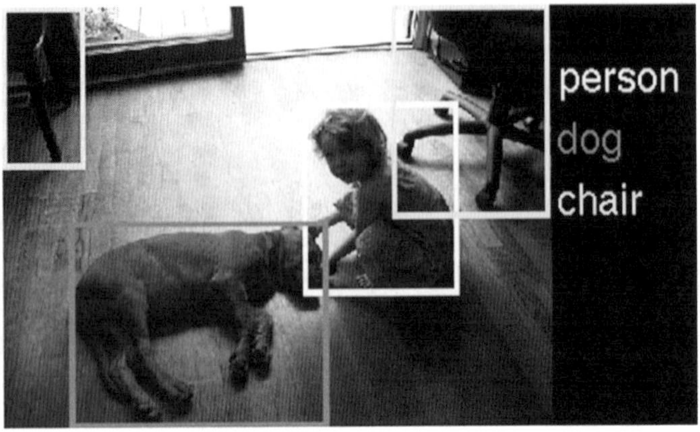


李飛飛每年提供給 ImageNe 參賽者一百萬張這樣標記過的圖片。AI優異表現的背後，都是這樣海量的資料。AI的訓練方法不是祕密，各大AI公司比拚的真正競爭優勢，是誰擁有更多、更好的資料。

很多人據此認為，資料就是新的石油——而既然中國有全世界最大的中產階層消費族群，這些人會產生最多的資料，所以中國必將是AI最強國……但我對此有不同的意見。我認為資料不是石油。石油是一種通用的、不會過期的資源，資料並不是。

現在各個有志於自動駕駛的汽車公司都在搜集路面交通資料，用於訓練自己的AI。他們的方法是，讓汽車在大街小巷到處開，熟悉各種路面、天氣和交通狀況。這些資料不是通用的。一個AI在美國累積的「駕駛經驗」再豐富，也不能直接在中國上路。這是因為中國的交通號誌、交通法規、道路設計、行人和自行車的運動習慣都和美國截然不同。一個美國人司機可以在中國開車，但是AI不是人類，它沒有思考能力，它做事只憑經驗。不用說中國，對ＡＩ來說，英國、德國都和美國很不一樣。

這就意味著，ＡＩ的訓練資料沒有很高的交易價值。你必須對每一個不一樣的地區專門重新做有針對性的訓練。除非一個美國公司想在中國做生意，不然中國消費者的購物習慣資料對它沒有太大意義。

而且今年的購物習慣資料對明年也可以沒有太大意義。流行趨勢和人的行為習慣都會變的，今年的經驗未必適合明年。這就是為什麼「大數據」不能用於預測一部電影會否大賣。有人曾以為 Netflix 的影集《紙牌屋》是用大數據算出來的，其實根本不是。出色的劇情都是編劇創造的結果，而再厲害的編劇也不能保證自己的下一部作品一定會紅。世界上根本就不存在「一定紅」的配方，因為要想「紅」，你這個作品首先就得是一個和以前不一樣的東西——而ＡＩ做出來的，本質上是和以前一樣的東西。

在一種情況下，ＡＩ不需要外界給資料。最初的 AlphaGo 學習圍棋是使用了真人對戰的棋譜做訓練，但到了 AlphaGo Zero 這一步，ＡＩ已能從零開始，用自己與自己下棋的方式，完全自學圍棋。這樣練成的ＡＩ不受任何人類的經驗束縛，可謂「終極」學習法。但這個ＡＩ仍然是基於經驗的，只不過它用的是自己摸索出來的經驗。其實同樣的方法理論上也可以用於自動駕駛ＡＩ，只不過城市交通比圍棋複雜多了，而且摸索訓練的成本太高。

資料並不神祕。資料不是ＡＩ的動力，而是它的限制。

ＡＩ的這兩個特點——不理解自己在做什麼、做什麼都是模仿以往的經驗——大大限制了它的能力。

有很多學者並沒有充分認識到ＡＩ的局限性。像當紅的哈拉瑞在《人類大命運》、《21世紀的21堂課》（*21 Lessons for the 21st Century*）這些書中談論未來，凡是談到ＡＩ，都將其當成了近乎無所不能，即將全面取代人類工作的超級智慧。那其實是科幻小說水準的認識。那樣的認識會讓人虛妄地期待和無端地害怕。

頭腦最清醒的是那些在ＡＩ研發第一線工作的科學家和工程師們。他們列舉了現在ＡＩ的種種缺陷。

因為不理解自己做的事情，ＡＩ沒有道德感。一輛自動駕駛汽車遇到危險，到底是應該優先保證車內乘客的安全，還是應該優先避讓車外的行人？這樣的問題必須由人類手動設定。怎麼設定呢？是讓ＡＩ先看看哪邊的人多嗎？是看誰是兒童和女性嗎？是根據死亡相對於受傷的機率大小決定嗎？你事先的設定再詳盡，也不如到時候具體情況具體分析。

再比如說，一個汽車廠商告訴你，我們的車是講道德的，自動駕駛系統在危險情況下一定會首先確保行人的安全。請問這樣的車你會買嗎？我如果要犧牲我自己，必須是我自己的決定，不能讓汽車替我做決定！萬一我臨時不想死怎麼辦？萬一汽車判斷錯了怎麼辦？我不想開一輛在某種情況下會犧牲我的車。

因為訓練完全依賴於以往的資料，ＡＩ天生就具有歧視的特點。美國的統計資料表明黑人的犯罪率更高，那麼當ＡＩ試圖判斷一個人犯罪的可能性的時候，黑人一定就會吃虧。人類員警也許會從臨場的蛛絲馬跡中做出更好的判斷，ＡＩ不是不能考慮這些，但是它的訓練資料決定了它不可能全面考慮所有的因素，因為大多數因素都是平時不可見的，根本就沒有在訓練素材上標記出來。

如果一個男人站在廚房裡，他就很有可能被ＡＩ識別為女人——畢竟對大數據來說，女人在廚房出現的可能性更大。快下雪了，市政當局在公路上預先灑下了鹽，形成「鹽線」，特斯拉汽車的自動駕駛系統沒見過這樣的線，結果就發生了功能紊亂。

這個原理是經驗最怕意外。訓練用的資料再多，也難保在實際應用中遇到意外情況。路邊有幾個小孩在追著一隻鴨子跑，ＡＩ能預測孩子的運動軌跡嗎？雷射測距儀萬一失靈了怎麼辦？路上有個交通標誌牌寫得不規範怎麼辦？一輛自動駕駛的汽車也許在九九．九九九九％的情況下都能完美運行，可是那〇．〇〇〇一％的意外誰也也受不了。二〇一六年，就有一輛特斯拉轎車在自動駕駛狀態下把前方一輛白色卡車誤判成天上的白雲，因而發生車禍，導致駕駛員死亡。

如果讓ＡＩ多考慮一些意外情況行不行？當然可以。但那是沒有辦法的辦法，這意味著訓練用的資料量必須大到不可思議、不切實際的程度。

事實是，現在各家的自動駕駛技術都到了「平時能用一用」的水準，但遠遠沒到值得信任的水準。ＡＩ在可以預見的將來都不太可能徹底代替人類駕駛。

最近幾年，科學家不但沒有發現ＡＩ的更多希望，反而找到了ＡＩ的更多「命門」。

比如說圖像識別。我們知道現在基於卷積網路和深度學習的圖像識別已經非常強大了。智慧型監視器會自動識別人臉，而為了識別人臉，它必須知道圖像中哪個東西是「人」，對吧？二〇一九年，比利時魯汶大學的幾個人發明了一種彩色圖形，可以騙過ＡＩ識別。你只要把這個圖形列印到一張紙上——差不多是一張A4紙的大小——然後把這張紙掛在肚子上，也不用蒙住臉，AI就不會把你當作「人」。[130]

再比如說，一個男性研究者戴上一副特殊花紋的眼鏡，AI就把他識別成了一個著名女演員。還有一張普通的校車圖片，研究者只要稍微做一點調整，在用肉眼完全看不出來有什麼毛病的情況下，AI卻把它識別成了「鴕鳥」。[131]

這些都是怎麼回事呢？因為AI的圖像識別都是從細節入手的。AI並不像人眼這樣看圖先看個大概輪廓，不知道物體占圖像面積的比例是多少，它必須注意圖中哪怕很小的物體。而人眼忽略掉的一些細節，在AI的判斷中卻是至關重要的特徵結構。

據電腦科學家米歇爾在二〇一九年出版的《AI 3.0》（*Artificial Intelligence: A Guide for Thinking Humans*）一書，她組裡有個研究生，自己用現成的圖形庫訓練了一個能判斷「這張照片中有無動物存在」的深度神經網路。這個網路的準確度非常高，但是研究生仔細研究之後，發現一個大問題：原來那個網路是透過「照片中有沒有虛化的背景」來判斷其中有無動物的。這純粹是因為在那些訓練用的照片中，如果有動物，攝影師會聚焦在動物身上，背景就是虛化模糊的，沒有動物的時候背景就是清晰的。AI把背景是否模糊當作判斷有無動物的標準，這非常有效率，但真的沒有實際用處。換一組不帶虛化（即景深很深）的照片，它就失去了正確的識別能力。

而因為AI自己都說不清自己的判斷標準——別忘了，它只有一大堆神經網路參數——你要是不測試，就永遠都不知道它漏掉了什麼。

追根究柢，這裡面的深層原因是，AI不理解它看到的各個元素之間的邏輯關係。AI

只有經驗，而經驗是由訓練素材決定的。有研究發現，只要換機器人去房間裡各個地方隨機地拍照片——而不像人類攝影師那樣選擇合適的角度拍——ＡＩ就很難識別這些照片中的東西：因為它們沒見過誰是這樣拍照的。

ＡＩ不理解它做的事情。ＡＩ只有經驗。ＡＩ本質上是用一堆資料餵養出來的，它表現的好與壞、它在什麼情況下能有什麼表現，完全取決於那堆資料。美國電腦科學家和哲學家朱迪亞・珀爾（Judea Pearl）有一句名言：「數據是深度愚蠢的。」（Data are profoundly dumb.）

這根本不是什麼「人工智慧」，這是「人工不智慧」。

## 人工怎樣智慧？

現在到全世界任何一所大學學習人工智慧，學到的大抵是我們前述的這些東西：資料、神經網路、深度學習、卷積演算法。現在投入實際應用的只有這一套，這就是ＡＩ。但你也看到了，這一套根本走不遠。其實科學家一直在探索讓機器真正擁有人的智慧，或至少是比統計方法更智慧的方法。我們談談三個比較熱門的、有希望的方向。

第一個方向是，讓ＡＩ學會因果關係。

---

130 https://zhidx.com/p/146179.html

131 來自米歐爾的《ＡＩ 3.0》（*Artificial Intelligence: A Guide for Thinking Humans*）一書。

犯罪嫌疑人開槍，受害者死亡。開槍是因，死亡是果。人類聽起來非常簡單——但ＡＩ可不懂這個。首先，你只有一個資料，不能說明什麼，也許純屬巧合。再者，如果不開槍，受害者就不會死嗎？電腦無法判斷，因為它不理解人為什麼會被槍打死。

嚴格來說，電腦是對的。因果關係只是我們人類方便思維的一種模型而已。關於這個世界上到底有沒有真正的因果關係，哲學家們有過激烈的爭論。[132]但因果關係對我們做出決策判斷非常重要，掌握了因果關係，不需要什麼資料和訓練，我們就能做出正確判斷。

朱迪亞·珀爾提出[133]，只要掌握因果關係，電腦就能回答三個問題：

一、觀測：這件事發生了，那件事是否也跟著會發生？

二、干預：我採取這個行動，會有什麼後果？

三、想像：如果當初我沒有這麼做，現在會是怎樣的？

能回答這三個問題，ＡＩ才真正可以去做決策。珀爾和很多研究者發明了基於貝氏方法的因果關係傳遞網路，使用這個網路程式設計，可以讓ＡＩ至少看似理解距離可能很遙遠的兩件事情之間的因果關係，從而做出明智的判斷。

而我估計，這個路線未來最適合的應用場景，大概是一些特定領域的「專家系統」，比如醫療。它的判斷範圍將會非常有限。如果放在一個不設限的真實世界中做決策，ＡＩ就必須理解環境中可能出現的各種東西，而那些東西的因果關係實在太多、太複雜了。這就必須結合第二個方向。

圖 31-6 這是一張好笑的照片[134]

第二個方向是讓AI有「常識」。

常識，是我們日用而不自知的知識，是「內隱知識」（tacit knowledge）。一個最好的例子，來自於電腦視覺專家安德烈・卡帕斯（Andrej Karpathy），請看圖31-6，照片中有幾個穿著西裝的男子，其中一位還是美國前總統歐巴馬。有一個人站在體重計上量體重，而其他人都微笑地看著他。

你用不了一秒鐘就能理解那些人為什麼發笑。量體重的那位老兄不知道，站在他身後的歐巴馬正在用腳壓那個體重秤——這樣會讓他得到一個更重的重量。你能看出來所有人的笑都是友

---

[132] 請參《高手決斷》一書。

[133] 《因果革命》（*The Book of Why: The New Science of Cause and Effect*），另見「精英日課」第二季解讀。

[134] Andrej Karpathy, The State of Computer Vision and AI: We Are Really, Really Far Away. Oct 22, 2012.（http://karpathy.github.io/2012/10/22/state-of-computer-vision/）

善的。你設想，可能大家覺得這個玩笑很好玩，也可能是大家覺得歐巴馬以總統之尊開這個玩笑，這件事更有意思。

現在，我們的問題是，ＡＩ得發展到什麼程度，才能看出來這張照片的「有意思」？

卡帕斯說我們距離那一天非常非常遙遠。這張圖只是一組很短的平面座標顏色數列而已，可是它代表的是人類知識的冰山一角。

為了看懂這張照片，你得知道體重計是做什麼用的，得知道施加壓力會增加體重計的讀數，得知道為何這件事會讓人發笑，得知道歐巴馬是誰等。一個人類兒童也許都能明白這張照片，而這樣的知識就已經太多了，多到電腦科學家不知道怎麼才能讓ＡＩ掌握。

怎麼才能教會ＡＩ所有這些常識呢？現在有人正在嘗試一個硬辦法。「Cycorp」公司有個項目叫「Cyc」，就是打造一個專門針對ＡＩ的人類常識系統。Cyc 中的一些常識諸如：「一個實體不能同時身處多個地點」、「一個物件每過一年會老一歲」、「每個人都有一個女性人類母親」……

然後 Cyc 還會基於這些常識做邏輯推理。比如，如果你告訴它現在你在北京，它就知道你不在哈爾濱。可是這裡面有個大問題。

像這樣的常識，是我們都知道——可我們不知道「我們知道」——的知識。你知道自己擁有多少條常識嗎？能把它們一條條地都寫出來嗎？你不知道，也不能。Cyc 系統中像這樣的常識已經有了一千五百萬條，而據 Cycorp 公司判斷，這個數值還只是最終所需要的常識總數的五％。

這條路想一想，都無比困難，而且這不是又回到了發明神經網路演算法之前的設定無窮規則的老路上了嗎？

問題來了，讓AI有智慧這麼難，那人類為什麼能這麼有智慧呢？人類的小孩也沒整天都學習，怎麼好像突然間就什麼都會了呢？這就引出了第三個，也是最重要的研究方向。

—•—

第三個方向是讓AI進一步模仿人的大腦。

我們現在並不真的理解大腦。過去這三十年間，腦科學有了巨大的進步，現在腦科學是最活躍、最易出成果的研究領域，但我們對大腦仍然知之甚少。我們不知道大腦是如何從神經元的微觀連接組合形成宏觀的情緒、想法和思想的，我們不知道「意識」到底是怎麼回事，我們並不完全知道人類是如何學習的。

但我們的確知道一點。我們知道儘管AI模仿了人腦的神經網路，但是人類的學習方式和AI非常不同。

法國心理學和認知科學家史坦尼斯勒斯・狄漢（Stanislas Dehaene）一直在研究人腦的學習原理，他提出，相對於AI，人腦有幾個特別的學習優勢。[135]

---

[135] 《大腦如何精準學習》（*How We Learn: Why Brains Learn Better Than Any Machine... for Now*），另見「精英日課」第四季解讀。

人腦學習不需要大數據。媽媽指著一隻蝴蝶告訴女兒：「這是蝴蝶！」一句話就夠了。女兒只學這一次，就能知道什麼是蝴蝶。人腦善於理解抽象概念。給你看一眼字母「A」的樣子，你記住了，下一次看到換了字體的字母「A」，哪怕變成英文花體字，你也能立即識別出來。你抓住了字母「A」的抽象內涵。

人腦善於類比，好比給你一個例子，你就能舉一反三，照著做出別的應用。

人腦善於傳遞知識，好比你買個烤麵包機，自己看說明書學會如何使用，然後為媽媽也買了一個。她收到之後打電話問你用法，你三言兩語就能教會她怎麼用。

人腦還有一套內在的思想語言，能讓我們進行邏輯推理。

這些能力，AI都沒有。為什麼人腦這麼厲害呢？因為人腦有一套特定的學習方法。我們總是在暗中猜測、總結和運用世界的規則。我們是主動學習。

比如媽媽指著一隻小狗對孩子說：「dog」，請問這是什麼意思呢？

孩子不需要分析一百萬個媽媽的大數據。這一次互動，孩子就立即有了自己的猜測。也許媽媽的意思是所有的狗都叫「dog」，也許是這隻狗的名字叫「dog」。然後他等著找機會驗證。

換個場合，媽媽指著另一隻狗，又說了「dog」——孩子立即就明白了，「dog」這個詞是泛指所有的狗……當然嚴格說來，這個結論並不嚴格，但孩子還可以在下一次訓練中再修正自己的猜測。

發展心理學家艾利森．高普尼克認為孩子這個學習方法暗合了科學家思維。這不就是提出假設、驗證假設、總結規則嗎？這種學習方法是最快的。

孩子為什麼會這個方法呢？他們怎麼學會的邏輯推理的呢？當前科學理解是，這可能是天生的。孩子一出生時，大腦並不是一塊空白的白板，而已經由基因預裝了邏輯能力、一定的物理知識和數學知識、從聲音中提取語言的能力，甚至包括道德的直覺。本書第11章談「人的正義思想是從哪裡來的？」，說的就是大腦預裝了道德模組。

ＡＩ沒預裝這些能力。那怎麼才能給ＡＩ提供這樣的能力？現在有研究者正在試圖用電腦類比一個完整的人類兒童的大腦，但是目前所有的工作仍然很初級。對我們來說，在未來很長的時間裡，大腦都是這個宇宙最神奇的東西。

所以說「智慧」，哪有那麼容易。先別太擔心ＡＩ，當今這個世界值得我們操心的事實在太多了。

第32章

# 如果想法挖掘愈來愈貴……

我有一個關於我們這個時代的壞消息。二〇二〇年以來，你已經聽到太多壞消息了，我這個是沒有那麼緊急……但可能是更壞的消息。

幾年前，關於中國要不要花錢建設一個新一代基本粒子實驗裝置，叫「環形正負電子對撞機」（CEPC），引發了很多爭議。特別是楊振寧先生提出了反對，他的理由是「盛宴已過」，花這個錢不值得。而很多現役的物理學家和科學愛好者則認為物理研究代表大國實力，這個錢應該花。

我支持楊振寧的意見，而這件事的結果也是國家決定不建，但重要的是，用對撞機和加速器這些實驗裝置研究基本粒子物理學，本質上是一個比特幣挖礦遊戲——你的投入會愈來愈多，產出會愈來愈少。而這個規律也適用於其他創新領域。

我們將來會遇到一系列類似這樣的選擇，你在生活中也會面臨同樣的選擇，也可能會像楊振寧一樣，不得不做出自己不喜歡的決定。

我們對未來是樂觀的。我們習慣了經濟不斷成長，我們習慣了每一代人的生活都比上一代人好，我們習慣了為未來投資都是值得的，我們習慣了科技改變生活，我們習慣了只要付出努力就能有相應的回報。

但你想過嗎？世界沒有義務是這樣的。

—•—

人類因為技術進步而獲得經濟高速成長，也不過是最近這兩百年的事情，歷史上的常態是，所有人辛辛苦苦地勞動，也只能換來非常有限的財富。我們沒有任何理由相信有什麼東西應該一直都成長。特別是高速成長，那就更像是不可持續的。

經濟學家早就知道，如果你不是一窮二白的發展中國家，那麼靠增加投資和增加勞動力拉動的經濟成長就是有限的。長期看來，經濟成長的真正驅動力，只有技術進步。

這也就是說，技術如果停止進步，世界經濟就會迅速到達一個平臺期而不再成長。有很多人擔心技術停止進步，比如柯文寫過《自滿階級》和《大停滯》（*The Great Stagnation*）兩本書，認為美國的技術進步正在陷入停滯。我們對此感受不深，因為現在技術進步的速度似乎仍然挺快的。

但是這裡面有個重大隱憂。史丹佛大學和麻省理工學院的四位經濟學家，透過一系列的資料分析，告訴我們一個壞消息[136]：技術進步的總體速度似乎沒變，但技術進步的成本是愈

---

[136] Bloom, Nicholas, Charles I. Jones, John Van Reenen and Michael Webb (2017) "Are Ideas Getting Harder to Find?" NBER Working Paper No. 23782.

▌圖 32-1 晶片之電晶體個數呈穩定指數成長，符合摩爾定律[157]

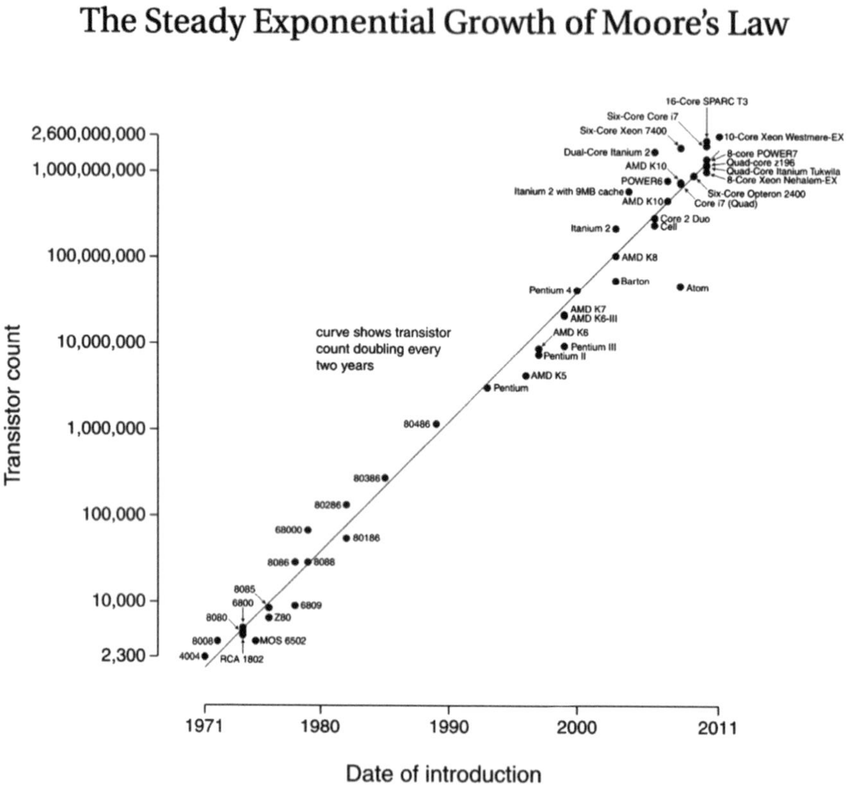

來愈高了。

這項研究的關鍵思想，可以用一道公式來概括——「經濟成長率＝研究生產率×研究者人數」。

現在的局面是，研究者人數愈來愈多，但是研究生產率愈來愈低。你仍然能維持一個看起來不錯的經濟成長率，不過付出的代價——也就是技術研發的成本——愈來愈高。這樣的研發是不可持續的。

比如說摩爾定律。這是一個非常著名的規律，說一塊晶片裡電晶體的個數，每十八個月增加一倍。這麼多年以來一直都有人懷疑摩爾定律是不是要到盡頭了，但是半導體工業一直發揮穩定，晶片仍然在持續進步。圖 32-1 表示從一九七一年到二〇一一年，一塊晶片所包含的電晶體個數一直在穩定地指數成長，大約每年成長三五%。

這真是令人讚嘆。你要是單看這項數據，確實看不出來晶片研發面臨什麼困難，摩爾定律並沒有要失效的跡象！但是這樣的成長掩蓋了一個問題，就是研發的成本。

新技術不是從天上掉下來的，晶片工藝從幾十奈米到十奈米，到七奈米，到五奈米，每一步都可能面臨很不一樣的物理學和製造技術難題，需要投入大量的資金和研發人員。我們單說研發人員的人力。

圖 32-2 為一九七一年到二〇一四年，為了保證電晶體密度按照摩爾定律穩定成長，半導體

[137] 圖片來源：https://web.stanford.edu/~chadj/IdeaPF.pdf

▌圖 32-2 維持摩爾定律穩定成長與研發人數的變化 [18]

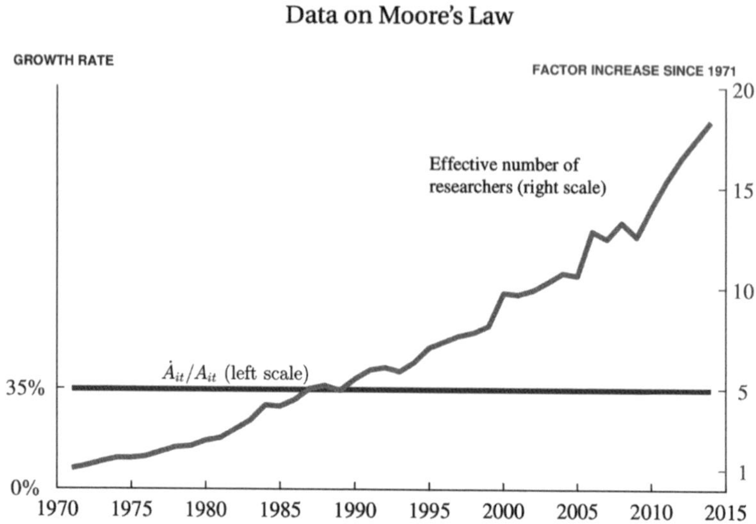


工業投入的有效研發者的人數變化。

四十多年間，研究者人數擴大了十八倍。

請注意，這些人是研發者，不是生產者，他們的任務就是讓電晶體密度成長。如果四十多年前把電晶體數目提高一倍需要一千個人研究，而研發的難度不變，那麼今天再把電晶體數目提高一倍，應該也只需要一千個人，研發人數應該不變才對。

可是完成同樣的技術進步，今天需要的人數是過去的十八倍。這說明每個研發者的生產率降低了十八倍。如果不是這些研發者和以前的人相比變笨了，那我們只能說現在做研究的難度增加了十八倍。

考慮到研發人數的變化，過去這幾十年來，各個主要領域的研究生產率都在降低。比如農業，現在有科學育種、更好的化肥、有轉基因技術等，農業產量確實在進步——可是投入的研發人數也增加了。這四位經濟學家估計，育種方面的研究生產率大約每年下降五%，而農業整體的研究生產率每年下降三．七%。

醫療業也是這樣。隨著醫學研究的進步，現在的醫生面對癌症和心臟病有了更多辦法，病人更有希望了，病人死亡率有所下降。但這個進步是多大的代價換來的呢？美國每年往醫學研究上投入天價的研究經費和海量的研究人員。現實情況是，病人死亡率下降很少，而研究人數增加很多。綜合而論，醫學研究的生產率，平均每年下降高達八%到一〇%。

我們再看製藥業。美國製藥業有個著名的「Eroom 定律」，是把摩爾定律的「Moore」反過來寫，所以也叫「反向摩爾定律」：從一九五〇年以來，研發一種新藥的成本，每九年翻一倍。[139]也是愈來愈貴。要是按照這個趨勢走下去，將來我們還做有辦法研發新藥嗎？

過去一百年間，美國的ＧＤＰ成長率，每年都差不了多少，這主要是科技創新的貢獻。另一方面，美國參與創新的研究人員一直都在增加，創新已經從少數人的貢獻變成了很多人的職業，美國是個創新國家。但是把這兩件事放在一起考慮，問題就出來了——創新水準沒有增加，創新人數大大增加，這豈不就是說創新愈來愈難，創新者的生產率愈來愈低嗎？

---

[138] 圖片來源：https://web.stanford.edu/~chadj/IdeaPF.pdf

[139] Scannell, J., Blanckley, A., Boldon, H. et al. Diagnosing the Decline in Pharmaceutical R&D Efficiency. Nat Rev Drug Discov 11, 191–200 (2012)，參見 https://doi.org/10.1038/nrd3681。

四位經濟學家估計，美國的研究生產率，平均每年下降五．三％。這就意味著，要想保持同樣的GDP成長率，美國必須每十三年就把研究人員的總人數增加一倍。這樣的研發顯然是不可持續的。

—•—

這個局面像不像挖比特幣？比特幣是人們用演算法挖掘區塊挖出來的。這種東西剛出來的時候，你拿個最土的個人電腦自己挖，也能隨便就挖到好多個比特幣。後來慢慢地人們就開始用挖礦專用電腦——「礦機」——去挖，現在用礦機也愈來愈貴，光是消耗的電費都已經和得到的比特幣的價值相當了。

這是因為中本聰故意把比特幣設定成愈來愈難挖——每挖出二十一萬個區塊，比特幣的發行速度就會降低一半。你挖掘比特幣的投入產出比會愈來愈低。這個設定是人為的，目的是讓比特幣保值。

而現在我們看到，如果把創新看作是對「想法」的挖掘，這就正好和挖比特幣一樣。沒有人故意設定成這樣，但是挖「想法」，現在愈來愈貴了。

—•—

我們再看物理學。從拉塞福（Ernest Rutherford）那個時候開始，物理學家為了研究粒子的內部結構，必須使用加速器或對撞機把粒子加到高速，去撞擊，而這個「遊戲」是愈來愈貴了。拉塞福發現了原子核，對人類知識是多大的貢獻？研究經費才七十英鎊。

二十世紀六〇年代末，美國準備建設費米實驗室，要花費幾億美元建造一個加速器，已到了需要動用國家力量的程度。為了說服政府花錢，有些人把費米實驗室和國防聯繫起來，國會要求物理學家羅伯特．威爾遜（Robert R. Wilson）談談做這個研究與國防有什麼關係，而威爾遜這麼說：「它和保衛我們國家沒有直接的關係，只不過它能讓我們國家更值得被保衛。」

這真是物理學家探索未知世界的偉大情懷！結果費米實驗室不負眾望，果然獲得發現底夸克、頂夸克、濤微中子等一系列成果。這些成就雖然沒有什麼經濟價值，但是都是可以進教科書的重大突破，只不過恐怕和拉塞福發現原子核還是不能比的。

進入二十一世紀，大型強子對撞機（LHC）的花費高達上百億美元，它得到了什麼呢？它驗證了幾十年前物理學家對希格斯玻色子的猜測。這甚至不是一個知識上的進步，它只不過再次告訴我們，現有的物理理論——「標準模型」——是對的。

基本粒子物理學的投入以數量級的方式增加，產出卻是以數量級的方式減少。

這不只是「盛宴已過」的問題。而是以後每餐都會變得愈來愈少、愈來愈貴的問題。

費米實驗室那是真情懷，是真正的國力象徵。中國這時候再建一個對撞機，自然是要爭論的了。

情懷不是無價的。知識不是無價的。就算講情懷，要積極探索未知世界，是不是也應該好好算一算，把有限的資金投入到更有可能出成果的方向上去呢？比如太空望遠鏡？發射探測器研究暗物質和暗能量？我研究人工智慧、攻克阿茲海默症行不行？為什麼非得盯住這一個明顯已經是邊際效應遞減的方向呢？

而現在最可怕的故事是，也許所有方向都陷入了同樣的困局。

—•—

為什麼現在愈來愈多的人在研究，做出來的研究結果卻還不如以前的重要呢？史丹佛大學和麻省理工學院的論文出來之後，人們分析了很多原因。[140]有人說是不是金融危機的影響？這個統計是不是忽略了數位經濟？是不是沒有考慮基礎研究的占比？在我看來那些局部的、臨時性的、技術性的因素，並不影響大局。

根本的原因，恐怕還是低垂的果實已經摘完了。而就研究結果的經濟價值而言，低垂的果實不但更好摘，而且也更好吃。研究，是一個邊際效應遞減的事情。

一個領地剛剛開闢的時候，總是最容易拿到成果，最好的東西往往也是最顯眼的。就好像孫悟空進了蟠桃園，一開始根本不用費勁，最大最甜的桃子隨便拿。等到好摘的桃子都被摘完了，剩下的都是又小又難吃，而且又不好找的桃子。

傳統農業主要靠農田水利。只要農家有人管，水給足，集中種植，弄點肥，產量基本上就差不多了。再多付出三倍的勞動力精耕細作，產量也未必能提高三〇％。植物的收穫對耕作勞動愈來愈不敏感。

想再獲得真正的進步，必須開闢新維度，比如說化肥。化肥對產量的影響是決定性的，但是研究化肥的難度比琢磨怎麼怎麼精耕細作難太多了，根本就不是一個層面、一個時代的事情。而現代農業已經普遍用上了化肥，想再讓產量繼續提高，也沒那麼容易了。投入很多人力、物力研發，甚至轉基因，結果產量再也沒有過往那麼大幅度地提高。

現代醫學對人類健康最大的貢獻是發現了像青黴素、鏈黴素這些抗細菌類的藥物。那真是藥到病除、救人無數。它們治療的是過去最常見、最容易死人的病，它們把人的預期壽命提高了一大截。

把細菌的問題解決了，現代人的最主要死亡原因是心臟病和癌症，而這些病的治療難度高出了好幾個層次。都是複雜的病，而且都是老年人才最容易得的病。這意味著不但難以攻克，而且就算攻克了其中一項，也不會把預期壽命一下子提高二十年。

—•—

愈來愈貴，而且愈來作用愈小。其實做很多事情都是這樣。

要想提高非洲兒童的學習成績，最簡單有效的辦法不是為他們聘請最好的老師，而是保證起碼的營養、發教科書給他們。正常孩子只要不是營養不良、有書讀、能天天上學，考個六十分是比較容易的。

---

140 John Horgan, Is Science Hitting a Wall?（https://blogs.scientificamerican.com/cross-check/is-science-hitting-a-wall-part-1/）

在這個基礎上，想要把成績從六十分提高到八十分，家庭環境就比較重要了。家裡得保證不但有吃的，而且父母要稍微監督一下學業，至少有個不受打擾的、能寫作業的地方，不能天天放學就在外面玩。

要從八十分提高到九十分，恐怕就得選一個比較好的學區，孩子還得有點愛學習的天賦才行。要從九十分提高到九十五分，那也許得送去名校。要從九十五分提高到九十八分，孩子就得非常聰明、非常努力才行。

每一步的投入愈來愈大，條件愈來愈苛刻，每一步的效果卻愈來愈小。當然因為考大學是個「排位稀缺」問題，每年花二十萬元把成績從九十五分提高到九十八分對某些人來說也許是值得的——但是本書前面說過，只多幾分上了好大學，和只差幾分沒上好大學，對一生的收入影響，其實非常不明顯。

—•—

因為邊際效應遞減，現代世界的很多東西，其實已是足夠好的了。比如從中國飛到美國大約是十個小時，這段時間對絕大多數人來說，就是足夠好的。如果想把時間縮短一倍，需要多大的代價呢？民航客機的巡航速度已經是〇．八倍音速，再想提速必須以超音速飛行，而超音速的代價是非常耗油、非常貴、更不安全，而且對地面形成噪音汙染。有多少人需要每週跨越一次太平洋，研發那樣的客機值得嗎？

人類曾經擁有過能以兩倍音速巡航的大型客機，那就是協和號客機。普通飛機從紐約飛巴黎需要七小時，協和號客機只需三小時三十分鐘——但是票價比普通飛機頭等艙還要貴很多。而且因為給地面造成的噪音太大，協和號客機被多國禁飛。現在所有的協和號客機都退役了，很少有人懷念它。

我們經常會低估技術進步的潛力。二十世紀八〇年代，比爾．蓋茲曾經說，「六百四十KB的記憶體，應該對所有人都夠用了」這已經成了一個經典笑話，現在所有電腦都有好幾個GB的記憶體。

但請注意，並不是所有東西都永遠需要更快、更高、更強。至少公共交通這個專案，就不遵從電腦記憶體的邏輯，成本和安全是更重要的考慮。

也許在理論上存在便宜又安全，且能在一小時之內從北京到達華盛頓的技術，但是要研發那個技術必定需要投入巨大的成本，冒巨大的風險。而人們並沒有那麼強烈的願望去付出那樣的代價。

人們沒必要把所有理論上能挖的比特幣都挖完。人們會在挖掘比特幣消耗的電量價值超過比特幣本身的價值的時候停止挖掘。

—•—

要想打破邊際效應遞減的魔咒，唯一的辦法就是開拓全新的領地。經濟學家認為創新存在「S曲線」，公司發展到一定程度，必須尋找新產品的「藍海」，說的是同樣的道理。

人類未來面臨的局面可能是，新的藍海還沒有找到，可舊的S曲線已經快到頂了。

如果創新真的停止了，經濟成長也就沒有根本性的動力，那將是非常可怕的景象。

現代經濟運行的根本假設，就是「經濟會成長」。企業家自己只投入很少的錢、甚至根本不花自己的錢，就能開公司、招人、買機器、搞生產，是因為他能融資，比如從銀行拿到貸款。銀行敢給一個行業的很多企業家貸款，是因為它預期整個行業都能成長。而企業家之所以願意開公司，是因為他認為賺錢的機率比較大。

但如果經濟不成長，那麼整個市場遊戲就是零和賽局。一個公司多賺的錢就必然是另一個公司少賺的錢。如果行業總的賺錢預期是零，銀行發放貸款的風險可就太大了。銀行不發貸款，或者貸款利率太高，企業家就開不成公司。

在這樣的世界裡，國家要集中力量辦大事就等於是與民爭利，發展什麼新項目就等於是寅吃卯糧瞎折騰。

而且在這樣的世界裡，馬爾薩斯人口論就是真的。馬爾薩斯（Thomas Robert Malthus）千算萬算，人口都能輕鬆達到指數成長，而糧食產量最多只能線性成長，糧食真的養活不了那麼多人口。他唯一沒算到的是農業技術創新，是化肥。

如果未來創新停止了，多生孩子就真的等於多占資源。

—•—

如果未來是那樣的，那就太可怕了，不過還有另一種可能。兩位美國科學作家和創業者，彼得·迪亞曼迪斯（Peter H. Diamandis）和史蒂芬·科特勒於二〇二〇年出了一本新書，《未來呼嘯而來》（*The Future Is Faster Than You Think: How Converging Technologies Are Transforming Business, Industries, and Our Lives*），書中提出了一個非常樂觀的展望。

他們說，一直被人寄以厚望的無人駕駛汽車、人工智慧、大數據、3D列印這些技術，為何至今並沒有對我們真實的生活帶來什麼明顯改變？因為力量還在積蓄中。而從二〇二〇年後，巨變的時機可能成熟了。關鍵在於各項新技術必須融合在一起，才能起大作用。

比如，科幻作品裡那種二十一世紀到處都是的「飛行汽車」，為什麼到現在還沒出來？我們可以做一番技術分析。

飛行汽車，必定得是某種垂直起降的東西，說白了，也就是直升機。但是傳統直升機有三個重大缺陷。一是它不安全，二是噪音大，三是價格貴。

不安全和噪音大，都是因為直升機只有一個旋翼。它壞了，整個飛機就完了；它必須尺寸大、頻率高，所以噪音才大。解決問題的唯一辦法是把一個旋翼變成多個旋翼。要是有十幾個旋翼，即使壞了兩個，也能保證安全降落；小旋翼體積小，噪音也會很小。

可是要做到這些，你同時需要好幾項以前沒有的技術：

一是大數據和機器學習。像過去靠風洞實驗設計有這麼多個旋翼的飛行器是非常不現實的，那個空氣動力學實在太複雜。現在有了大數據和機器學習，就可以用電腦類比，甚至在雲端進行設計。

二是材料科學。以前直升機的金屬機身太重了，現在使用碳纖維材料，機身可以非常輕又足夠結實。

三是電池。汽油的能源轉換效率只有二八%，提供飛行汽車水準的動力是不行的，必須得用電動，而電動的效率能達到九五％。現在鋰電池技術正好剛剛成熟，特斯拉汽車上用得很好。

四是人工智慧。十幾個旋翼同時轉，它們怎麼配合？哪個轉得快些，哪個轉得慢些？角度如何調整？全靠人來操控是不行的，必須得靠人工智慧。你還需要隨時了解飛行汽車的姿態，需要加速儀、各種雷達和GPS系統，你需要同時處理大量的資料，這些只有今天才能夠實現。

最後是3D列印。用3D列印能非常便宜地大規模生產飛行汽車的零件。

所有這些技術，以前都是在各自的路徑上獨自反覆運算，它們的確都在像摩爾定律一樣加速進步，但是因為它們互相之間的配合太少，所以我們感受不到它們的力量。

而飛行汽車把它們連接在了一起，形成了技術的融合。融合是「一加一大於二」的力量，能夠帶來巨大的改變。迪亞曼迪斯和科特勒說，到二〇一九年，已有二十五家公司在做飛行汽車……二〇三〇年之前，我們搭乘飛行汽車就和今天坐計程車一樣方便。

不僅僅是交通。迪亞曼迪斯和科特勒認為這幾項關鍵技術的融合將會在十年之內徹底改變能源、娛樂、購物、醫療、食品各個方面。

我們有理由對此充滿期待。但請注意，這個預期只是對技術進步改變人類生活的樂觀判斷，我們至少還會再收穫一波果實，但研發愈來愈貴、愈來愈難這個趨勢，仍然成立。

以前我看過一本物理教材，序言是嚴濟慈先生寫的，他說：「現在的大學生素質好、肯努力，男的想當愛因斯坦，女的想當居里夫人……如果一個青年考進大學以後……雄心壯志不是愈來愈大而是愈來愈小，從蓬勃向上到畏縮不前，那我們當老師的就是在誤人子弟，對不起年輕人，對不起國家……」

嚴濟慈肯定沒想到，中國這麼多年來，一個愛因斯坦和居里夫人（Marie Curie）都沒出過。他可能更沒想到，現在已經不是出愛因斯坦和居里夫人的時代了。現在的大學生學的物理知識比以前難得多，能做出的成就卻是小得多。

如果沒有經濟學家看看總的趨勢，你可能還以為每個物理博士都是潛在的愛因斯坦。殊不知博士愈來愈不值錢，愛因斯坦那樣的成就是愈來愈貴了。如果高等教育不能再帶給年輕人真正的能力提升，這意味著什麼呢？

以前哈佛校長有句話，說：「如果你認為大學教育太貴了，那你試試無知的代價。」現在看這句話是有問題的。大學教育的價值也在邊際效應遞減。

美國大學學費愈來愈貴，上四年大學的貸款得一直還到四十歲，轉頭一看名校畢業生一年收入不到十萬美元。若是當卡車司機，一年也有七萬美元。這樣說來，大學還值得上嗎？上大學值不值，其實也是可以討論一下的。

這一章沒有給出什麼建議，更沒有任何解決方案。如果有個歷史趨勢是真的，哪怕是個壞消息，我們也應該知道。如果不太可能是真的，那我們想一想，也是值得的。

這些分析最大的作用，可能是讓我們意識到創新的可貴。當下一個藍海的機會出現的時候，我們無論如何都要抓住。而如果一直沒有那樣的機會，哪怕靠追加更多的投資、一點點壓榨那些剩下的果實，只要還有利可圖，我們也只能這麼做。

也許創新終究會來，未來終究會更好，但也許不會。我聽膩了「明天會更好」、「創新成就未來」、「認知升級帶來財富自由」那些陳腔濫調。我想說的全部意思，就是世界沒有義務永遠都提供你進步。

# 第33章 排位稀缺：富足時代什麼最貴？

很多人都有一個夢想，說隨著生產力的不斷發展，我們會迎來一個「物質極大豐富」的時代，到時候必定是人人平等，形成「大同世界」。

這個夢想很合理，我們看到經濟發展的趨勢好像就是這樣的：像私家汽車和乘飛機旅行這些以前只有少數人能享受的東西，現在普通人都可以擁有。

以前稀缺的東西，將來會變得不那麼稀缺。經濟學完全能解釋這個趨勢：既然稀缺，想要的人就多，那麼願意生產的人也會多，而生產多了，當然就不稀缺了。

而我要說的是，有些東西，就算整個社會的物質再怎麼豐富，也會一直是稀缺的。而且可能物質愈豐富，它就愈稀缺。

比如說，世界盃足球賽的冠軍。不管有多少人踢球，冠軍只有一個。比賽獎金也好，出場費也好，廣告代言也好，冠軍的價值只會愈來愈高。這個位置不可能變豐富，它永遠都是稀缺的。

這樣的東西，才是我們這個富足時代最貴的東西。

一位任職於「社會資本」（Social Capital）公司的科技部落客 Alex，提出了一個有意思的概念[1]，叫「排位稀缺」。

—•—

所謂排位稀缺，就是能讓你在眾人之中突出出來，把你的位置往前排的東西。社會愈富足，排隊的人愈多，它只會愈稀缺。參與排位的不是什麼可以大量生產的實體商品，它只存在於人們的頭腦之中，但它是可經營的，而且常常是可購買的。

像頂級學術期刊和哈佛商學院這樣的事物，如果提及這些時，你只是充滿崇敬之情，我希望你能換一個視角。它們之所以厲害，是因為它們擁有排位稀缺性。這個視角能讓你對現代社會有個更清醒的認識，能識別到「好」東西，也許還能抓住商機。

你應該琢磨自己要爭取什麼和小心什麼，而不是崇拜什麼。

排位稀缺可以分為三種。我稱之為「優越感」（Prestige）、「進入權」（Access）和「引導力」（Curation）。

—•—

優越感，代表能讓你彰顯比別人更高的「地位」的東西。比如滿大街都是汽車，你要想突出，可能需要一輛高檔的汽車。奢侈品的價值不在於使用，而在於發出正確的訊號：我有錢，我不是一般人。因此奢侈品必須透過「限量」來保證自己的稀缺地位，有時候賣皮包的商家不是你有錢就賣給你。

進入權，則是能在熙熙攘攘的人群之中給你某種特權的東西。比如你因為拿著頭等艙的機票，或者因為是金卡會員，可以在普通乘客之前優先登機，這就是「特權」。再比如一條繁忙的公路，在常規的車道邊上，專門開闢出一條收費通道，因為願意花錢的人少，別人都堵車，這條通道的速度卻很快，這也是特權。

搜尋引擎的廣告競價排名，本質上就是在賣進入權。不管獲取資訊再怎麼方便，搜尋結果頁面排第一的那個位置，永遠都是稀缺的。

如果說很多優越感和進入權都是可以花錢買到的，那麼引導力，則是必須自己經營，才能得到的一種寶貴的稀缺力量。

引導力，是給別人推薦什麼東西，而別人心悅誠服地接受的能力。新近流行的「網紅帶貨」就是引導力的代表。傳統上的引導力還包括購物指南類雜誌、推薦榜，量身訂做的音樂歌單、汽車，或者各種東西的評鑑報告之類。

引導力能幫助人們做選擇。物質愈豐富，商品愈多，人們愈需要幫助選擇。

更厲害的東西，則是這三種排位稀缺兩兩結合的產物。而這一結合，就可能讓社會產生更多的不公平。

—•—

[141] Alex, Positional Scarcity（https://alexdanco.com/2019/09/07/positional-scarcity/）

## 優越感＋進入權＝圈子（Proximity）

名車、名錶、名牌包這些東西雖然貴，但還是不能與好地段的房子相提並論。買好房子的價值不僅僅是享受房子帶來的優越感，更是進入了一個好的社區圈子。你家小孩可以去好學校上學，你家鄰居的素質很高，連你家鄰居的小孩素質也很高。

優越感和進入權的結合，加劇了社會的不平等。以前進名校只要夠聰明就行，現在得聰明又有錢才行。如果名校成了富人和精英的俱樂部，學問就可能成為奢侈品。

不過優越感和進入權的不平等，還只能算是溫和的不平等。它們與引導力結合起來，有可能形成擴張式的、侵略式的不平等。

## 引導力＋優越感＝正統（Legitimacy）

網紅只能帶貨，富豪和明星只是引人注目，而如果你既引人注目，又能說服別人聽你的，你就是時尚潮流的引領者。可能以前社會對某一種穿搭、某一種風格，甚至某一種行為並不認可，可是明星這麼做了，社會就認可了，而且還引以為榮。比如霍金和《宅男行不行》（*The Big Bang Theory*），居然把談論物理學變成了「時尚」。

如果你比買房、買車那種消費層次更有錢，你可能想做一個「風險投資人」。這意味著你不但有錢，而且懂得最新的高科技，而且最關鍵的，你能用自身的影響力推動你投資的公司。可能一項技術本來不為人知，因為你投資了，它紅了。

如果你提的建議特別可信，又具有權威的地位，你就代表所謂的「正統」。為什麼現在「顧問公司」這麼賺錢？為什麼大公司的管理階層自己不好好決策，非得請顧問公司來出主意？因為顧問公司出的主意具有某種「正統性」：執行長可以對董事會說，麥肯錫公司（McKinsey & Company）都是這麼建議的。說白了，顧問公司能夠在關鍵時刻為你的決策「背鍋」。

如果論文發表在了《自然》（*Nature*）雜誌上，著名大學的教授都在幫著鼓吹，最大的電視臺都報導了，這個新藥怎麼可能不好呢？擁有「正統性」的機構會小心翼翼地維護自己的聲望，但是並不介意偶爾把聲望變現。

## 引導力＋進入權＝勒索（Extortion）

以前巴菲特（Warren Buffett）曾經說過一個「收費橋」理論。城市的中間有一條河，河上只有一座橋，城裡的人每天都要從這座橋上經過。如果你擁有這座橋，還能收費，這橋得值多少錢？

如同 Google、Facebook 這些網站，此刻在某種意義上就等於擁有了網路上的收費橋。如果他們只是提供搜尋服務，把消費者和商家連接在一起，那都無可厚非。但是如果把引導力和進入權結合在一起，這些擁有「收費橋」的公司可就厲害了。

比如你可能知道，「Hulu」是美國一個很大的影音串流平臺。如果在 Google 搜尋「Hulu」這個關鍵字，搜尋結果中排在第一的是 Hulu 公司自己花錢買的廣告，第二才是 Hulu 的官網——而這兩個結果指向的網址是完全一樣的。

這是為什麼呢？既然自己的官網已經排在第一位，何必再花錢買個廣告位呢？答案是，如果 Hulu 不買這個廣告位，這個廣告位就可能被別人買走，那麼搜尋者看到的第一個結果可就不是Hulu官網了。

商家對Google的這個做法極為不滿，但得花這個錢。

Google不但能讓消費者找到你，而且能決定你出現的位置，所以Google可以「勒索」你。再比如現在你去書店逛，有些書會被擺在入口最醒目的位置，而且一擺就是很多本。這或許不是書店真誠的推薦——至少不是免費的——而是書店和出版社之間交易的結果。

現在的購物網站，包括亞馬遜公司（Amazon.com, Inc.）在內，都不會老老實實地把最受歡迎、賣得最好的商品擺在首頁。它們會用這個排位權「勒索」商家。

你可能覺得「勒索」這個詞不太好聽，那「綁架」可能是個好一點的詞。比如你是一個雜誌社，你的內容要想上Facebook，你得滿足Facebook對你提出的要求，其中包括這個內容得怎麼寫。外送平臺會要求飯店按它的規範製作食物。不接受我的「綁架」，我就讓你不被大多數受眾看到，你就等於不存在。

Google就做到了這一點！現在有人統計，大約有一半的Google搜尋，都沒有讓使用者對別的網站的點擊，因為Google直接把使用者詢問的答案顯示在搜尋結果之中。

你說，這不是作惡嗎？我認為是的。這就是「稀缺」的力量。

那如果把優越感、進入權和引導力三項排位稀缺品加起來，是個什麼業務呢？

——•——

科技部落客Alex認為，這個業務就是「忠誠會員」。比如成為某個航空公司的忠誠會員，就同時具備三種排位稀缺：

一、分出「金卡」、「銀卡」，弄各種「尊貴」的稱號彰顯身分，這是製造優越感。

二、比別的乘客提前登機，以優惠價格提供更好的座位，這是進入權。

三、對該航空公司表示忠誠，只坐這一家的飛機、購買機上商品等，這是它的引導力。

高級信用卡公司是這麼做的，奢侈品商店是這麼做的，亞馬遜是這麼做的，將來還會有很多公司這麼做。他們想要的「忠誠」，我看和某些教會要的「信仰」其實是同一個意思。

希望這些概念能給你帶來啟發。因為排位稀缺的存在，我實在無法認同，物質極大豐富的時代就應該是人人平等、沒有糾紛的美好時代。

# 第34章　平價的奢侈品

我們來分析一個社會現象，它說明了一個發展動力。

你說為什麼每一代人，都感慨世界正在變得愈來愈俗氣呢？

中國有句話叫「世風日下，人心不古」，意思是社會風氣變壞了，人都不像以前那麼淳樸厚道了。但大概從二、三十年前開始，有人在文章中把「世風日下」改成了「世風日俗」，這更準確地描寫了當代社會的演變。人們並沒有變壞，但整個社會似乎正在消除「高級感」。

或者說，是高級感變低級了。我最近還聽說了一個新詞，叫「premiocre」，意思是「premium mediocre」，也就是「高級的平庸」。

《大西洋月刊》的專欄作家艾曼達．莫爾（Amanda Mull）寫文章[142]說，自己花不少錢買了一套模仿名牌的高級傢俱，結果品質並不好，很無奈。可是放眼望去，現在有很多產品和服務，就是在把原本的奢侈品給平庸化，包括有些名牌廠商推出一些讓普通人能買得起的東西。古馳（Gucci）的一個包要三千五百美元，一般人買不起，但推出了一款只要四百美元的皮帶，人們會為了能和古馳建立「聯繫」而買下這個皮帶……真是「高級的平庸」啊。

莫爾是感嘆社會的變化，但是如果你有數學敏感度，你會覺得這個現象有個問題。如果高級一直都在變平庸，社會就應該愈來愈扁平化，那這個趨勢似乎不應該長期存在才對：怎麼一代一代的人都在感嘆「世風日俗」呢？等到所有高級都平庸了，高級又在哪裡呢？

我認為這裡面有個高級和平庸之間的動力學，而你可以用這個動力學賺錢。

—•—

二〇一二年有本書叫《財閥》（*Plutocrats: The Rise of the New Global Super-Rich and the Fall of Everyone Else*），作者是加拿大一位政治記者，克里斯蒂雅・弗里蘭（Chrystia Freeland）。她說，在當今這個時代要想成為巨富，有三個途徑。

一是把控一個關鍵的位置或資源，搞權力尋租。二是像網路新貴那樣，抓住革命性的商業機會。這兩個途徑都不是你想做就能做的，前者需要你有背景，後者需要你正好趕上革命性的商業機會。

第三個途徑也很難，但也許是普通人可以努力的方向，那就是成為「超級明星」。這條途徑對應兩種賺錢方法。

第一個方法是十九世紀的經濟學家馬歇爾（Alfred Marshall）總結的。他說工業革命讓各種產品都變便宜了，機器不斷地取代人，資本家愈來愈富，普通工人的談判能力愈來愈

[142] Amanda Mull, It's all so... premiocre, The Atlantic, April 2020.

弱，但超級明星的收入，則是愈來愈高了。

而這是因為水漲船高。工業革命讓社會總財富增加，富人更願意花錢，而超級明星的服務是不可取代的。比如你是一個著名演員，是紐約最好的律師，是業內公認的頂級設計師，因為占據了一個獨一無二的位置，同第33章說過的「排位稀缺」，富人們會願意花最高的價錢購買你的服務。

我們可以把這個方法叫「馬歇爾效應」，它的本質是專門為富人階層服務。馬歇爾注意到，這些超級明星雖然很成功，但畢竟不是巨富，因為他們不掌握「大規模生產」這個工業時代最能創造財富的手段。一個歌唱家再厲害，能到劇場的觀眾人數是有限的。

而到了現代，超級明星有了一個新的賺錢方法，以致能比那些工廠的老闆賺更多的錢。這個方法是二十世紀的經濟學家舒爾文．羅森（Sherwin Rosen）先總結出來的，我們稱之為「羅森效應」。

羅森效應是說，文化產品現在可以「量產」了。卓別林（Charles Chaplin）不必受到劇場大小的限制，他拍的電影可以在全世界的電影院播放並收錢。超級明星們現在不是只為富人服務了，而是要設法量產。羅森效應是文化的工業化。

而弗里蘭的洞見是，文化的工業化並不僅限於電影和唱片之類的文化產品。高級品牌，本質上也是文化。

比如說服裝。最早的時候衣服都是人們自己家裡做的。每個女性都會兩手針線活兒，當然有錢人可以請裁縫訂製衣服，不過再好的裁縫也賺不了多少錢。

十九世紀上半葉，巴黎出現了一家高級裁縫店。這家店不做普通人的生意，專門為貴族訂製服裝。這種訂製也不是像以前，顧客說什麼式樣，就做什麼式樣，而是由裁縫店設計各種新式樣的服裝。換句話說，這家裁縫店提供貴族一個無差別的「服裝解決方案」。

這是一個新型的服務行業，立即大受歡迎。貴族喜歡，就帶動了新貴們——特別是來自美國的暴發戶趨之若鶩，富人們願意花鉅資在這家店做服裝。服裝的時尚品牌，出現了。

不過一直到二十世紀初，時尚服裝都還僅僅是馬歇爾式的明星，只為少數富人訂製，而沒有量產。為什麼呢？一個是當時的自動化縫紉技術不過關，服裝店做一件衣服並不比家裡自己做便宜；另一個是當時沒有標準化的尺碼，必須依照每個人的身材量身訂做。

一九四一年，美國農業部測量了一萬五千名女性的身材，推出了一套標準尺碼。與此同時，縫紉自動化技術也日漸成熟。時尚服裝業進入了量產時代。原本服務富人的高級品牌抓住機會，開始大量生產成衣，在商店裡販賣，你如果喜歡，直接就能穿走，明星的羅森效應出來了。

富人們可能會很感慨，以前我家堂前才有的燕子，怎麼就飛入了尋常百姓家呢？真是世風日俗！但是服裝品牌廠家可一點都不傷感，現在它們賺的錢是以前的百倍都不止。

—•—

這個道理是高級結合量產，是現代世界的賺錢之道。光有量產，你就是開血汗工廠的土老闆；光有高級，你就是曲高和寡的時代感嘆者。用馬歇爾效應達到高級，再用羅森效應達到量產，你就是超級明星。

但是，這裡面有個問題。量產和高級似乎是矛盾的。如果這個服裝品牌已經量產了，滿街都穿這個品牌、這個款式，它怎麼還能高級呢？量產消滅高級。

這就是我們開頭那個問題：量產消滅高級，平庸玷汙高級，那高級又從哪裡來呢？答案是你必須想辦法創造高級。

—•—

我們用物理學的語言說可能更明白。高級的奢侈品，就好像一塊放在高處的大石頭，它有一個位能。這個石頭掉下來，位能就會變成動能，你就賺到錢了。普通的東西就好像是地面的石頭，沒有位能也沒什麼動能，最多只能賺個加工費用。

品牌量產也好，「高級的平庸」也好，都是在把奢侈品的位能變成動能。那最初的位能又是從哪裡來的呢？是馬歇爾效應建立起來的——說白了，是富人捧出來的。

如果你是真正的貴族、富人和明星，你的任務是製造時尚和引領時尚，而不是追逐時尚和模仿時尚。你應該是第一波嘗試新產品、新品牌、新生活方式的人，你要開風氣之先。你幫著建立位能，花錢就等於是促進社會進步。

但品牌不會停留在只服務富人這個階段，它一定要量產，石頭一定要掉下來，引發羅森效應。而管理得好的品牌會非常有節制地釋放位能換取動能，最根本的辦法就是限量。明明有很多鑽石，但是要一點一點地投入市場，確保不降價；明明鉑金包供不應求，也要限量，不讓暴發戶隨便買。為什麼這樣呢？因為他們知道位能是很不容易建立的。

哈佛大學的名望是位能，哈佛商學院的行銷是動能。方程式賽車是位能，民用跑車是動能。如果你要推出一個什麼全新的產品，最好像特斯拉電動車一樣：先面向高級市場，建立一個位能，然後再慢慢獲得動能。

—•—

根據這個模型，我們可以對世界做出如下預測：

第一，因為釋放位能比建立位能容易，未來社會一定會愈來愈平等。這就好像熱力學第二定律一樣，熵只會增加，各地的溫度只會愈來愈均勻。工業革命就是要把高級的變成平庸的，老百姓就是要用一用你以前用的那個什麼好東西，這兩個力量勢不可擋。世界的總位能會愈來愈小。

第二，但是位能會愈來愈值錢。這座山上有塊大石頭，以前資訊不發達，人們的眼界有限，人們根本就不在乎這個石頭。二十世紀中葉之前的普通人並沒有追逐時尚服裝的需求。我們這裡說的一切位能都是文化位能，願意為文化花錢的人愈多，位能愈值錢。

第三，在未來相當長的時間內，把位能變動能，都是好商業。

這個道理就如同宇宙終將歸於熱寂，可是生命作為一種有序的、逆熵的現象，一定要在其中扮演一個重要角色一樣。生命只會加快熵增，但是生命讓宇宙更精彩。

把以前只有少數人才能享受的東西提供給多數人，製造平價的奢侈品，都是好生意。以前富人才有專職司機，現在人人可以乘計程車、約專車。以前富人才有自己的廚師，現在人人可以從周圍無數個餐館點菜。以前富人才能捧演員，現在人人可以給主播打賞。現在人人都可以有私人醫生、私人健身教練、私人營養師、私人助理服務、私人律師等。

與其感嘆社會變化不如迎接社會變化。看看富人們還有什麼好東西，能不能把它量產，這是一個長久不變的商業思路。

# 第35章 物質極大豐富的時代

我們正處在一個歷史上前所未有的富足時代，而人類對此有點不太適應。

首先，身體上不適應，過去食物一直是短缺的，所以人要盡可能地吸收和儲存脂肪，而今天的身體仍然這麼做，導致肥胖症患者的增多。其次，大腦也不適應，過去資訊短缺，很多人保留對任何印著字的東西都感興趣的習慣，而今天如果還這麼做，就根本沒時間處理真正有用的訊息了。再者，很多人在精神上也不太適應，人們很難相信未來會比現在更好，悲觀的預測總是很有市場，當今世界各國也許中國民眾對未來最樂觀。

二〇一三年有個這樣的新聞[143]，瑞士準備發起一次全民公投，來決定是否發給全民每人每月兩千五百瑞士法郎[144]。不必工作也能到到，只要你是合法居民。提案的支持者說：「全民發薪計畫的目的並不是不讓人工作，而是讓人做自己更想做的工作。」更有意思的是，幾乎沒人討論瑞士是不是出得起這筆錢，似乎所有人都認為這點錢不成問題，唯一的擔心是，

143 參見 http://finance.sina.com.cn/world/20131218/114217672654.shtml。

144 編註，相當於九萬元新臺幣。

這麼做會不會減少年輕人工作和學習的動力。

難道瑞士已經提前進入共產主義了嗎？據說共產主義社會將是一個「物質極大豐富的時代」。我們顯然還沒到共產主義，不過在一定程度上，現在已是個物質極大豐富的時代。

世界已經變了。很多適合短缺時代的運行規則，並不適合這個富足時代。總體來說，這個時代的貧富差距並沒有減少，反而因為全球化、技術進步和更自由的經濟制度而加大了，但有一個現象是過去任何時候都沒有的。歷史上一直都是富人享受安逸，而窮人終日辛苦勞作。但是據二〇一二年出版的《財閥》一書研究總結，現在富人比窮人累得多。他們工作時間超長，壓力很大而且極不穩定。有的富豪認為自己必須每天凌晨兩點半起床，才能跟上世界變化的節奏。八小時工作制幾乎成了窮人的特權。與上一代富豪相比，新一代富豪的錢大都是自己賺的而不是繼承的，七〇％以上的富豪的錢都是過去十年賺來的。哪怕是處在人口前〇．〇一％的這些人，年收入超過一千萬美元，其大部分收入也是來自薪資和商業，而不是來自純資本投資的。

與此同時，已開發國家的「窮人」——美國二〇一三年的貧窮線是三口之家年收入不到一九五三〇美元——的日子則相當不錯。美國並不是一個以高福利著稱的國家，但我們仍然經常能聽到中產階級華人移民對福利制度的抱怨。一個華人用自己辛苦賺的錢買了幾處投資房出租。租客中，有的家庭根本不工作，完全靠福利生活，政府直接補助房租還發錢，拿著食品券偶爾還能吃頓龍蝦。這也難怪中產華人會要求減稅：憑什麼讓我們工作養你們這些不工作的？

就憑現在是物質極大豐富的時代。事實上，把錢送給窮人消費有利於社會進步。更重要的是，這麼做還有利於經濟成長。

美國經濟史學家利文斯頓在二〇一一年出版的著作《反節儉》（*Against Thrift: Why Consumer Culture Is Good for the Economy, the Environment, and Your Soul*）中提出，不管在經濟上、政治上還是道德上，消費都未必不如工作。這本書總結了美國過去一百年經濟成長的種種手段，非常值得當今借鑑。

經濟學有一個「常識」：投資推動經濟成長。資本家經營一個企業是為了獲得利潤，利潤到手之後他並不是全都自己享受，而是把其中一部分投資出去搞擴大再生產，比如買機器和雇用更多的工人。資本家這麼做不但可以在未來獲得更多利潤，還刺激了就業。

利潤，是經濟成長的動力，也許並非所有經濟學家都認同這個常識。美國有很大一部分人支持的經濟理論認為：國家需要減少投資稅，這樣資本家就會樂於擴大投資，經濟和就業就會成長，而且你反過來可以收到更多的稅。也許是根據這個原理，在包括美國在內的很多已開發國家，投資收入的稅率低於薪資之類的所得稅。

在消費和投資之間更鼓勵投資，這個原理甚至與人類文明的傳統美德暗合。你應該延遲享樂，不要有點錢就花了，省下來投資多好。

不過如果我們仔細想想，投資帶來成長這個理論的背後其實有一個隱含的假設：市場是無限大的。唯有多數投資生產出來的產品都能賣出去，不斷投資才有意義。如果市場已經飽和，又沒有新產品被發明出來，還投資什麼呢？從物理學的角度看，「投資刺激成長」顯然是一個簡單線性理論，在非線性條件下並不成立。

利文斯頓認為，投資推動經濟成長其實是個神話。不過他不需要發明任何物理學，因為在他看來，經濟學的思想巨變不是誰提一個新理論就能帶來的，而必須是新的事實進來，必須是基於經驗的——如同哈伯（Edwin Hubble）發現宇宙膨脹和伽利略（Galileo Galilei）發現行星運動的模式一樣。他要用歷史事實來震動經濟學。

利文斯頓考察美國歷史經濟資料，認為投資帶動成長這件事，只在一九一九年以前成立。一九二〇年以後，由於技術進步帶來的生產自動化等因素，資本投入的重要性在單位產品中生產所占的比重就開始逐漸下降，社會已經不再需要更多的私人投資。一九〇〇年，幾乎所有投資都來自私人公司，而到二〇〇〇年，投資的大戶來自政府投入和個人買房，私人公司投資對經濟已經不那麼重要了。生產率在提高，產出在增加，而本錢並不需要增加，那麼結果就是利潤增加。這些多出來的利潤去了哪裡？其並沒有被投入到生產中，而是被投到了房地產、股市和其他國家。

這些進入股市和房地產的錢是泡沫和金融危機的根源。很多人抱怨二〇〇八年的金融危機是由於銀行不負責任地把錢借給根本沒有還款能力的人去買房，是由於華爾街的貪婪。但華爾街什麼時候不貪婪？次貸問題的根本原因是錢如果不這麼借出去，也沒有更好的地方可去——剩餘利潤實在太多了。

傳統上對二十世紀三〇年代美國經濟「大蕭條」的解釋是密爾頓．傅利曼（Milton Friedman）的說法：中央銀行信用緊縮，在該寬鬆借錢的時候沒有做。而利文斯頓則認為其實「大蕭條」是剩餘利潤過多導致的。事實上，整個二十世紀三〇年代銀行和私人投資都是緊縮的，可是為什麼經濟從一九三三年就開始恢復成長了？

這個成長，以及從此之後美國經濟的成長，都已經不是因為私人投資所代表的「效率」，而是因為「公平」。羅斯福新政做了兩件事來增加工人薪資。首先，聯邦政府寧可增加赤字也要辦一系列的工程項目來創造就業。這種政府「投資」，並不是以獲得利潤為目的，而是以拉動就業為目的。

其次，羅斯福允許工會成立，這使得工人與資本家討價還價的能力變強了。再加上醫療保險和退休金等福利的增加，此後政府在美國經濟中扮演愈來愈重要的角色。為地方和聯邦政府工作成了成長最快的就業管道，到二十世紀六〇代，十八%到二〇%的勞動力是受政府雇用的。

但是到了二十世紀七〇年代中期，美國經濟成長突然間放慢了腳步。丹・賈德納（Dan Gardner）在其著作《誑語未來》（*Future Babble: Why Pundits Are Hedgehogs and Foxes Know Best*）[145]的說法是因為當時發生了石油危機。政客們開始研究新的成長辦法，達成的共識是用減稅刺激私人投資。這就是雷根那一套。

歷史證明「雷根經濟學」是管用的。但這一次的經濟成長仍然不是私人投資的功勞。如果仔細看資料，一九八一年從減稅政策中獲得最大好處的五十家公司，其後兩年的投資反而減少了。換句話說，私人公司被減稅之後並沒有把省下來的錢投到生產中去。雷根經濟學真正的作用是透過擴大財政赤字讓消費者有錢去買東西。

但不論如何，雷根政策使得薪資所占比重在減少，資方所得的占比在增加。那麼為什麼

---

[145] 編註，此書名為暫譯。

到了二十世紀九〇年代經濟仍然成長？這是因為有三個因素抵消了薪資減少的效應：第一是社會福利等轉移支付繼續增加；第二是美國家庭愈來愈不愛存款，繼續擴大消費；第三，也是最重要的一點，是信用卡愈來愈普及，借貸消費成為普遍現象。不過接下來，薪資減少的這個趨勢逐漸到了必然出問題的時候，而布希的減稅政策加劇了這一點，於是最終導致經濟衰退。

這樣，利文斯頓講了一個美國經濟故事。這個故事的主題就是現在是消費在拉動經濟成長，而不是投資。但利文斯頓還不滿足於此。他還打算整合一下馬克思（Karl Marx）和凱因斯（John Maynard Keynes）的經濟學理論。

馬克思經濟學理論說任何商品都有兩個價值：使用價值和交換價值。在資本主義出現之前，人們進行生產和商品買賣都是為了獲得使用價值，而不是為了升值和存款。這個階段被馬克思稱為「簡單商品迴圈」，以C代表商品，M代表金錢，那麼這個迴圈就是C—M—C。

而資本主義出現以後，人們把交換價值，也就是獲得更多金錢，當成生產和交換的目的，商品迴圈變成M—C—M，使用價值僅僅被當成獲得交換價值的手段。簡單來說，過去人們做事是為了消費，而現在人們做事是為了讓自己的資產升值。在這個資本主義時代，如果一個人把自己的所有薪水都花了，當「月光族」，他會受到眾人的鄙視；而如果這個人把錢用於購買各種理財產品投資出去，不花錢而專門等著升值，他會受到眾人的尊敬。

馬克思經濟學理論的貢獻在於提出使用價值和交換價值的區別，而解釋經濟危機可借助凱因斯經濟學理論。一九三〇年，凱因斯出版《貨幣論》（*A Treatise on Money*），提出導致經濟危機的是那些既沒有被用於擴大再生產，也沒有用於給個人股東分紅的剩餘利潤。這正是利文斯頓在此書中強調的關鍵論點。眾所周知凱因斯強調需求和消費對經濟成長的作用，而利文斯頓告訴我們，凱因斯還說過發達資本主義社會應該有一種新的道德觀。凱因斯曾寫文章說，現在工業化和自動化使得我們的勞動時間減少了，這其實不是壞事，而是好事。這說明經濟問題被解決了，可以把人解放出來去消費。凱因斯說人不應該為錢而工作。

這樣把馬克思和凱因斯的部分經濟學理論結合起來，利文斯頓對這個物質極大豐富的時代提出了四個論點：

第一，產生經濟衰退的原因是剩餘利潤。增加私人投資已經不能帶來經濟成長，應該靠消費帶來成長。

第二，為擴大消費，應該做好財富的再分配，比如增加社會福利。

第三，投資應該社會化。決定一個專案是否啟動，不應該只看其能帶來多少利潤，而應該全社會一起評估它的社會價值，也就是說要追求使用價值。

第四，花錢是道德的，消費文化是個好東西。

這個「新道德標準」值得專門談談。傳統上我們認為人應該勤勞致富，富了以後把錢用於投資。存款是有道德的，而舉債消費好像不怎麼道德。最起碼，一個人花的錢應該都是他自己賺來的。有統計表明，美國一對退休夫婦一生中平均對政府醫療保險專案的貢獻只有十四萬美元，他們從中花掉的錢卻高達四十三萬美元。這道德嗎？如果我們假設消費帶來成長，那麼舉債消費和接受社會福利就都是道德的。利文斯頓提出，一九九〇年以後美國經濟的成長正是家庭債務帶來的，債務降低了剩餘利潤的負面影響。

更進一步，利文斯頓提出一個有點驚世駭俗的觀點：消費其實比工作更好。不過我必須補充一點，他這裡說的工作是純粹以賺錢為目的的工作。人工作是為了追求交換價值，而消費追求的是使用價值。衣服買回來立即失去交換價值，買衣服很大程度上是為了換取別人對自己的認同。憑這一點，消費就比工作光榮：為增加社會效益而犧牲自己的金錢！從只知道賺錢養家的工人變成一個消費者，其實是對人的提升。人們開始關注別人怎麼看自己！光這個機制，就足以給整個社會增加愛心。我們的消費在很多情況下純粹是出於精神上的追求，往大了說就是追求更好的東西，這是靈魂的昇華。這就是為什麼愈是廣告氾濫、消費文化發達的地方，人們愈有同情心。

事實上，美國之所以會發生民權運動這樣的社會進步，很大程度上得歸功於消費文化。本來爵士、藍調、搖滾這些黑人音樂只在南方少數地區存在，再加上其藝術水準比不上古典音樂，入不了上層社會之耳，也就成不了主流。然而二十世紀以來品位沒那麼高的普通民眾有錢了，他們成了消費者，這時候正好唱片出現，黑人音樂才迅速流傳開來。對黑人來說，這更意味著整體形象的提升，再加上媒體的廣泛報導，黑人在全美國得到了廣泛的同情。到一九八〇年超級盃上出現黑人拍的廣告，黑人文化正式進入美國主流文化。現在還有誰歧視黑人音樂或黑人？金恩這樣的英雄人物當然有功，但為他們帶來戰略機遇期的是消費者。

所有這些，都可以用更早時候美國左派的一個口號來概括：「more」。早在一九〇七年，美國經濟學家西蒙．派頓（Simon Patten）就提出經濟已經從短缺時代變成了過剩時代，過去是「疼痛經濟」，現在則是「快樂經濟」。

派頓的學生華特．韋爾（Walter Weyl）則在一九一二年出了一本書，《新民主》（*The New Democracy*）[146]，提出在這個時代，如果能夠搞好收入的再分配和生產的社會化，就可以不要絕對的社會主義，而變成有條件的社會主義。與此同時，美國勞工聯盟創始人龔帕斯（Samuel Gompers），作為一個工人領袖，則提出他既不想推翻資本主義制度，也不想搞垮大公司，他想要的是「合作社會」（coorperative society）。這是一種平行的社會結構，其發生在純粹的資本主義之後，但又不是社會主義。龔帕斯說工人唯一要的就是「more」：更高的薪水、更好的工作條件、更多的休閒時間等。快樂經濟會使得過去窮而無知的人變得富裕而有知識，那麼民主也會加強，簡直是一個非常理想的社會形態。

不敢質疑經濟學理論的歷史學家不是好作者，但韋爾對剩餘利潤的擔憂和批評顯然不是新思想，凱因斯以降，以及整個需求派經濟學不都這麼說嗎？另一位作家丹尼爾・艾爾伯特（Daniel Alpert）出了一本《大過剩時代》（*The Age of Oversupply: Overcoming the Greatest Challenge to the Global Economy*），也說這個問題，而且還被批評了無新意。[147]也許利文斯頓在這方面的貢獻是用美國經濟史提供了需求派子彈。另一個可能的批評是，如此推動「反節儉」，過度消費會不會導致資源不足和環境崩潰？

但利文斯頓真正推崇的，是「使用價值」。今天的很多政府專案其實已經是投資社會化，不是單純追求盈利而把各種因素綜合考慮。可是如果不是讓錢——也就是市場——去配置資源，「投資社會化」到底能否有效運行？利文斯頓沒有給我們提供更多論證。還有一點，把財富再分配——對富人收更多的稅來分給窮人——這一招也不能無限使用，現在美國

---

[146] 編註，此書名為暫譯。

[147] http://marginalrevolution.com/marginalrevolution/2013/09/the-age-of-oversupply.html

排在前一〇%的富人已經承擔了過半的聯邦稅。[148]我認為，提出消費文化是個好東西，是利文斯頓書中的最大亮點，尤其是在這個很多人反對消費文化的時刻。

在我看來，所謂「消費文化」，其實是人類歷史上「普通人」的一次進步。過去無論文化、科學、藝術，還是政治進步，大多是精英推動的，升斗小民整天為最基本的生存條件奔忙，對身外之物沒什麼可說的。普通人在原始社會是奴隸，在封建專制社會是農民，在資本主義社會是工人，換句話說都是勞動者的角色。而這個物質極大豐富的時代，給普通人帶來一個新角色：消費者。

作為消費者的普通人不必被壓迫就有話可說。他們不再僅僅作為勞動力被社會選擇，他們也有權做出選擇。他們的喜好決定哪種藝術能夠流行、哪種科技能夠壯大，以及哪個精英能變富豪。他們變得有思想、有個性，他們追求能取得別人認同的使用價值，並因此把同情心用於推動社會進步。

也許消費文化還時不時地表現得比較庸俗，也許消費者氾濫的同情心還時不時把政策搞壞，但在更大的時間尺度上，只要有「more」——更多的物質、教育和休閒時間，世界必將演化到人人都是貴族的一天。消費文化，才是真正「庶民的勝利」。

148 USA Today: Fact check: The wealthy already pay more taxes, By Stephen Ohlemacher, The Associated Press. Updated, September 20, 2011.

國家圖書館出版品預行編目 (CIP) 資料

高手心態：「精英日課」人氣作家，教你和這個世界講講道理，早一步掌握未來先機／萬維鋼著 . -- 初版 . -- 臺北市：遠流出版事業股份有限公司，2024.03
面； 公分

ISBN 978-626-361-479-6（平裝）

1.CST：社會科學 2.CST：未來學

500 113000281

# 高手心態

「精英日課」人氣作家，教你和這個世界講講道理，早一步掌握未來先機

作者／萬維鋼

資深編輯／陳嬿守
封面設計／木木 Lin
內頁排版／魯帆育
行銷企劃／舒意雯
出版一部總編輯暨總監／王明雪

發行人／王榮文
出版發行／遠流出版事業股份有限公司
104005 臺北市中山北路一段 11 號 13 樓
電話／（02）2571-0297 傳真／（02）2571-0197 郵撥／ 0189456-1
著作權顧問／蕭雄淋律師
2024 年 3 月 1 日 初版一刷

定價／新臺幣 420 元（缺頁或破損的書，請寄回更換）

ISBN 978-626-361-479-6

遠流博識網 http://www.ylib.com E-mail: ylib@ylib.com
遠流粉絲團 https://www.facebook.com/ylibfans